道敎와 神仙의 世界

쿠보 노리타다 지음
정 순 일 옮김

法仁文化社

「學術文庫」版의 머리말

요 몇해 전부터 중국을 방문하는 일본인들의 수가 급격히 증가하였다. 이는 일본과 중국 양국의 우호를 위해서도 매우 경사스러운 일이다. 옛부터 「百聞而不如一見」이라고 하는 말이 있는 것 처럼 무엇보다도 자기의 눈으로 실제 보는 것이 가장 중요하다. 오랜동안의 의문이 한번 보는 것으로써 한꺼번에 풀리는 일도 있으며 한번 보는 것에 의해서 이제까지 생각해 왔던 것이 정 반대의 견해로 바뀌어지는 경우도 있다.

일본과 중국 양국간에 일어난 불미스러웠던 전쟁도, 대부분의 일본인이 이전에 중국을 가 보고 중국인을 잘 알고 있었다면 아마 피할 수도 있지 않았을까 하는 생각이 들기도 한다. 그러므로 그러한 이유에서도 더더욱 많은 사람들이 중국을 방문하고 싶어하는 것으로 생각된다.

다만 그 경우에 꼭 주의해야 할 것이 있다. 그것은 지금까지와 같은 여행방식을 달리해야 한다는 것이다. 바꿔 말하면 경치를 보고 요리를 먹고 쇼핑을 즐기고 보람없이 돌아오는 방식을 개선해야 한다는 것이다.

또한, 나의 경험으로 볼때 여행하는 일본인의 태도는 못마땅한 점이 많다. 조용히 해야 할 장소에서 다른 사람에게 폐를 끼치는 것도 생각하지 않고 요란하게 큰 소리를 지른다. 「남자분만 가실 수 있습니다.」라고 하는 곳일지라도 단체로 줄을 지어서 지나가 버린다. 다른 사람을 턱으로 심부름시키는 예의 바르지 못한 건방진 태도를 예사로 취한다.

중국의 상점에서 물건을 사는 것을 보면 볼상 사나운 경우가 많다. 이러한 태도는 중국이외의 다른 여러나라에 다녔던 때에도 대체로 목격하는 것이다.

최근 국제화라든지 국제인이라고 하는 말이 자주 쓰여지고 있지만 국제적인 예의범절도 알지 못하면서 무엇이 국제화다 라고 하는지 모르겠다. 국제인은 커녕 상대 국가의 사람들로부터 경멸당하고, 미움받는 경우가 많다. 그러므로 여행나가기에 앞서 우선 충분히 국제적인 감각을 몸에 익히는 것이 선결조건이다.

나는 국제적 감각이라는 것은 상대국가 사람들의 인격을 존중하는 것이라고 생각한다. 그리고 목적하는 국가가 있을 때에는 먼저 그 국가의 사회나 국민들의 특성을 잘 알도록 하는 것이 필요하다.

그렇다고해서 나는 경치를 보고 고급스러운 요리를 먹는 것을 그만 두라고 말하는 것은 아니다. 다만 그 맛있는 요리를 즐기고 쇼핑을 하는 한편으로 그 나라를 충분히 알기를 권하고 싶을 따름이다. 그렇게 하면 그 여행은 기분도 좋고 내용도 충실하게 되며 깊은 의미를 갖게 될 것이다.

그렇다면 그 국가의 사회나 사람들에 관하여 잘 알기 위해서 좋은 방법은 무엇일까? 나는 그 나라사람들의 풍속이나 습관, 그리고 종교나 신앙을 보는 것이 가장 좋은 방법이라고 생각하고 있다. 그것은 그 나라의 사회나 사람들의 성격, 특징 등이 그들의 종교에 단적으로 나타나 있다고 생각하기 때문이다.

그렇다면 중국의 경우는 무엇을 보는 것이 좋겠는가? 중국에서는 옛부터 불교, 그리스도교, 이슬람교, 그리고 그 밖의 다른 여러가지 종교가 유행하고 있었다.

그렇지만 그것들의 대부분이 외래종교로서 중국에서 기원한 종교는 겨우 유교와 도교 두가지를 꼽을 수 있을 정도이다. 그 중에서 유교를 종교라고 하는 것에는 약간 문제가 있으므로 이것을 제외하면 중국고유의 종교는 도교뿐인 셈이 된다. 그런데 최근에는 도교의 성립기에 한족이외의 민족들의 신앙이 들어가 있다는 설이 대두하고 있으므로「고유」라는 말을 붙여도 좋을지 어떨지는 논란의 여지가 있을 것이다.

그렇지만 도교가 중국 사람들의 사고방식이나 정신생활을 매우 잘 반영하고 있는것 만큼은 확실하다. 그러므로 도교의 사원인 도관과 함께 살아있는 민간신앙을 접하는 것이 중국인을 아는 가장 일차적인 방법이라고 생각된다.

자기선전을 하는 것 같아서 미안한 생각이 들기는 하지만 지난 해 선달, 나의 저서인『도교의 신들』이라는 책을 가지고 대만에 갔는데 매우 즐거운 여행이 되었다고 하는 편지를 보낸 사람이 있었다.

「학술을 주머니로」라는 표어가 말해주는 바와 같이 「학술문고」로 출판되는 이 책이 앞으로 중국으로 여행하는 사람들의 주머니에 들어가 위와 같은 역할을 해 준다면 나로서는 정말로 더 없는 기쁨이 될 것이다.

이 책은 내가 설명하는 형식을 취하지 않고 도교나 그와 관계 깊은 민간신앙관계의 이야기를 소개함으로써 도교의 내용이나 성격을 나타내는 방법을 취하였다. 그러나 이야기의 목표가 충분치 않은 경우라든지 또는 이야기에서 간단히 넘어갈 수 없는 부분은 부득이 나의 설명으로 보충하였다. 이 책에서는 나의 학식이 부족함으로 말미암아 모자라는 점이나 그릇된 부분이 많을 것이다. 그 점을 후에 독자로부터 가름침을 받을 수 있다면 다행이겠다.

이 책은 원본에 새로이 「도교신앙의 현상」을 더하여 「일본으로의 전래와 영향」이라는 항목을 보충하였다. 그 점을 알고도 이 책을 학술문고에서 출판할 것을 허락한 세계성전간행협회에 진심으로 감사를 드린다. 또한 출판에 즈음하여 여러가지의 배려를 주신 코오단사(講談社) 학술문고 출판부장 이케나가요오이치(池永陽一)씨와 이 책의 출판을 간절하게 기원해 주신 누노미야미츠코(布宮みっこ)씨에게 깊은 감사를 올린다.

1989년 1월 4일

쿠보노리타다(窪 德忠)

原本의 머리말

일본과 중국과의 국교가 회복되고 일본과 중국의 우호를 지향하여 일본인이 꾸준히 중국을 방문하게 됨에 따라서 NHK가 실크로드를 방영한 때문인지는 알 수 없지만, 최근에 특히 도교관계 연구가 활발해지면서 그 성과가 잇따라 발표되고 있다. 아직은 일부 사람들로 제한되어 있겠지만 일본에서 도교에 관해 관심이 높아지고 있는 현상은 이전부터 도교에 깊은 관심을 가져온 사람으로서 대단히 기쁜일이라 아니할 수 없다.

지금부터 대략 20-30여년전 무렵에는 발음이 같은 까닭에 도교(道教·도오쿄오)를 「유게노 도오쿄오」(「弓削의 道鏡」)라고 착각한, 상당한 학식이 있는 승려도 있었다. 1963의 가을에서 다음해 봄에 걸쳐서 토오쿄오와 나고야, 그리고 쿄오토오에서 도교의 영락궁(永樂宮)에 있는 벽화의 전람회가 열린 일이 있는데 영락궁이라고 하는 도관을 중국 어딘가의 궁전이라고 착각한 사람도 있다.

또한 도교를 음란한 종교라고 믿고 있는 사람도 있었다. 오늘날에는 이처럼 잘못된 생각을 하는 사람이 적어지고 있음에 틀림없다. 그렇지만 아직 기뻐하기에는 이르다. 이전에 일찌기 코오타로오한(幸田露伴)이 중국고대의 사상 혹은 철학으로서의 도가와 종교로서의 도교를 명확히 구별하지 않으면 안된다고 지적했었음에도 불구하고 지금까지 이 양자를 의식적으로 혼동하고, 또는 동일한 것으로 보는 중국연구의 전문가가 있기 때문이다. 하물며 아직도 중국에 그다지 관심이 없는 사람들 사이에서의 도교에 대한 인식은 이전과 크게 변화한 것 같지 않다.

내가 살펴 본 바에 의하면 도교와 일본은 상당히 깊은 관계가 있으며 도교에 원류를 둔 일본의 습속이나 신앙도 하나 둘에 그치지 않는다. 그리고

에도(江戶)시대에는 도교에 대해서 상당히 정확한 인식을 갖고 있던 사람들도 있었다.

중국에서 오랫동안 믿어져 왔던 도교는 대체로 불교와 비슷한 것으로 노자를 교조라고 부르고는 있지만 실제로 노자의 설과는 매우 다른 것이라고 지적한 모토오리노리나가(本居宣長)나 14,15세기의 도교의 실정을 잘 알고 있던 『鹽尻』의 저자 아마노사다카게(天野信景) 등은 그 중의 한사람들이다. 그럼에도 불구하고 앞에서 말한 바와 같이 인식이 부족한 사람이 많았던 것은 중국학연구에서 도교가 차지하고 있는 위치를 충분히 평가하지 않았던 메이지(明治) 이래 일본 학계의 경향때문으로 생각된다.

유교를 달리 생각하고서 본다면 도교는 중국에서 일어난 유일의 종교로서 해방전 중국사람들의 종교의식이나 생활태도를 잘 반영하고 있다고 하는 정도가 아닌 중국 사람들의 생활 가운데에서 출생하고 중국인들의 생활에 일부분이 되어있던 종교라고 하는 쪽이 보다 적절할 것이다. 그리고 도교는 아주 오랫동안 유교나 불교와 교류하고 서로 영향을 주고 받으면서 중국 종교사의 주류를 형성해왔다. 그러므로 나는 해방전의 중국사회나 중국인들의 어떤 모습은 도교의 성격이나 목적과 내용등을 아는 것을 통하여 규명해 낼 수 있다고 생각하고 있다.

대학의 졸업논문에서 도교를 다룬 나는 그 이래로 도교를 계속해서 공부하여 왔고 지금으로부터 20여년전에 내 나름대로 도교에 대해서 정리하여 보려고 뜻을 세우고 점차 그 준비를 해 오던 차에 출판사로부터 도교에 관한 글을 써 줄 것을 의뢰받았다. 그래서 담당자와 여러가지 서로 이야기를 나누는 중에 도교의 내용이 드러나 있는 이야기들을 모아서 그 대체를 설명하는 것을 책으로 꾸며 보자는 이야기에 합의하였다.

내 자신의 말은 되도록 삽입하지 말고 오로지 이야기에 의해서 이야기가 이루어지도록 하자는 것이다. 그러나 책을 쓰는 동안 결국은 나의 설명도 조금은 들어가게 되었으며 그렇게 하여 완성된 것이 『도교백화』(『道教百話』)였다(1964년). 백화라고 제목붙인 것은 이야기를 백가지 쯤 모았기 때문이다. 도교의 설명이 사람들의 사고에 잘 합하여 중국적인 것을 아주 잘 나타내고 있는 점을 보여주는 것은 도교관계의 책에서 만이 아니라 이른 바

지괴소설 같은 부류에서도 뽑았다.

그 후 도교연구자의 연구가 진척됨에 따라 앞 저술의 흠이 눈에 띄게 되었다. 특히 그 무렵 「민중도교」라고 하는 분류의 구조를 옳다고 인정하고 있었는데 그 후에 그러한 구조를 부인하는 입장이 되었으며 도교라고 하면 오로지 성립도교만으로 제한하는 것으로 생각이 바뀌게 되었다.

그 잘못된 점을 정정하여 새로이 출판을 하겠다고 생각하고 있던 차에 「세계성전간행협회」가 옛 저서의 재간행을 검토하고 있으니 모쪼록 잘 부탁한다는 연락을 받았다.

그리하여 위에서 말한 결함이 있음을 말하고 결국 「민중도교」부분을 새롭게 쓰고 권말의 참고문헌에 그 후의 연구서나 번역한 글을 추가하고 그 밖의 부분은 약간 수정해서 출판하기로 하였다. 이렇게 완성된 것이 바로 이 책이다.

전면적으로 고쳐쓰지 못했기 때문에 부족한 점이 간혹 있겠지만 그래도 도교를 대체적으로 알 수는 있으리라고 생각한다.

이 책이 쓰여진 특성상 흥미있는 곳부터 읽기 시작하여도 상관이 없지만 될 수 있으면 첫부분부터 읽어 비판, 검토를 하여가는 편이 좋을 것으로 생각한다. 마지막 부분에는 설명을 없애고 전문용어를 사용하고 있기 때문에 이해하기에 좀 어려운 부분이 있을 것으로 생각되는 까닭이다.

이 책을 통하여 조금이라도 도교의 의의를 인식하게 된다면 정말 다행이겠으며 흥미를 갖고 읽어 내려가는 독자가 있기만 하여도 나로서는 뜻밖의 기쁨으로 여기겠다. 이 부분에 관심을 가진 분들을 위하여 참고문헌에는 수준 높은 연구서를 제시하였다. 또한 이야기의 출전은 표제의 아래에 각기 언급하였으므로 그것을 통하여 필요한 부분은 원전을 보기 바란다.

이 책이 이러한 형태로서 세상에 나오게 된 것은 모두가 쿠보테라코오이치(窪寺宏一)씨의 덕분이다. 마음으로부터 감사를 올린다.

1982년 6월

쿠보노리타다(窪 德忠)

目 次

Ⅲ. 도교의 방술(方術)

Ⅳ. 도교의 의술

Ⅴ. 도교의 윤리

Ⅵ. 도교의 변천

道教의 諸神

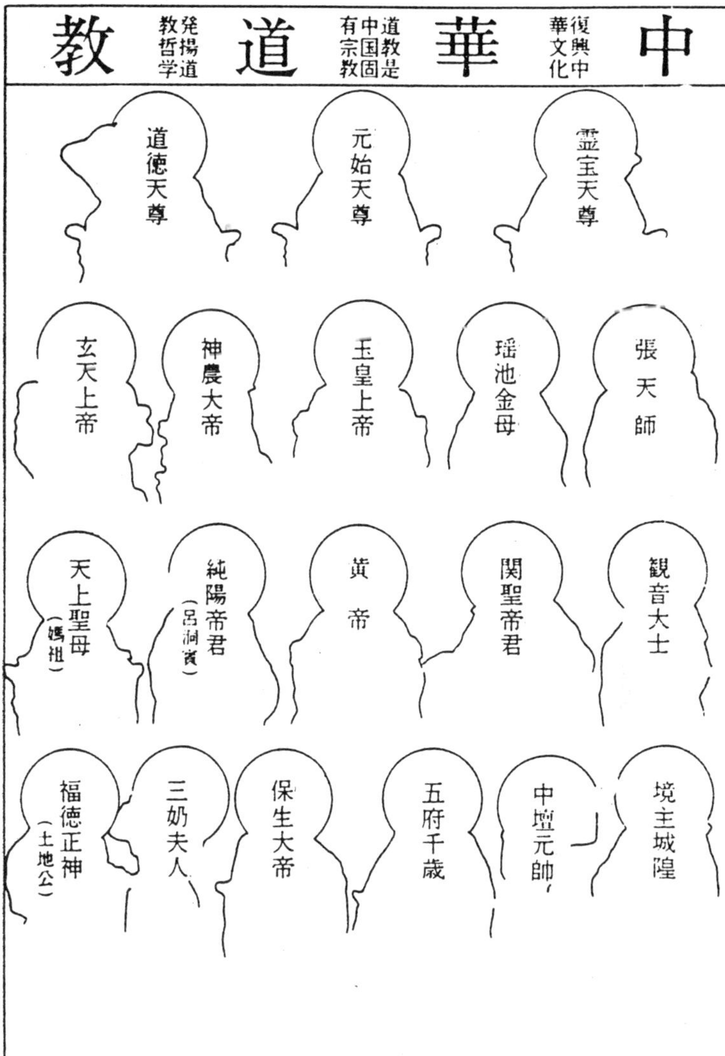
中
復興中華文化
華
道教是中国固有宗教
道
発揚道教哲学
教
道徳天尊
元始天尊
霊宝天尊
玄天上帝
神農大帝
玉皇上帝
瑤池金母
張天師
天上聖母
(媽祖)
純陽帝君
(呂洞賓)
黄帝
関聖帝君
観音大士
福徳正神
(土地公)
三奶夫人
保生大帝
五府千歳
中壇元帥
境主城隍

(道教의 諸神)

Ⅰ. 도교란 무엇인가?

1. 신(神)들과 전설

당나라의 개원연간(開元年間·8세기전반)의 일이다. 현종(玄宗)황제가 병이 들었는데 어느 날 누워 있다가 잠이 들었다. 그런데 어디서 왔는지도 모르는 작은 귀신 하나가 한쪽 발에는 가죽신을 신고 한쪽 발은 맨발인채로 나타나서 현종의 옥저(玉笛)와 그가 총애하는 양귀비의 향낭(香囊)을 훔쳐 어전을 마구 달리면서 현종을 놀려대었다. 현종이 꾸짖자 그는 「나는 다른 사람의 물건을 훔치는 장난으로 사람을 근심케 하는 것을 즐기는 허모(虛耗)라는 자요」라고 말하였다.

크게 노한 현종이 경호하는 무관을 불러 체포하도록 명령을 내렸는데 갑자기 관복차림의 거대한 귀신이 나타나서 힘들일 것도 없이 허모를 잡더니 눈을 파내고는 머리에서 부터 와작와작 먹어버렸다.

깜짝놀란 현종이 「그대는 누구인가?」 하고 묻자 「신(臣)은 전시(殿試 천자의 어전에서 행하는 최종적 과거시험)에서 낙제한 것을 부끄러이 여겨 고향에 돌아가지 않고 궁중의 계단에 머리를 부딪쳐 자살한 종남현(終南縣)출신의 진사 종규(鍾馗)라고 하나이다. 폐하께서 후하게 장례를 치루어 주셨기 때문에 은혜를 갚기 위하여 허모와 같은 천하의 요괴들을 평정하려고 마음을 다짐하고 이와 같이 뵈옵나이다」 하고 절하는 것을 보고서 현종은 꿈에서 깨어났다.

그런데 불가사의하게도 현종의 병이 말끔히 나았다. 현종은 크게 기뻐하여 유명한 화가인 오도자(吳道子)를 불러 종규의 모습을 그리게 하였다. 그리하여 신하에게 명하여 종규는 삿된 귀신을 물리치고 요괴를 진압하는 자이므로 각 가정에도 제액을 위해 그 초상화를 붙이도록 천하에 공포케 하였다(『夢溪筆談』의

補筆談 卷三.『天中記』卷四所引 唐逸史).

현재 일본에서 종규는 5월에 장식하는 무인(武人)인형의 하나 정도로 생각되고 있으나 중국에서는 민간에 그 그림이 붙어 있다. 이 이야기에서처럼 처음에는 인간에게 병이 걸리게 하는 작은 귀신을 퇴치하는 것으로 시작하였으나 점차로 병 뿐만이 아니라 널리 일가의 재앙까지를 물리치는 것으로 믿어져 왔다.

거리에서 파는 종규의 초상화는 조잡한 노란 종이에 목판으로 인쇄한 것으로 오른손에 든 검을 머리위에 치켜든채 다가오는 한 무리의 박쥐떼를 매섭게 쏘아보고 있는 종규의 상 위에 「천사지인」(天師之印)이라고 하는 도장이 찍혀져 있는 것이 많았다. 그 박쥐는 복(蝠)과 복(福)의 중국어 발음이 같은 "후"로서 상징화된 행복의 의미이다. 즉 종규가 행복이 늦게 찾아오는 것을 질책하고 있는 것으로서, 행복이 어서 오기를 바라는 사람들의 원을 나타내고 있는 것이다.

2세기 중엽, 후한(後漢)말기에 오두미도(五斗米道)라 불리우는 도교적인 종교집단이 출현한다. 그 창립자는 장능(張陵)이다. 그런데 그 중에서 그의 자손이 대대로 「천사」(天師)라 불리우는 오두미도의 교주의 지위를 세습하여 일파를 이루었기 때문에 사람들은 이 파를 천사도 라고도 불렀다. 게다가 이 파는 많은 사람들의 깊은 귀의를 받았으므로 천사는 세간에서 장천사(張天師)라 불리웠으며 악귀나 요괴를 물리치는 절대적인 신통력을 가진 존재로 믿어져 왔다. 종규의 초상화에 쓰여져 있는 「천사지인」의 천사는 이러한 의미로 쓰이는 것이다. 따라서 특정한 사람을 가리키는 것은 아니다.

또한 천사가 이처럼 깊이 신앙되었으므로 천사의 이름이 새겨져 있는 도장마저 같은 신통력이 있는 것으로 생각하게 되었다. 천사의 도장이 찍혀져 있으면 요괴의 침범이나 벼락을 맞는 것을 면하게 된다고 하는 말이 전해져 내려오는 것은 그러한 때문이다. 종규의 초상화 위에 있는 도장도 그 한 예이다.

또한 일본에서 1936년에 간행된『어영정지』(『御影町誌』)에는「집의 입구에 종규의 그림을 붙여두면 나쁜 병이 오지 않는다」라고 쓰여있는 것을 보면 최근의 일본에도 그 일부의 사람들에게 중국인들과 같은 생각이 유포되어 있음을 알 수 있다.

그 옛날 동해의 한 가운데 도삭산(度朔山)이라는 산이 있었다. 그 산에는 넓이가 삼천리에 이르는 거대한 복숭아나무가 있었는데 그 동북쪽으로 향하여 뻗은 가지는 문처럼 생겨서 많은 귀신들이 출입하였으므로 그곳을 귀문(鬼門)이라 하였다. 거기에는 신도(神荼)와 울류(鬱壘)라고 하는 두 신이 있어 모든 귀신을 감독하고 있는데 해독을 미치는 악귀는, 갈대로 만든 포승으로 묶어서 기르고 있는 호랑이의 먹이로 삼았기 때문에 언제나 평화로웠다. 이를 안 황제(黃帝·전설상의 고대 聖天子의 1인으로 뒤에 도교의 신이 되었다 함)는 사람들의 집 입구에 복숭아나무를 세우고 사립문에는 두 신과 갈대로 만든 포승을 걸쳐 놓아 악귀를 막도록 하였다(『論衡校釋』卷二十二, 所引『山海經』).

세간에서 말하는 귀문(鬼門)이라든가 복숭아 나무가 사기를 물리치는 위력이 있다는 말이나 두 신이 문을 지키는 신이 있다는 것 등은 모두 이 이야기로부터 나온 것일 따름이다.

중국인들에게 친근한 신들은 종규나 문의 신을 비롯하여 무척 많이 있으나 그 가운데 중요한 존재로서 일가의 길흉과 화복을 주재한다고 믿는 부뚜막신이 있다. 이는 중국에서 이미 공자시대에도 있었다. 그러므로 부뚜막신에 대해서는 여러가지 전설이나 습속이 있으나 그 중에서 한가지만 소개해 보겠다.

竈 王夫妻

> 예전에는 부뚜막신이 하나였는데 언제부터인가 남녀 둘로 나뉘어 남신을 「조왕야」(竈王爺) 또는 「조군」(竈君), 여신을 「조내내」(竈奶奶)라 한다. 그림을 보면 남신은 선관(善鑵 · 선의 두레박)을 들고 여신은 악관(惡鑵 · 악의 두레박)을 들고 앉아 있다고 한다.
> 그들은 언제나 부뚜막 위에서 그 집안사람들의 행동을 지켜보다가 착한 일을 하면 선의 두레박(善鑵)에, 악한 일을 하면 악의 두레박(惡鑵)에 세어 넣는다. 그리하여 일년이 되면 음력 섣달 스므사흗날 밤에 이 두 개의 두레박을 가지고 하늘에 올라가 도교의 최고신인 옥황상제에게 그 집안 사람들의 크고 작은 일을 막론하고 모든 일을 상세하게 보고한다. 옥황상제는 그 보고의 내용에 바탕해서 일년동안 그 집안의 선행과 악행을 상세히 조사하여 혹 선악의 행이 같으면 상벌이 없으나 선행이 많은 경우에는 다음해에 그 집안에 행복을 내린다. 그러나 혹시 악행의 수가 더 많을 경우에는 그 집안에 화를 내린다(永尾龍造 『支那民俗誌』 上卷).

이러한 신앙이 있음으로 해서 음력 섣달 스므사흗날 (장강 이남이나 대만, 또는 동남아시아에서는 대체로 24일) 부뚜막위에 붙여져 있는 종이그림에 사탕이나 과자, 엿, 만두 등을 차려 놓고 부뚜막신이 하늘에 올라갈 때 타고 갈 다채로운 무늬의 천으로 짠 말과 그 사료로 쓸 마른 풀과 물, 그리고 여비로 쓸 종이돈까지 준비하여 성대한 제례를 지낸다.

엿을 진설하는 것은 신의 입이 붙어서 옥황상제에게 악행을 일러바치지 못하게 하기 위함이다. 붉은 등이 켜지고 모든 준비를 마치면 그 집안의 남자들만이 (지금은 여성도 포함되는 경우가 있다) 서서 주인이 먼저 절을 올리고 이어서 차례로 절을 올리고는 매우 엄숙하게 기원을 올린다. 이 때 다음과 같은 문구를 외우게 된다. 「하늘에 가셔서 나쁜 일은 사뢰지 마시옵고 착한 일만 말씀하여 주옵소서」 또는 「착한 일은 많이 말씀하시고 나쁜 일은 조금만 말씀하여 주옵소서」등의 넉살좋은 말들만 하는 것이다.

제례는 저녁 아홉시 무렵에 시작하는데 자정무렵을 신이 하늘에 올라가는 시간으로 생각하여 이 때에 성대하게 폭죽을 터뜨리며 준비한 일체의 것들과 함께 신의 그림을 태운다. 중국에서는 태우는 것은 모두 저 세상에 가는 것이라고 믿고 있다. 따라서 신들의 부당한 처사를 고발하기 위한 원문(願文)을 태운다든지 못된 일을 적은 종이를 슬쩍 태워버림으로 해서 해당된 신이 즉각 지옥의 신에 불려 가서 크게 꾸지람을 먹었다고 하는 이야기도 많이 있다.

이처럼 부뚜막신도 그 초상을 태워버려야 하늘에 오를 수 있다는 것이다. 이렇게 하여 하늘에 오른 부뚜막신은 7일간 하늘에 머물다가 섣달 그믐날에는 하계에 내려오기 때문에 그날 저녁에는 어느 가정에서나 새로운 초상을 붙여서 돌아옴을 축하하게 된다.

대부분의 중국인들이 믿고 있는 신앙은 대체로 이러한 성격의 것들이다.

현재 일본에 있는 대부분의 도교연구가들은 이러한 성격의 신앙을 민중도교라 하고 그 밖에 성립도교라는 틀을 따로 세우고 있다. 바꾸어 말하면 도교는 내용과 형식의 면에서 볼 때 두 가지로 크게 나누어 볼 수 있다는 것이다. 그러한 생각도 어떤 면에서 의미가 없는 것은 아니다. 그것은 도교는 중국에 있어서 오랜 옛날부터 내려오는 민간의 여러 신앙을 기반으로 한 자연발생적인 종교로서 종교학적으로 말하면 자연종교라 말할 수 있으면서 그 요소가 꽤 복잡하고 게다가 여러 방면에 걸쳐 형성되어 있기 때문이다.

중국의 인테리들은 입만 열면 도교는 저속한 종교라고 말한다. 그러나 아무리 저속하다 하여도 종교인 것에는 변함이 없다. 그러므로 도교가 종교집단으로서의 체제나 조직을 가지는 것은 당연하다. 이 점을 불교와 비교하면서 조금 설명하려 한다.

불교에는 『대장경』이라고 하는 일체경이 있는데 도교에서는 그것을 『도장』(『道藏』)이라고 한다. 도장은 그 분류방법이나 성립의 시기로 미루어 볼 때 불교의 영향이 큰 것으로 생각된다. 불교의 사원에 해당하는 것을 도관(道觀)이라 하고 승려에 해당하는 사람을 도사(道士)라 하며 여승은 여도사 또는 여관(女冠)이라 한다. 여관이라고 함은 도사와 마찬가지로 관을 쓰기 때문인 것 같다.

도사들은 자신들의 주의나 주장에 따라서 각각 종파를 만들기도 하는데 종파사이에 교리의 내용은 다소의 차이는 있지만 불교의 종파처럼 커다란 차이는 없다. 하나의 종파는 다시 여러 분파로 나뉘어 필자가 처음 중국에

간 1942년 무렵에는 분파의 총 숫자가 140종파 이상을 헤아리고 있었다. 이러한 분파는 쉽게 생각해서 불교의 교단과 흡사한 것으로 보면 된다.

이처럼 체제나 조직을 가진 도교를 성립도교, 또는 교단도교라 부른다.

모든 속세의 인연을 끊고 더럽고 덧없는 세상을 떠나 인간의 욕망을 멀리하며 정해진 계율에 따라서 수행삼매의 생활을 하면서 신들을 섬기는 것이 도사이다. 그러므로 일단 출가하여 도사가 되면 육친이나 세속과의 관계는 모두 버리고 청아한 가운데 고독한 생활로 들어가지 않으면 안된다. 그렇지만 도관에서 동료들과 공동생활을 하는 것은 물론이다.

도사들은 승려들과는 달리 머리를 깎지않고 기르며 독특한 모습으로 상투를 한다. 그리고는 위로 구멍이 나있는 관도 쓴다. 그들이 몸에 걸치는 옷은 소매가 기다란 도복이다. 도복에는 평상복에서부터 최상의 도복인 「태상화의」(太上化衣)까지 여섯가지 종류가 있다.

최상의 「태상화의」는 눈부시게 현란한 것이지만 평상복의 색깔은 청남색으로 정해져 있다. 도복의 안에 입는 속옷은 추위와 더위에 따라서 증감이 있지만 도복은 언제나 한벌을 입을 뿐으로 그 위에 다른 옷을 겹쳐입지는 않는다. 다리에는 흰 무명으로 만든 토시와 비슷한 특수한 양말을 신고 천으로 만든 독특한 신발을 신는다. 여관의 복장도 대체로 남자도사와 같다. 지금은 남자도사를 「건도」(乾道), 여자도사를 「곤도」(坤道)라 부르고 있다.

도사들의 일상생활은 상당히 엄격하다. 우선 계율이 엄격하기 때문이다. 그런데 10세기무렵까지는 고기나 물고기 등 비린내 나는 음식이나 부추 마늘과 같은 소위 5신(五辛)을 먹지않는 외에는 그다지 엄하지 않았다. 그래서 술을 많이 마시는 도사가 있었는가 하면 처를 거느리는 도사도 있었다. 그러다가 11세기 이후부터는 유교나 불교측으로부터 이 점이 심한 공격대상이 되었으므로 12세기 중엽을 전후하여 성립한 전진교(全眞教)등의 일부종파에서는 불교와 견줄만한 엄격한 계율을 세우고 있다. 오늘날 도교 교단의 계율이 엄격한 것은 그 무렵부터 시작된 것으로 보인다. 또한 전진교에서는 불교의 좌선을 도입하여 도사의 수행법가운데 하나로 삼았는데 그 정신이나 형태가 불교와 조금도 다름이 없다 할 정도로 유사하다.

전진교는 성립된 시기의 시대풍조였던 유불도 3교의 융합사상에 입각하여 있으나 그 중에서도 선종적 경향을 강하게 지니고 있는 종파이다. 그리하여 중화민국이 성립하기 직전까지 도교계에서 전진교의 도사들은 탁발(托鉢)이나 운수(雲水)행각을 하면서 사람들이 사는 곳에서 떨어진 산중에 머물렀다. 그러면서 그들은 일심으로 수행을 하여 다른 종파에도 그 영향을 상당히 끼치게 되었다.

도사들은 또한 불교에서와 흡사한 근행(勤行)이나 독경을 포함한 의례도 행한다. 그들은 사체나 부정한 것을 보아서는 안된다고 함에도 불구하고, 부르기만 하면 장례식에 나가서 승려들과 함께 경을 읽는가 하면 액막이 행사나 주술도 행한다. 그 때의 의식이나 의례도 불교와 흡사한 점이 많다.

이러한 모습들을 보아도 성립도교가 불교와 비슷한 것을 부정할 수 없다.

오랫동안 중국에서 사람들의 생활과 신앙과의 관계를 보아 온 타찌바나 시라키(橘樸)는 그의 체험을 통하여 중국의 민간신앙의 중심은 도교라는 사실을 인식하고 나카노 코오칸(中野江漢)과 상의하여 도교계통의 민간신앙을 「통속도교」(通俗道教)라 정의하였다. 이는 1916년의 일이다. 이는 민중 사이에서 행해지고 있는 모든 도교적인 신앙 · 행위 · 사상 등을 총칭하고 있는 것이므로 타찌바나는 도교를 성립도교와 통속도교의 두 가지로 크게 나누고 있는 셈이 된다.

이처럼 분류하는 방식이 적절하다고 생각되었으므로 일본의 일부 도교연구가들은 통속도교를 민중도교라 바꿔 부르게 되었다. 그로 인하여 민중도교라는 말과 그 내용은 학계에 정착하여 이른 바 정설이 되어 최근에는 도교의 일본전래를 논한 일본 고대사의 연구자들 마저도 일본에 전해진 도교가 민중도교라는 주장을 하기까지에 이르렀다.

분명히 중국에 있어서 민간의 신앙이 도교적인 신앙에 바탕하고 있다는 점은 오늘날의 대만이나 동남아시아에 있는 중국인들의 신앙양태를 살펴보아도 사실임을 알 수 있다.

예를 들면 사람들이 가정에서 제례를 올릴 때는 거실입구 근처의 천정에 매달려 있는 천공로(天公爐)에 가장 먼저 절을 올린다. 천공로는 사람들이 도교의 최고신으로 생각하고 있는 옥황대제(玉皇大帝)의 상징인데 사람들 가운데에는 매일 아침저녁으로 절을 올리는 사람도 있다. 음력 정월 초아흐렛날이 옥황대제의 탄생일인데 이 날에는 천공묘(天公廟)에 참배하는 한편 각 가정에서는 신상(神像)을 그린 종이로 만든 통처럼 생긴 등받이(燈座)를 장식한다. 이것도 옥황대제의 상징으로 거기에 신이 머무는 것으로 간주되고 있다.

거실의 정면 벽에는 관음(觀音)과 해상안전을 지키는 신인 천비(天妃), 재신(財神)이나 무신(武神)인 관제(關帝), 또는 부뚜막신이나 토지신을 그린 그림을 걸고 사람들은 아침저녁으로 향을 사르며 절을 올린다. 또한 무엇인가 하고 싶거나 원하는 일이 있으면 바로 토지신을 모셔놓은 토지묘(土地廟)에 간다. 묘소에 참배할 때는 우선 묘지나 죽은 사람을 수호하는 신인 후토신(后土神)에 참배한다. 이 밖에도 예는 많이 있으나 이러한 정도로도 중국사람들은 모두 도교신자라 할 만하다. 사실 그 옛날의 중국인들은 모두가 도교신자였다고 말하는 일본학자도 있다.

그렇지만 민중도교에 대해서는 아직까지 모두가 인정할만한 확실한 정의가 내려져 있지 못하므로 연구자들에 의하여 그 범위를 설정하는 것에는 여러가지로 차이가 있다. 게다가 조직이나 체제가 갖추어져 있지 않기 때문에 그 실체를 드러내는 것도 대단히 어렵다.

예를 들면 공자, 석가, 관음, 그리스도, 마호메트, 토지신, 호선(狐仙)등의 개인적인 신앙을 민중도교라 보는 학자도 있는가 하면 무위교(無爲教), 홍양교(弘陽教), 금단팔괘교(金丹八卦教)등의 보권(寶卷)이라고 부르는 일종의 종교문학을 중심경전으로 삼는 이른바 보권류종교까지 그 범위에 넣는 연구자도 있다. 첫머리에 소개한 종규등에 대한 이야기가 유포되어 있는 것에서 민중도교의 성격이 잘 나타나고 있음을 알 수 있다. 민중도교라 불리우는 것의 내용은 대충 이러한 것이다. 그러므로 이러한 내용을 도교라는 이름으로 부르는 것에는 커다란 논의의 여지가 있다.

그런데 중국 사람들은 모두 도교의 신들 만을 신앙하고 있는 것은 아니다. 지장묘에도 가고 관음묘에서 불전을 읽는 사람들도 있다. 이러한 것에서만 보아도 「민중」의 신앙이 도교를 중심으로 하고 있다고 단정지을 수는 없다. 게다가 인테리나 황제조차도 비슷한 경향을 지니고 있었기 때문에 이러한 신앙형태를 단순히 「민중도교」라 불러야 할지 어떨지는 아직 의문이 남아 있다.

민중도교에는 유교나 불교도 혼입되어 있다. 따라서 불교에 중점을 두고 보면 민중불교라 할 수 있고 유교측에 서서 말하면 민중유교가 될 것이다. 그 어떤 쪽도 결코 잘못된 것이라고 할 수는 없다. 보는 사람의 시각의 차이에 지나지 않기 때문이다.

필자는 이전에 중국인에 있어서 신앙의 중심이 도교에 있다고 생각했기 때문에 그 점에 역점을 두고 많은 연구자들과 마찬가지로 민중도교라는 말을 사용하였다. 그러나 그 후에 대만이나 홍콩, 동남아시아 등에서 실제 형태를 눈으로 확인하고서 그러한 생각은 도교의 편을 든 잘못된 생각이라는 것을 통감하였다.

게다가 성립도교의 대표적인 예라 할 전진교에서 수계할 때에 도사에게 주는 경전 가운데 「민중도교의 성전」이라 할 만한 『태상감응편』(太上感應篇)이 포함되어 있다. 이를 보면 민중도교와 성립도교라고 하는 양자의 구별을 하기가 어렵게 되어 있다.

그래서 필자도 근래에는 민중도교라는 말을 사용하지 않고 있다. 분명한 구분은 금후의 연구에 맡기기로 하지만 지금까지의 생각으로는 신앙의 조직이 이루어지지 않은 것을 근거로 하는 이른 바 민중도교는 일단 중국의 민속종교라 불러 두기로 한다.

2. 도교의 성립

불교가 중국인들에게 알려진 시기에 대해서는 공자나 진의 시황제가 알고 있었다는 설도 있고, 후한(後漢) 명제(明帝)의 영평(永平)10년(서기 67년)설 등을 비롯하여 옛부터 여러가지 설이 전해지고 있다. 그러나 실크로드가 열린 것이 기원전 1세기 경인데다가 영평 8년(65년)무렵에 명제의 이종동생인 초왕 영(楚王 英)이 불교를 믿고 있었던 것은 확실하기 때문에 일부 중국인들은 기원전 1세기말 경에는 불교를 알고 있었다고 보아야 할 것이다. 그러므로 그렇게 본다면 도교가 종교집단으로서의 조직과 체제를 갖추고 사회적인 활동을 시작한 것은 불교가 중국인들 사이에 알려지고 나서 그럭저럭 200년이 지나서라 볼 수 있다. 그러나 도교의 근원은 아득한 옛날까지 거슬러 올라가야 함은 말할 것도 없다.

중국인에 있어서 종교의 원초적형태는 모든 것에 정령(精靈), 또는 신성(神性)이 있다고 보는 애니미즘으로 해석하는 것이 타당하다.

고대 중국인들은 이 세상에 있는 일체의 것에 초월적인 힘을 지닌 정령이 있는 것으로 생각하였다. 예를 들면 산에는 산의 정령이 있고 강에는 강의 정령이 있으며 초목등에도 각각 정령이 있다는 것이다. 그리하여 점차로 그러한 정령을 신과 같은 것으로 숭배하게 되었다. 그렇지만 그러한 정령들은 인간에 대하여 직접적으로 말을 소통할 수는 없다. 거기에서 그러한 정령과 매개적 역할을 하는 존재, 즉 인간의 원을 정령들에게 전하고 또한 정령들의 의지를 인간에게 전하는 사람이 필요하게 되었던 것이다. 그러한 무리의 사람들이 샤만, 즉 무당(巫)인 것이다.

그들은 소위 신과 통하는 뛰어난 힘을 가지고 있기 때문에 사람들은 그들을 중심으로 하여 신에게 기원하기도 하고 그 신의 노여움을 가라앉히기도 하며 사기(邪氣)를 제거하며 신의 생각을 묻기도 하였다. 그 때에는 주술적 의례가 필요하다.

그 결과 여러가지의 주술이 행하여지게 되었다. 따라서 무당은 한무리의 사람들의 중심적 인물이 되었다.

그러는 가운데 한편으로 우주안에 있는 모든 현상을 음과 양의 두 가지로 설명하는 음양설, 그것을 취하여 생긴 역(易), 역에 의하여 모든 사물의 앞날을 점치는 방법인 복서(卜筮), 목·화·토·금·수의 다섯가지 「기」가 서로 얽혀진 결과로 모든 만물이 만들어졌다고 설하는 오행(五行)의 설 등이 발달하게 된다. 그와 아울러 별에 의하여 인간의 운명이나 인간계의 변화를 점치는 별점 등도 발달하게 된다. 사람들은 이러한 설이나 방법에 의하여 인간계의 상태나 인간의 운명, 또는 길흉화복 등을 예측하기도 하고 연구하기도 하였다.

전국시대 말 경, 기원전 3세기 중엽이 되면서 선인(仙人)의 사상, 이른

바 신선사상이 산동지방을 비롯하여 각지에 널리 유포되었다. 그리고 이제까지의 여러가지 주술이나 잡다한 신앙등이 엮어져 방술(方術)이라 불리우는 것이 완성된다. 방술이란 한마디로 말하면 원초적인 의술이나 복서, 점치는 것 등에 의하여 장생의 목적을 실현하려는 방법이다.

방술은 당시의 사람들, 특히 제왕이나 제후들의 마음을 사로잡았으며 세상사람들 사이에서도 대단한 인기가 있었다. 방술을 행하는 사람을 방사(方士)라 부르는데 방사는 많은 사람들에게 널리 인기가 있었다. 진의 시황제나 전한(前漢)의 무제(武帝)도 방사들을 신임하여 측근에 두었던 사람들이다.

방사를 측근에 두었던 전한의 무제는 한편으로 중앙집권적 봉건제를 떠받치는 지도이념으로서 유학에 의한 사상통일을 시도하였다. 전국시대에 백화(百花)가 다투어 피듯 화려하게 전개한 이른바 제자백가의 사상은 통상 분서갱유(焚書坑儒)라고 불리우는 진(秦)의 시황제(始皇帝)가 행한 사상통일의 작업을 거친 후에 무제의 통제까지 받게되어 유학에 흡수되기도 하고 지지자를 잃기도 하여 힘을 잃게 된다.

유가에 대항하는 커다란 힘을 가진 도가의 사상은 전한 초기에는 오히려 유가에 밀리는 바 되었으나 무제 이후에는 민간의 학자, 이른바 떠돌아다니는 사람들이나 숨어 지내는 선비들의 지지를 받게 되었다. 그런데 후한에 접어들면서 유학이 고전의 주석에만 힘을 쏟게 되면서 고정화되어 지도이념으로서의 사상성을 잃게 되었으므로 점차로 도가나 그밖의 신비적 사상이 사람들의 인기를 회복하게 되었다.

진(秦)으로부터 전한(前漢)에 이르는 사이에는 도가의 사상 이외에 황제(黃帝)와 노자(老子)를 중심으로 하는 학문, 즉 「황노의 학」이 있었다. 황제는 도가의 사람들이 유가의 요(堯)나 순(舜)과 같은 고대의 성인천자보다도 한단계 뛰어난 성인천자로서 받드는 전설상의 인물이다. 또한 노자는 기원전 4세기 무렵에 태어나서 도가의 사상을 처음 설함으로써 높이 평가받는 인물인데 실제로 생존했던 인물인지 아닌지는 아직도 논의되고 있는 바로서 확실치 않다. 일부의 사람들은 가공의 인물이라 하여 그 실재를 부정하는 사람도 있다. 물론 오늘날에 전해지고 있는 내용과 같은 생애를 보낸 인물로서의 노자는 실재하지 않았을 것이지만 후일에 그러한 픽션을 만들도록 한 근원이 된 노자는 실재한 것으로 보인다.

그는 아마도 민간에서 숨어 지낸 인텔리의 한 사람으로 뛰어난 사상과 예리한 비판력의 소유자였을 것으로 생각된다. 그러나 시대가 내려감에 따라서 점차 신비스러운 여러가지 이야기가 부각되어 오늘날에 전하는 것과 같은 노자의 전기가 만들어졌을 것이다.

그러한 노자의 전기를 만든 사람들은 그의 학문이나 사상을 계승한 이른바 도가(道家)라 불리운 한 무리의 사람들이었을 것으로 짐작된다. 그러므로 「도가」와 「황노(黃老)의 학」과의 관계는 상당히 복잡하여 이후에 검토할 필요가 있다.

그러나 어쨌든 기원전 1세기말 무렵, 전한의 왕조가 막을 내릴 무렵에는 황제나 노자 모두가 보통 인간과는 다른 뛰어난 힘을 지닌 일종의 초인적 존재로서 많은 사람들의 존숭을 받고 있었다. 당시 일반 사람들에게는 신선에 관한 이야기나 방술(方術)이 대단히 인기가 있었다. 제왕을 중심으로 하는 지배층에 속하는 사람들마저 사생활면에서는 예외가 아니었다. 그러므로 그 중에는 황제나 노자를 신선으로 숭배하고 신앙하고 있던 사람들도 있었던 것으로 생각된다. 불교가 중국에 전해 온 것은 바로 이러한 때였다.

종교라고 하면 샤머니즘이나 신선설, 또는 방술 정도 밖에 모르던 당시 중국인들로서 불교는 전혀 이질적인 종교였다. 그러므로 불교의 사상이나 신앙등이 처음에는 이해하기에 힘든 것이었다. 머리를 모두 깎아버린 외국인 승려의 이상한 모습, 금색찬연한 불상에 대하여 분향하며 예배하는 그들의 행위, 경을 읽으면서 행하는 근행(勤行)의 모습들은 중국인들의 눈에는 아주 기이한 것으로 비쳐졌을 것임에 틀림없다. 더구나 피안에 구원받는다고 설하는 교리등은 전혀 이해하기 힘든 것이었다.

이와같이 생소하면서 전혀 이질적인 것을 신앙한다고 하는 것은 더욱 힘든 일이 었을 것으로 짐작된다. 그런데 이상하게도 어떠한 마찰이나 저항도 없이 오히려 자연스럽고 원활하게 중국인들의 종교로서 수용되었던 것이다. 왜 그랬던 것인가?

종교나 사상뿐만이 아니라 일반적으로 어느 문화현상이 전해지는 경우 그것이 이질적이면 이질적일수록 받아들여지기 어려운 것은 당연하다. 그것이 받아들여지기 위해서는 전해온 문화가 자신들의 사고구조에 적합한 것임을 납득할 필요가 있다. 한편 전해 온 문화 쪽에서 말한다면 받아들이는 측에 맞도록 본래의 모습을 다소 변경하지 않으면 안된다.

예를 들면 명대(明代)에 중국에 전해진 가톨릭은 유가로부터 유교에 가까운 가르침으로 수용되었다. 또한 선교사들도 유가의 복장을 하고 중국어를 사용하고 중국식 생활을 하면서 그리스도교의 교리를 유교와 흡사한 것으로 맞추었다. 그로 인하여 많은 신자를 얻었으며, 유가의 어떤 사람은 그리스도교를 서방의 성인이 설한 가르침으로 중국의 묵자의 가르침에 매우 흡사한 것이라고 말하고 있을 정도였다.

불교가 전해진 당시의 중국에서 불교에 흡사한 것으로 말하면 신선설, 방술, 황노의 신앙 등이었다. 그러므로 불상은 신선의 모습이며 승려는 방사(方士), 분향이나 근행하는 모습은 방술의 일종으로서 생각되고 석가는 황제나 노자와 비슷한 인물로서 중국인들에게 해석되었던 것이다. 후한의 초왕 영(楚王 英)이 「황노의 학」을 좋아하면서도 동시에 「부도」(浮屠 불타)의 의례를 행하였던 것이라든지 환제(桓帝 147 －167재위)가 궁중에서 황노와 부도를 아울러 모셨던 것은 움직일 수 없는 증거이다.

중국인이 불교를 방술이나 황노의 신앙과 흡사한 것으로 받아들였던 또 하나의 원인은 불교측이 취한 태도에도 있었다. 4세기 이후에는 불교와 도교의 사이에 빈번한 논쟁이 벌어졌는데 그 중심이 된 논쟁의 하나로 노자의 화호설(化胡說)이 있다. 이 설은 『사기』(『史記』)의 「노자전」에 나오는 이야기인데 노자는 중국의 서쪽 끝인 관소(關所)를 나서서 서쪽으로 갔는데 어디에서 죽었는지 알 수 없다고 쓰여있는 점에서 출발한다. 그리하여 이 노자가 실은 죽은 것이 아니고 인도에 가서 석가가 되어서 불교를 설하고 그 지방 사람들을 교화하였다는 것이다. 그러한 이유로서 불교는 원래 노자의 가르침이라는 의미로 만들어진 이야기이다.

지금까지는 이 이야기가 도사들이 만들어 낸 것으로 생각되어져 왔다. 그러나 이 설이 출현한 것은 오두미도 등이 성립한 것보다도 먼저일 뿐만 아니라 불교관계의 경전에 쓰여 있었던 것으로 보이는 흔적이 있다. 따라서 필자는 불교가 중국에 전해진 초기에 불교측의 누군가가 불교를 중국인에 친근한 것으로 이해시켜 쉽게 수용하도록 하기 위하여 만들어 낸 것이라고 생각하고 있다.

이처럼 중국인들에게 수용된 불교는 그 뒤로 외국인 승려들의 도래하는 숫자가 증가하고 경전이 중국어로 번역되어감에 따라서 점차로 그 교세를 신장하기 시작하였다.

이러한 불교의 교세 신장과 더불어 중국 사회에서는 정치적으로 환관의 횡포가 심해지게 되었다. 이에 따라 호족이나 부유한 농민과 토지를 잃고 유랑하는 빈민들 사이에서 일어난 생활상의 차이등 사회적 불안이 점차 증가하게 되었는데 이러한 경향은 정치적인 혼란이 가중됨에 따라서 점차 현저하게 되었다.

국가의 지도이념이던 유학은 형식적인 면으로 흘러 새로운 발전이 없는 가운데 위선적인 풍조마저 만연하기에 이르렀다. 이러한 유학의 무력화는 당연히 도가나 신선설, 그리고 방술을 성하게 하는 결과를 낳았다. 그리하여 현실적인 고통을 겪는 많은 사람들을 이 방면으로 몰아 넣었다. 따라서 이 때를 즈음하여 출현한 태평도(太平道)라든지 오두미도 등 두 개의 도교적 종교집단이 그 세력을 얻게 된 것은 당연한 결과라 하겠다.

우길(于吉)이 설하고 장각(張角)이 정리하여 문을 연 태평도나, 장릉(張陵)의 손자인 장로(張魯)가 조직화한 오두미 등도 이 책의 뒤에서 소개하는 바와 같이 모두 많은 사람들의 지지를 받았다. 시대를 왕조로 따지면 북위(北魏)의 태무제(太武帝)시대에, 오두미도의 단점은 버리고 장점을 취하여 거기에 신선사상이나 도가의 설과 불교적 요소를 가미한 도교의 일파가 출현한다. 이것이 구겸지(寇謙之)라는 도사가 개창한 신천사도(新天師道)이다. 여기에서 비로소 도교는 확실한 체제와 조직을 갖춘 종교로서 대성하게 된다.

이러한 과정에서 알 수 있는 것처럼 도교는 그리스도교나 불교등의 종교와는 달리 교조나 개조(開祖)를 확실히 알 수 없는 상태에서 출발한다. 그렇지만 후에는 불교의 교리나 체제, 조직 등을 상당부분 취하여 노자를 교조로 하고 장능을 개조로 하여 교단적 체제를 이루어 외견상으로는 하나의 갖추어진 종교를 이루게 되는 것이다. 그 결과 극히 최근까지 도교의 교조는 노자이며 개조는 장능으로 보는 견해가 지배적이었다. 아니 지금도 그렇게 생각하고 있는 사람이 적지않은 실정이다.

그러나 노자를 교조로 보는 견해가 맞지 않는다는 것은 이제까지의 설명으로도 충분할 것이다. 노자를 교조로 한 것은 도가(道家)의 사상을 수용할 때 노자도 끌어들여서 그의 화신으로서 태상로군(太上老君)이라고 하는 신을 만들어 낸 것에 불과한 것이다. 그리고 그 태상로군은 후에 도덕천존(道德天尊)으로 불리우게 되는데 도교의 최고신은 아니다. 도교에서는 그때 그때에 따라서 옥황대제(玉皇大帝), 원시천존(元始天尊)등이 최고신이 되는데 이러한 신들 사이에 상하관계가 분명한 것은 아니다. 즉 중국의 도교 전체를 통하여 언제나 불변하는 최고신의 자리를 차지했던 신은 없었다고 하는 편이 좋을 것이다. 후대의 도사들 사이에서는 원시천존을 최고신으로 삼는 전통이 유지되어 왔으나 오늘날의 사람들은 옥황상제를 최고신으로 모시고 천공(天公)이라 부르고 있다.

또한 장릉을 도교의 개조라고 하는 것에도 오류가 있다. 그것은 태평도쪽이 오두미도보다 먼저 성립하였기 때문이다. 그러나 태평도도 도교라고 하기에는 조금 무리가 있다. 오히려 대성자를 개조로 생각할 수 있다면 북위의 구겸지를 개조라고 해야 할 것이다.

요컨대 도교를 한마디로 말한다면 고대의 민간신앙을 기반으로 하고 신선설을 중심으로 하여 거기에 도가 역(易) 음양 오행 복서 참위(讖緯) 의학 점성 등의 설과 무속의 신앙을 더하여 불교의 체제나 조직을 모방하여 정리된, 불로장생을 목적으로 하는 현세이익적인 자연종교라 할 것이다.

3. 도교의 내용

이처럼 복잡한 성립도교의 내용은 크게 나누어 네가지로 설명할 수 있다.

그 첫째는 도교교학이라 할 만한 부문이다. 우주성립의 근원이며 천지 사이에 있는 만물의 근원인 「도」(道)의 시원과 그 전개, 대라천(大羅天)을 최고의 위에 놓고 그 아래로 35천이나 된다고 하는 천계의 종류와 이름, 그리고 그 모습, 그러한 천계에 있는 신들과 선인(仙人), 지옥의 모습 등에 대한 설명이 이 부문이다. 이 중에서 흥미로운 것은 해와 달, 그리고 별도 신이라 하고 있는데 특히 북두칠성이나 북극성이 신으로서 인기가 있다.

또한 흥미로운 것은 「도」를 비롯한 모든 것을 인격신으로 표현하고 있는데 그 많은 신들 모두가 인간들처럼 이름이 있는 점이다. 예를 들면 최고신인 원시천존은 락정신(樂靜信)이라는 이름이 있다. 그리하여 신들 사이에는 인간들 세계의 황제를 정점으로 하는 피라밋형의 위계질서가 거의 완전하게 반영되어 있는데 이는 봉건사회를 배경으로 성립한 것을 나타내는 것으로서 매우 재미있는 현상이다. 또한 도교의 천(天)은 불교의 천의 영향을 받아 그것을 도교풍으로 바꿔놓은 것에 불과하다. 지옥에는 9유(九幽), 24지옥, 36지옥 등의 구별이 있는데 그 설명에도 불교의 영향이 강하다.

둘째는 방술(方術)의 부문이다. 주문 별점 부적 예언 제액 기도 등의 의식이나 의례가 이 부문에 속한다. 도교에서는 재앙을 막고 장수를 누리기 위한 주문이나 타부를 금주(禁呪)라고 하고 복을 빌고 요괴나 악귀, 망령 등을 물리치는 부적을 부록(符籙)이라고 한다.

부적에는 무엇을 막기 의한 것에서 죽은 사람을 살리는 것에 이르기까지 모든 목적에 해당하는 종류가 갖추어져 있는데 그 중에는 몸에 지니는 것, 실내에 붙이는 것, 문이나 집의 입구에 붙이는 것, 의식이나 기원에 쓰이는 것 등의 구별이 있다. 앞서 말한 종규의 초상화는 실내에 붙이는 용이다. 부적은 또한 귀신이나 여우등을 자유롭게 부리는 힘을 가진다고 한다.

도교의 의식이나 의례는 거의가 불교에서 취했다고 말해도 좋을 정도로 불교의 의례와 흡사하다. 신에 대하여 기원할 때는 기원문을 진상하게 되는데 그 문장을 장(章)이라고 한다. 장은 그 목적에 따라서 노란 종이 혹은 파란 종이 등의 색을 구별하여 쓰기도 한다.

제액의 목적은 천재지변을 막고 병을 낫게 하고 자손을 번창하게 하며 조상이나 죽은 이의 영을 구제하고 국가나 천자의 무사함을 기원하는 등의 수많은 종류가 있는데 그 목적이나 종류에 따라서 제사지내는 신의 숫자도 다르다. 그 신의 숫자가 최고로 많을 때는 3600이나 되는 신에게 권청하기도 한다. 제액의 행사 때에는 향이나 등불을 바치고 종이나 큰 북을 울리면서 경을 읽는데 그 규칙은 꽤 복잡하다.

도교에 있어서 금기(禁忌)는 후일에 불교의 계율과 맺어져 도교의 계율이나 청규(清規)가 되는데 그 계율은 불교와 아주 비슷하여 5계에서 180계까지 있다.

청규는 불교에서는 수행 현장에서 승려가 지켜야 할 규칙을 의미하나 도교에서는 처음에는 불교와 같은 의미를 가지다가 후에는 그와 같은 규칙을 위반할 때의 벌칙을 의미하는 것이 되었다. 청규에는 가장 가벼운 궤향(跪香)으로부터 최고 무거운 환속(還俗)까지 있다.

셋째는 의술적 부문이다. 도교의 성격과 목적에서 보아서 이 부문은 대단히 중요하기 때문에 많은 부분이 여기에 관계하고 있다. 필자는 지금까지 이를 도교의 용어로 말해서 벽곡(辟穀), 복이(服餌), 조식(調息), 도인(導引), 방중(房中)의 다섯가지로 분류해 왔다.

도교에서는 인간의 정신은 육체에 속박되어 있으며 식물(食物)로 유지되고 있으므로 장생하기 위해서는 먹는 분량을 줄임과 동시에 불로써 조리한 음식을 먹어서는 안된다고 설한다. 그 방법이 벽곡이다.

도교의 가르침은 엉터리도 상당히 많기 때문에 미신이라든가 협잡스러운 종교라는 말을 하는 사람들도 있으나 그 가르침 중에는 실제에 바탕한 것도 있다. 이 벽곡, 즉 절식은 그 한 예이다. 단지 벽곡이라고 말하면 아무것도 먹지않는 것을 상상하게 되어서 선인은 이슬을 먹는다는 등의 말을 하게도 되지만 실은 아무것도 먹지않는 것이 아니라 5곡을 먹지않을 따름이다. 그리하여 풀의 뿌리나 나무의 껍질 등에서 취하여 만든 약을 먹는다. 이것이 복이(服餌)이다.

복이는 신선이 되기 위한, 또는 장생하기 위한 복약법이라고 말해도 좋을 것이다. 그 약에는 운모(雲母) 웅황(雄黃 硫化砒素) 단사(丹砂)등의 금속이나 돌, 그리고 지황(地黃)이나 영지(靈芝)등 식물류의 구분이 있다.

약의 효능에 따라서 수명이 연장되어 선인이 되는 상약(上藥), 본성을 기르는 중약, 병을 낫게 하고 요괴를 물리칠 수 있는 하약의 세 종류가 있다고 하는데 상약 중의 상약이 단(丹), 또는 금단(金丹)이라 불리우는 것이다.

단에는 여러 종류가 있는데 4세기 초에 출현한 『포박자』(『抱朴子』)는 신선이 실재함을 역설한 책으로 이른바 신선설과 도교의 다리를 잇는 성격을 지닌 것이다. 또한 단을 만드는 장소를 닭이나 개, 어린이나 여성, 그리고 믿음을 가지지 않은 사람들에게 보여서는 안된다고 하는데 닭이나 개를 꺼리는 이유는 알 수가 없다. 약을 채집할 때나 만들 때에도 많은 금기가 따른다.

우리들은 힘이 넘치는 사람을 보면 「원기가 왕성하다」고 말하는데 인간의 생명력의 근원이 신체 중에 있는 「기」라고 하는 것이 도교의 주장이다. 그래서 「기」가 없어지면 죽게 되므로 체내에 언제나 「기」를 많이 머금어 감소되지 않기를 강조한다. 태식(胎息) 폐기(閉氣) 토납(吐納) 행기(行氣)등으로 표현되는 조식(調息)은 그러한 근거에서 말하는 일종의 심호흡법이다.

이러한 생각은 꽤 일찍부터 있어왔던 것 같다. 기원전 4세기 무렵의 인물이라고 하는 장주(莊周)가 썼다고 하는 『장자』(『莊子』)라는 책을 보면 이미 「옛날의 진인은 발뒤꿈치(踵)로 호흡하였으므로 장생하였으나 오늘날의 사람들은 목(喉)으로 호흡하므로 그렇지 못하다」고 쓰여 있다. 조식법을 소개하여 보자.

> 「오전 네시무렵에 잠을 깨어서 양치질을 하고서 손발을 쭉 펴고 반듯이 누워서 아주 조용히 24회 숨을 토한다. 마음이 가라앉게 되면 숨을 멈추고 정신을 배꼽 아래에 집중하여 움직이지 않으면서 세차례 숨을 마셔서 멈춘다. 그리하여 숨이 단전에 들어가게 되면 조용히 입으로부터 숨을 토한다. 이와같이 하는 것을 20회씩 세차례 한다. 이 사이에 절대로 잡념을 머물게 해서는 안된다(『雲笈七籤』 卷五十九, 申天師服氣要訣).

도인도 조식과 마찬가지로 체내의 「기」를 보유하기 위하여 옛부터 고안된 맛사아지나 요가와 흡사한 건강법이다. 재미있는 것은 이 방법의 하나가 벽곡 조식 방중 등과 함께 카이바라에키켄(貝原益軒)의 『양생훈』(養生訓)에 실려 있으므로 여기에 그 방법을 소개하려 한다. 그것은 이러한 방법이 일본에 그대로 전해온 것을 보여주는 증거도 되기 때문이다.

「아침에 눈을 뜨면서 침상에서 우선 양 발을 한 껏 펴서 체내에 있는 탁기(濁氣)를 내 보낸다. 그것을 마치면 일어나 침상에 앉아서 머리를 뒤로 젖히면서 양 손을 깍지끼어 위로 올린다. 다음에 이(齒)를 맞물리게 하면서 목덜미를 좌우 번갈아가며 누른다. 그리고나서 어깨의 상하운동을 하고 얼굴을 양 손으로 여러차례 쓰다듬어 내린다. 다음에는 눈과 귀를 잘 문지르고 허리를 흔들고 가슴과 배를 위에서부터 아래로 향하여 번갈아 가며 쓰다듬어 내린다. 그것을 마치면 엉덩이를 두드리고 다리와 무릎을 쓰다듬어 내리고 발바닥을 가볍게 문지른 후 끝으로 발가락을 비튼다. 이러한 과정을 몇차례 반복한다(『養生訓』卷五).

송의 장군방(張君房)이 편집한 『운급칠첨(雲笈七籤)』에 도인의 방법이 많이 수록되어 있는 것을 보면 그 무렵에는 빈번히 행해졌던 것을 알 수 있다. 아무튼 여기에서 알 수 있는 것처럼 맛사아지와 같은 방법이므로 분명히 건강증진에 도움이 되는 것은 틀림이 없을 것이다. 요즈음 인기가 있는 태극권(太極拳)이나 기공(氣功)은 복기(服氣)와 도인을 합친 방법이다. 또한 『운급칠첨』은 11세기 초엽에 편집된 도교의 책이기 때문에 당시 도교의 내용을 아는 데에 커다란 가치를 지니고 있는 자료이다.

다음 방중술(房中術)은 원래 도인이나 조식과 마찬가지로 체내의 기를 비축하여 감소하지 않게 하는 방법의 하나로써 고안된 것이었다. 예를 들면 『포박자』에는 「몇가지의 명약을 복용하여도 방중의 개요를 알지 못하면 장생할 수 없다. 불사함을 구하려는 자는 노력하여 이 방법을 구하지 않으면 안된다.」(卷八)고 하는 내용이라든지 「초목으로부터 만들어 낸 약을 복용할 줄만 알고 방중의 술을 알지 못하면 도저히 장생은 기대할 수 없다.」(卷十三)등의 말을 하고 있다. 이처럼 방중술이 장생에 대단히 중요함을 역설하고 있다.

방중술만 알면 장생할 수 있다고 말하는 일파도 있는데 『포박자』에서는 장생의 부차적인 수단으로 보고 있을 따름이다.

방중술을 설한 책에는 체내에 있는 음양의 2기를 조화시켜 보존한다고 하는 방중술의 원리를 7심8천(七深八淺)의 법이라든지 2기가 정(精)을 교차시킨다는 등의 함축성이 있는 말로써 설명하고 있기 때문에 사람들로부터 오해를 사서 규방의 비밀스러운 기법이 되고 말았다. 그러므로 지금 남아 있는 『소녀경』(素女經) 『통현자』(洞玄子) 『옥방비결』(玉房秘訣) 등의 내용에는 카마수트라가 무색할 정도의 내용도 있다. 한편 방중술에 대해서도 여러가지의 금기가 설해져 있다.

마지막으로 말할 것은 윤리에 관한 것이다. 앞서 말한 것처럼 도교는 자칫하면 사기협잡 비슷한 미신 정도로 생각하기가 쉽고 또한 그러한 부분이 많은 것도 사실이다. 그렇지만 반드시 그렇다고만 할 수 없는 것은 이 윤리적 부문에 해당하는 부분이 있는 것에서도 알 수 있다. 옛날 중국 민중의 윤리나 사회도덕이 실제로는 유교보다도 오히려 도교의 윤리사상에 의하여 유지되어 왔다는 사실은 그러한 의미에서 주의해야 할 것이다.

주지하는 바와 같이 유교에는 옛부터 윤리사상이 있었는데 태평도나 오두미도에도 분명치는 않지만 그러한 면이 엿보인다. 이 양파에서는 치료를 원하여 온 병자를 조용한 방에 들어가게 하여 자기가 지은 죄를 반성하여 회개하라 한 후에 기도를 하여 병을 낫게 하였는데 그것은 신이 인간의 죄나 나쁜 일을 보고 그 벌로써 병이 들게 한다는 사고방식을 반영하는 것이다. 즉 신의 위력을 빌어서 나쁜 일을 하지 않도록 하는 윤리도덕의 실행인 것이다. 또한 오두미도에서는 봄 여름의 살생과 음주를 금하고 있다.

『포박자』에서는 신의 감시와 선행의 실천과의 관계에 다음과 같이 설명하고 있다.

「선인이 되기를 바라는 사람들은 언제나 충·효·화(和)·순(順)·인(仁)·신(信) 등을 바탕으로 하여 덕을 쌓는 일에 마음을 쓰지 않으면 결코 장생할 수 없다. 만약 크게 악한 일을 범하면 인간의 생명을 관장하는 사명을 지닌 신이 감시하고 있다가 기(紀 300일의 수명)를 빼앗고 작은 과오를 범한 경우에는 산(算 3일의 수명)을 감한다. 인간의 수명은 원래 정해져 있는데 악한 일을 많이 하면 일찍 죽고 적게 하면 늦게 죽는다. 그러므로 아무리 방술을 체득하였다거나 몇개의 선약을 먹었어도 선행을 하지 않으면 장생에 도움이 되지 않는다(卷三).

『포박자』에는 인간의 도덕적 행위를 감시하는 신으로써 「사명」(司命)이라는 신이 있다고 하는 정도에 그친다. 그러나 송대에 처음 편집되어 일부 도교연구가들로부터 「민중도교의 근본성전」이라 불리우는 『태상감응편』(太上感應篇)에는 사과(司過), 북두(北斗), 삼태성(三台星)등이 위에서 감시하고, 부뚜막 신이나 인간의 체내에 있는 삼시(三尸) 등이 각각 일정한 날에 하늘에 올라가서 하계에서 본 것들을 보고한다고 쓰여 있다. 또한 명대 이후에 빈번히 유통된『공과격(功過格)』이라고 하는 책은 구체적으로 선과 악 두 종류의 행위를 들어서 각각의 행위에 플러스와 마이너스 점을 매기고 있다. 이러한 점에서 주목할 만한 권선서(勸善書)라 할 만하다.

4. 중국인과 도교신앙

도교의 신앙과 옛날 중국인들의 생활이나 정서와는 아주 밀접한 관계가 있다. 조금 과장하여 말한다면 이러한 신앙을 고려하지 않고서는 그들의 생활을 잘 이해할 수 없다는 느낌이 들 정도이다. 일반사람들은 물론이거니와 유교의 대가를 이루고 있다고 스스로 자부하는 사람들마저 그 실제생활은 도교적인 신앙에 의하여 지배되고 있는 경우가 많았다.

극심하게 불교와 도교를 공격하고 유교를 위하여 크게 공헌한 당대(唐代)의 문호이자 유가였던 한퇴지(韓退之)는 상수(湘水)라고 하는 강의 신인 상군부인(湘君夫人)의 제문을 지으면서 복숭아나무가 사기를 제거하는 힘이 있음을 설하고 있을 정도였다. 청대의 유명한 유학자이며 역학에 정통했던 혜동(惠棟)은 어머니의 병이 낫지 않자 「만약 어머니의 병을 낫게 해 주면 『태상감응편』의 주석을 할 터이니 하루라도 빨리 병을 낫게 해 줍시사」 하고 신에게 기원을 하였다. 그런데 곧 병이 나았으므로 그 현저한 영험을 알고서 주석서를 저술하였다고 한다.

연중행사를 통하여 도교와 중국인의 생활과의 관계를 살펴 보자. 정월에는 여러가지 행사가 떠들썩하게 치러지는데 그 대부분이 도교적인 신앙과 관계가 있다. 음력 1월19일 밤에 북경에 있는 백운관(白雲觀)이라고 하는 전진교의 총본산인 도관에 선인이 내려 오는데 그 선인을 만나기만 하면 어떠한 소원도 이루어진다고 하는 전설이 있기 때문에 그날은 모든 소원이 이루어지기를 바라는 사람들이 모여들어 그 인파로 경내가 몹시 혼잡해진다.

단오절에는 사람 모습을 한 쑥을 집의 입구에 걸기도 하고 창포술을 마시기도 하며 부적을 몸에 지닌다든지 또는 어린이의 이마에 웅황의 즙으로 임금왕자를 쓴다든지 하는 것은 모두 악귀나 사기를 제거하기 위한 것이다. 중양절(重陽節)이라 부르는 음력 9월 9일에는 높은 곳에 오르면 재앙을 피할 수 있다고 하는 등고(登高)나 앞서 말 한 음력 12월 23일이나 24일의 부뚜막신의 제례 등 도교적인 내역을 지닌 연중행사가 아주 많다.

그도 그럴것이 옛부터 애니미즘에 바탕한 사고방식이 사람들의 마음을 강하게 지배하고 있기 때문이다. 그래서 중국에는 실로 많은 신들이 있다. 그러므로 중국인들은 마치 그러한 신들이나 악령 악귀들에 둘러 싸여 생활하고 있는 것처럼 보일 정도이다.

하늘도 여러 신들 가운데의 하나이다. 일본의 향리신에 해당하는 신으로서는 한 마을의 현세와 내세의 평안과 행복을 담당한 토지신이나, 성벽으로 둘러싼 큰 도시를 수호하는 성황신(城隍神)이 있다. 풍백(風伯)이라 불리우는 바람의 신, 우사(雨師)라 불리우는 비의 신은 필요할 때에 인간의 생활에 알맞은 정도의 바람을 불어주고 비를 내려준다. 강에는 강의 신, 호수에는 호수의 신, 다리에는 다리의 신, 도로에는 개로신(開路神)이 있어 인간들을 요괴의 장난으로부터 지켜주고 여행의 안전을 도모하게하고 있다.

오악(五岳)이라 불리우는 태산등의 다섯 명산에는 각각 동악대제(東岳大帝)를 비롯한 다섯명의 신이 있어서 산중에서 조난을 당하면 도와주고, 항해를 할 때에는 천비(天妃), 또는 천후(天后)라 불리우는 여신이 항로의 안전을 돌봐주고 있다. 곡류에 달라붙는 일체의 해충을 붙지 못하게 하는 것이 충왕야(虫王爺)이며 양잠의 신은 잠녀(蠶女) 또는 청의신(青衣神)이다.

역경에 빠진다든지 재앙이 덮친다든지 하면 사람들은 신들이 노했다고 생각하여 노여움을 거두고 다시금 은총을 내려달라고 기원하였다. 홍수가 날 때에는 수신이나 호수의 신, 강의 신에게 물을 거두어 주시기를 기원하고 가뭄이 들 때에는 용왕이나 우사(雨師)에게 비를 빌며 메뚜기의 피해가 심해지면 유맹장(劉猛將)이라고 하는 메뚜기를 구제하는 신에게 빌었다.

중국에 있어서 메뚜기의 피해는 말할 수 없이 커서 메뚜기들이 한번 날아가버린 뒤는 빨건 허허벌판만 남아버린다고 한다. 17세기 중엽에는 메뚜기의 큰 무리가 하남성 개봉부(河南省 開封府)의 성문을 메워서 사람이 도저히 통행할 수 없게 되자 대포를 쏘아서 겨우 구멍을 뚫었는데 금새 또 막혀버렸다고 하는 이야기가 있을 정도이다(『子不語』 卷十二).

呂純陽

중일전쟁때에 일본군의 한 장교가 메뚜기를 제거한 적이 있었는데 그것을 매우 기뻐한 산서성(山西省)의 농민들이 그 사람의 상을 세워서 구황신(驅蝗神)을 삼았는데 그가 안경을 끼고 있었으므로 신상도 안경을 걸치고 있게 되었다 한다.

병이 나면 의사에게 가서 보이는 것보다는 오히려 도사에게 가서 점을 친다든지 도관에 가서 점괘를 뽑아서 나오는 처방을 가지고 약을 먹는다든지 푸닥거리를 하는 경우가 많다. 점괘도 또한 사람들이 매우 잘 믿어서 보통의 생활에서부터 여행하는 날을 받는다든지 방향까지도 점괘 뽑는 것에 의지하는 형편이다. 그것은 점괘가

신의 점지라고 생각하기 때문이다. 점괘의 종류는 많은데 그 중에서도 「여조」(呂祖)의 점괘가 가장 인기가 있다. 여조는 10세기 중엽 오대 송초(五代 宋初)에 실재했던 여순양(呂純陽)이라고 하는 도사를 말하는 것인데 그는 생존시부터 인기가 있었으며 후에 선인이 되었다 한다.

혹시 어린아이가 눈병에 걸리게 되면 안광랑랑(眼光娘娘)이라고 하는 여신에게 달려간다. 랑랑은 또한 자식점지나 안산(安産)을 맡고 있기도 하기 때문에 이전에는 임신을 하면 꼭 랑랑의 묘(廟)에 참배하는 것이 예사였다. 화북지방의 랑랑의 묘로서는 대석교(大石橋)에 있는 묘나 태산의 정상에 있는 벽하원군묘(碧霞元君廟)가 유명하다. 묘지나 죽은 사람을 지키는 신은 후토(后土)인데 대지의 신도 또한 후토라 한다.

청나라 이전에는 과거를 보려는 사람들이 그것을 담당하는 신인 문창제군(文昌帝君)에게 급제를 기원하는 것이 상례였다. 문창제군은 문창성(文昌星)을 신격화 한 신이다.

또한 재산을 모으려고 생각하면 재신에게 빌었는데 재신에는 관우(關羽)를 신으로 한 무재신(武財神), 은(殷)의 마지막 천자 주왕(紂王)에게 간했던 충신 비간(比干)을 신으로 삼은 문재신(文財神), 또는 원나라 때 왜구를 무찌르다 죽은 용사를 신으로 삼은 오로재신(五路財神)등 여러 종류가 있다. 재산의 증식을 원하지 않는 사람은 없기 때문에 재신이 많은 것은 당연하다.

그러나 신이라고 해서 꼭 사람들을 위하는 생각만을 하고 은총을 내려주는 것만 있는 것은 아니다. 그 중에는 반대로 해독을 끼치는 신도 있다. 화재는 붉은 옷을 입은 불의 신이 불을 내기 때문에 일어나며 벼락은 뢰거(雷車)를 타고서 천상을 이리 저리 싸다닌다는 뢰공이며 번개는 전모(電母)의 소행이다. 벼락에 사람이 죽는 수가 많은데 벼락에 맞아 죽는 것은 하늘의 형벌이 내려진 것으로서 가장 부끄러운 죽음으로 여긴다.

청와신(青蛙神)이라고 하는 개구리의 신을 업신여겼기 때문에 마침내 집안이 망해버렸다는 이야기도 있는가 하면 파양호(鄱陽湖)의 신의 말을 듣지 않음으로 해서 한마을 사람들이 온통 두통으로 고생했다는 이야기도 있다.

그리하여 사람들은 그러한 재앙을 막는 많은 자위방법을 또한 마련하고 있다.

중국의 중류 이상의 가정에는 거의 모두가 문을 열고 들어가면 바로 맞딱뜨리게 되는 커다란 흙이나 돌로 만든 영벽(影壁), 복건(福建)에서는 병풍(屛風)이라고 하는 것이 우뚝 솟아 있음을 보게 된다. 그래서 집안에 들어가려면 그 구석에 만들어져 있는 작은 통로를 지나가지 않으면 안되도록 되어 있다(北京). 이 영벽은 악귀가 집안에 들어와 재앙을 끼치는 것을 막는 방벽이라 한다. 이러한 것은 중국의 악귀는 직선적으로 밖에 갈 수 없기 때문에 악귀가 혹시 문안에 까지는 들어올 수 있지만 영벽에 막혀서 집안에 친입할 수는 없도록 만들어진 것이다.

이러한 방법은 도교와 그다지 직접적인 관계가 있는 것은 아니다. 가장 많이 쓰이는 보편적인 방법은 묘나 도관에 가서 도사에게 부탁하여 제액을 하고 부적을 받고 주문을 외우는 것이다. 그러므로 사람들은 꿈자리가 사납기만 해도 도사에게 즉시 달려가서 해몽을 구하고 불길하다고 하면 사기를 막는 제액을 하는 것이다.

도사들은 사람들의 의뢰를 받아서 사람들 대신 신에게 기원을 올리고 점괘의 내용을 풀이하여 재앙을 물리치는 방법을 생각해 내었다. 그러므로 도사들은 옛부터 어느 면으로는 사람들의 상담자가 되어주고 사람들이 이 세상에서 겪게 되는 여러가지 고통이나 번뇌를 가까이에서 해결해 주는 해결사가 되기도 하였으므로 도교는 사람들의 바라는 바나 소원을 달성하도록 하는 의지처였던 셈이다.

그 밖에 회화나 조각에 도교적인 모티브를 지닌 것도 많고 도교의 신앙을 표현한다거나 도교의 고사(故事)내역을 소재로 한 소설이나 극도 많이 만들어졌으나 그 예를 드는 것은 생략한다. 가지가지의 장식에 도교의 주된 목적인 장생이나 행복등을 상징화한 경사스러운 모양, 즉 길상문양(吉祥文樣)이 많이 만들어지고 있음은 곧 도교적 신앙이 사람들의 마음을 깊이 지배하고 있음을 알려주는 결과라 할 것이다.

도교적인 신앙과 옛날의 중국인들과는 이토록까지 밀접하게 관계 지워져 있었던 것이다. 이렇다 할 배경도 없고 권리나 신분의 보증도 없는 극히 불안정한 생활을 해야만 했던 사람들로서는 오직 초인적인 힘을 지닌 신을 생각하고 거기에 매달리지 않으면 안되었을 것이기 때문에 도교가 성했던 것은 오히려 당연하다고 해야 할 것이다.

Ⅱ. 도교의 교학

1. 현세와 저 세상은 경계선이 없다. －내세관(來世觀)

(『聊齊志異』卷十二 公孫夏)

보정(保定 河北省) 출신의 어느 남자가 돈을 써서 현(縣)의 지사(知事) 자리를 하나 얻으려고 준비를 하였다. 그러던 중에 병에 걸려서 한달이 넘도록 자리에 눕게 되었다. 그런데 어느날 훌륭한 차림을 한 낯선 사람의 방문을 받게 되었다. 그는 몸이 아프다는 사실도 잊어버린채 일어나 영접을 하였다.

그 손님은 자기의 이름을 공손하(公孫夏)라고 밝히고 「그대는 현 지사를 바라고 있다고 들었는데 같은 값이면 군(君)의 장관자리가 좋지 않겠는가?」 하고 은근히 말하는 것이었다. 그 남자는 「실은 돈이 좀 충분치 않아서요」 라고 대답하였다. 그러자 공손하는 거래되는 가격의 반액만으로 충분하다고 하면서 「나는 고위층과 친분관계가 있으므로 이런 정도는 쉬운 일이야. 실은 지금 진정(眞定)의 장관자리가 결원이 생겼거든」 하고 간단한 것처럼 말했다.

그는 아무래도 미심쩍은 생각이 들어 자세히 물어 보니 「걱정은 하지 말게. 돈만 충분히 있으면 어디든지 부임할 수 있다네」 하고 말하는 것이었다. 너무나 믿을 수 없는 일이라서 그 남자가 머뭇머뭇하자 공손하는 「나는 실은 명토(冥土)의 성황신(城隍神)인데 그대의 수명이 다하여 이제 죽어야 한다네. 그렇지만 잘만하면 저세상에서 출세할 수가 있다네. 3일후에 다시 오겠네.」 하고는 말을 타고 가 버렸다. 깨고 보니 꿈이었다.

모든 것을 알게 된 이 남자는 처자와 눈물로 이별하고 만뭉치나 되는 지전(紙錢)을 사서 매일같이 그것을 뜰에서 태웠다. 사흘이 지나자 공손하가 다시왔다. 그 남자가 준비한 돈을 건네자 공손하는 그를 데리고 으리으리한 관청으로 갔다. 관청에는 관리가 위엄있게 앉아 있었다. 남자가 엎드려 절하자 관리는 이름을 조사하고 나서 사령장을 내 주었다.

벼슬자리를 얻고 관청을 나온 남자는 무척 으쓱거려지는 기분이었다. 그는 장관이 된 이상 수행원을 그럴듯하게 차려야겠다고 생각하고 마차와 말을 사고 애지중지하던 첩도 불러 들였다. 부임준비를 하고 떠나려 하는데 또 하나의 훌륭한 행렬이 앞에 오고 있었다. 눈에 보이는 것이 없이 오만한 기분에 싸인 그 남자는 아랑곳도 하지 않고 득의만만하여 자신의 행렬을 출발시켰다.

그런데 수행원이 급히 땅에 엎드려서 「관제(關帝)의 행렬」이라고 소리치는 것이었다. 남자가 깜짝 놀라서 땅에 엎드리자 이윽고 관제가 좌우에 있는 수행원에게 남자의 신분을 묻고는 「일개 군의 장관인 주제에 지나치게 뽐내는게 아닌가?」 하고 말하는 것이었다. 그 남자는 공포에 질려 키가 어린애만하게 줄어버렸다. 관제는 그 남자를 데리고 길 옆의 묘(廟)에 들어가서 심문한 후에 「출세를 구한 죄는 가벼우나 직무를 팔아 거들먹거린 죄는 무겁다」고 말하고 태형 50대의 형벌을 선고하였다.

그러자 갑자기 신병(神兵)들이 나타나서 남자의 관과 의복을 벗겨버리더니 50대의 태형을 가하였다. 마침내 그 남자는 엉덩이 살이 떨어져 나갈 정도로 처참한 모습이 되어서 문밖으로 쫓겨났다. 부근을 살펴보니 마차도 말도 아무것도 보이지 않았다. 슬픔에 잠겨 헤매다가 자세히 살펴보니 어느결에 자기의 눈에 익은 거리가 보이는 것이었다. 다행히도 몸의 상처가 그다지 심하지 않아서 엉금엉금 기어가듯 걸어서 간신히 집에 당도하였다.

남자가 침상에서 신음소리를 내면서 제 정신을 찾은 것은 죽은지 7일째 되는 날이었다. 죽음에서 깨어난 후 남자의 병은 점차로 좋아졌으나 엉덩이 주변이 형편없이 되어있었기 때문에 겨우 걸음마 정도를 하게 된 것은 반년 후 였다. 첩은 죽은 채 영영 살아나지 않았다.

—선인(仙人)은 현세와 선계(仙界)를 자유롭게 왕복할 수 있고 도사도 거의 비슷하다고 믿고 있다. 이 이야기는 일반인들이 그것을 믿고 있음을 보여 주고 있는데 그 경우 대체로 꿈을 통하여 이루어진다. 이와 비슷한 이야기는 무척 많다.—

2. 천지의 성립과 세계 —천지생성(天地生成)

(『太上妙始經』·『太上靈寶天地運度自然妙經』)

천지가 이루어지기 전에는 혼돈(混沌)하여 몽롱한 것이었다. 그것은 형체도 색도 없으며 맛조차도 없는 것이었다. 그러므로 이것을 태초(太初)라고도 하고 혼돈이라고도 하며 태극(太極)이라고도 하는데 아무튼 무엇이라고 이름지을 수가 없기 때문에 잠정적으로 「도」(道)라 불렀다. 이 「도」는 만물의 근원인 것으로 하나로 모은즉 「기」(氣)가 되고 각각 나뉜즉 하늘과 땅이 되었다. 하늘과 땅이 나뉠 때에는 맑은 것이 하늘이 되고 탁한 것이 땅이 되었다.

하늘과 땅은 3천6백억만년 경과할 때마다 다시 원래대로 하나로 합하는데 그 때에 양의 정(精)은 불이 되고 음의 정은 물이 된다. 먼저 불로써 천상으로부터 지하에 이르기까지 모두 타고 다음에 물로 평평하게 되어 하나가 된다. 이와같이 합일하였다가 나뉘어졌다 하는 것을 영원히 반복하는 것이다.

태양(太陽)의 정은 해(日)이며 태음(太陰)의 정은 달(月)이다. 이 두 가지 정으로 부터 별과 28숙(宿)이 나뉘는데 하늘에는 또한 사시(四時), 오행(五行), 12시(十二時)등이 있다. 그러므로 이와같은 천지의 기가 교차하여 인간이나 동물로부터 벌레나 초목 등에 이르기까지 만물이 생하는 것이다.

또한 오악(五岳)이나 4대천(四大川)도 그와 마찬가지로 하여 생성된 것이다. 천지의 종말, 즉 천지가 원래의 모습으로 하나로 합쳐질 때에는 모든 것들도 그 형체가 없어지게 되지만 헤아릴 수 없는 공덕을 쌓은 선인(仙人)·진인(眞人)·도사들만은 모습을 여러가지로 바꾸어 아홉하늘(九天)

위에서 오래 살 수 있다.

하늘과 땅의 사이는 9만리나 떨어져 있다. 땅의 중앙에는 땅의 지주인 곤륜산(崑崙山)이 있고 그로부터 동서남북으로 각각 1억6천5백리나 뻗어있고 주위가 4억2만6천2백5십리나 되는 것이 땅의 전체의 넓이이다. 곤륜산의 위에는 아홉하늘이 있고 각각의 하늘에 신이 사는 궁전이 있는데 그 궁전은 모두 공중에 떠 있다. 하늘에는 모두 합하여 3만6천을 헤아리는 신들이 있는데 인간을 비롯한 만물은 모두 사후에 이 신들의 지배를 받게 된다.

사람들 가운데 공덕을 쌓은 자만이 하늘에서 살 수가 있는데 쌓은 공덕의 많고 적음에 따라서 태어나는 하늘의 종류가 다르다. 하늘에 살고 있는 사람들은 몸이 가벼워서 어느 곳에나 마음먹은대로 날아서 갈 수 있고 눈과 귀가 밝아서 어떠한 사소한 일도 보고 들을 수가 있다고 한다.

곤륜산 아래 지하에는 아홉계층의 땅(九地)이 있고 그 아래에 물이 있으며, 또한 그 밑에 바람을 불어내는 곳이 있는데 그 물과 바람이 있는 곳도 각각 아홉군데씩이 있다. 또 그 아래에 지옥이 있는데 지옥에도 왕이 사는 궁전과 관청이 있고 많은 귀신들이 살고 있다. 즉 곤륜산 위에 있는 구천(九天)의 위에는 선인이 사는 곳이 있고 산의 아래 구지(九地)에는 귀신의 소굴이 있다는 것이다.

－도교에서 특히 천지의 성립에 관한 이야기는 중국의 고대선화와『도덕경』을 합한 이야기이다. 하늘이나 지옥에 대해서는 다른 설도 있다.－

3. 천국에도 단계가 있다 －천계(天界)

(『雲笈七籤』卷三)

도교의 하늘은 모두 36천(三十六天)으로 알려져 있는데 그 가운데 28천은 3계(三界)의 안에 있으며 나머지 8천은 3계 밖에 있다. 3계는 욕계(欲界)·색계(色界)·무색계(無色界)이다.

가장 아래에 있는 욕계는 태황황증천(太皇黃曾天)외에 다섯 하늘로 나뉘어 있다. 이 세상에서 살생, 도둑질, 간음 등의 죄를 범하지 않은 사람들이 내세에는 여기에 태어날 수가 있다. 여기에서는 욕망이 일어나는 일이 없고 이곳에 사는 사람들의 생명은 일만년이다.

두번째의 색계는 허무월형천(虛無越衡天)외에 열일곱 하늘로 이루어져 있다. 이 세상에서 탐낸다든지 화를 내는 죄를 범하지 않은 사람만이 여기에 태어날 수가 있다. 이곳에 사는 사람들의 수명은 억만년이다.

3계 중에서 가장 위에 있는 무색계는 호정소도천(皓庭霄度天)외에 세 하늘로 나뉘어 있는데 일생동안에 나쁜 말(惡口), 한 입으로 두 말을 함(二枚舌), 망녕된 말(妄言), 교묘하게 꾸미는 말(綺語) 등의 죄를 범하지 않은 사람만이 여기에 태어날 수가 있다. 이곳에서 사는 사람의 수명은 억억년이라고 한다.

이상의 스물여덟 하늘에서는 각각 하늘의 이름과 같은 이름을 가진 군주가 있다. 예를 들면 태황황증천에는 태황황증천제라고 하는 군주가 있어 그곳을 다스리고 있다. 땅에는 황금이 깔려 있고 어전의 계단은 백옥으로 만들어져 있으며 주옥을 비롯한 진귀한 보물이 가득한 환락의 환경이지만 다만 생사를 면할 수는 없다.

무색계에 사는 사람들 가운데 수행이 완성된 선남선녀는 서왕모(西王母)의 영접을 받아 그 위에 있는 태허무상상융천(太虛無上常融天)등의 네 하늘(四天)에 오를 수가 있다. 이 네 하늘은 사종민천(四種民天), 또는 사범천(四梵天)이라고도 하며 삼계의 위에 있으며 생사나 세가지 재앙(三災)이 없는 곳이다. 그 곳에 사는 사람들을 종민(種民)이라고 한다.

사종민천의 위에 있는 것이 태청(太淸)·상청(上淸)·옥청(玉淸)이라고 하는 삼청경(三淸境)이다. 태청경은 대적천(大赤天)이라고도 하는데 신보군(神寶君)이 다스리고 있다. 상청경은 우여천(禹余天)이라고도 하며 영보군(靈寶君)이 다스린다. 청미천(淸微天)이라고도 하는 옥청경은 천보군(天寶君)이 다스린다. 이들 삼군(三君)은 각각 통신(洞神)·통현(洞玄)·통진(洞眞)이라고 하는 삼통(三洞)의 교주로서 각각 12부의 경전을 설한다. 삼청경에는 각각 선왕(仙王)·선공(仙公)·선백(仙伯)·구선(九仙)·구진(九眞)·구성(九聖) 등의 선관(仙官)이 있다.

삼청경의 위에 있는 대라천(大羅天)이 도교의 최고의 하늘로서 최고신

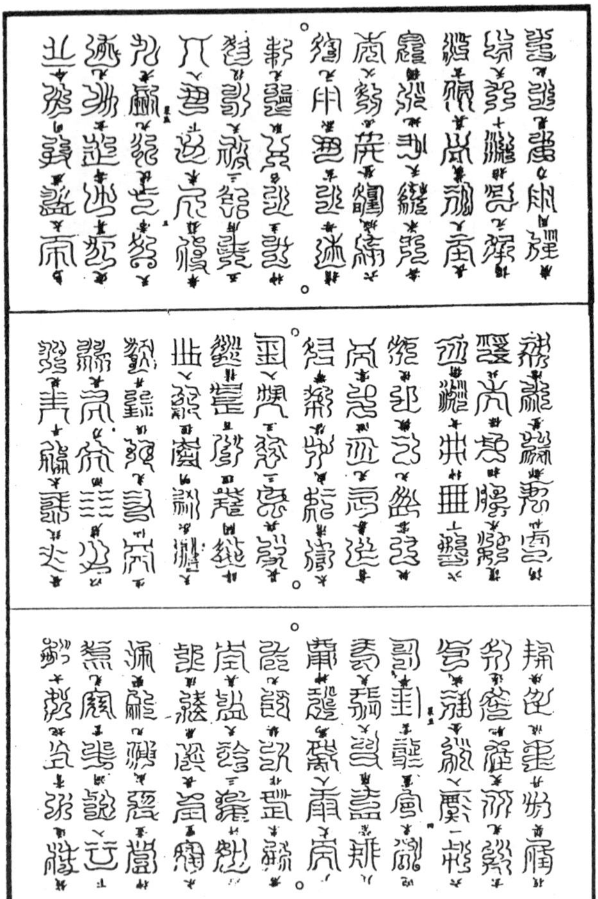

太微天에서 사용된다는
九天八籙眞文

〈道藏 卷四 PP561～562〉

인 원시천존(元始天尊)이 그 중앙에 있는 현도(玄都)의 옥경(玉京)에서 일체의 교화를 행하고 있다 한다. 그곳에는 신령스러운 동물인 기린이나 사자가 노닐고 있으며 지극히 행복한 곳이라 한다.

—불교에서는 욕계 색계 무색계의 삼계를 내세우고 욕계는 여섯, 색계는 열여덟, 무색계는 네 개의 하늘로 나뉘어 28천이라고 설하고 있다. 또한 범부는 이 삼계를 생사왕래한다고 한다. 따라서 도교의 하늘은 아마도 불교에서 설하는 하늘의 내용을 빌려 다시 거기에 여덟가지의 하늘을 더하여 불교보다 우월한 것을 보이려 한 것으로 보인다.—

4. 신이 사는 천상의 궁전 —선궁(仙宮)

(『列仙全傳』卷一.『歷世眞仙 體道通鑑』卷四. 沈羲)

사천성(四川省)에서 선인의 도를 배운 심희(沈羲)는 뛰어난 의술을 지니고 있었다. 그는 자신이 지닌 의술로 많은 사람들을 구했기 때문에 그 공덕이 하늘에까지 알려졌다. 그 사실을 알게 된 태상로군(太上老君)은 주(周)의 난왕(赧王)10년(기원전 305년)에 사신을 이 세상에 파견하여 부부를 함께 천상으로 불러 그를 선계의 관리로 임명하였다.

그 날은 마침 부부가 소 수레(牛車)를 타고 나들이를 나갈 참으로 맑게 개인 날씨였는데 그 부근에 갑자기 짙은 안개가 끼기 시작하는 것이었다. 그러더니 마침내 사방을 분간할 수 없는 컴컴한 밤처럼 되고 말았다. 한참 후 안개가 서서히 개이기 시작하였는데 완전히 걷힌 뒤에 보니 부부의 모습은 간 곳이 없고 그들이 타고 있던 소 수레만이 남아 있었다.

이러한 사실을 목격한 농부들이 깜짝 놀라 그의 가족에게 알렸는데 가족은 도깨비에 홀린 것으로 생각하고 수백명의 제자들과 함께 백방으로 수소문하였으나 그들 부부를 도저히 찾을 수가 없었다.

그로부터 4백년 가량 흐른 뒤인 후한(後漢) 상제(殤帝)의 연평(延平) 원년(106년)에 그들이 불쑥 자신들의 고향집으로 돌아왔다. 10여대 전의 조상이 선인이 되었다는 이야기를 기억한 자손은 놀라면서도 한편으로 크게 기뻐하여 그들 부부가 하계에 내려 오심을 열렬히 환대하였다.

여러 날이 지난 어느날 그들은 자손들에게 다음과 같은 이야기를 들려 주었다.

「처음 천상에 갔을 때 우리는 천제를 만나뵙지 못하고 노군(老君)만을 만나뵙게 되었다. 노군은 어전에서 동편을 향하고 앉아 있었다. 신비로운 오색의 구름이 어전의 주위를 감싸고 있었고 정원에는 주옥의 나무와 신령스러운 풀이 무성하였으며 그 사이에서 용과 호랑이가 놀고 있었다. 어전의 아름다움은 비할 곳이 없었고 반짝반짝 빛나는 방의 사방 벽에는 부적이 붙어 있었다. 수백명의 시종들은 대부분이 아름다운 미녀들 뿐이었다. 신장이 1장이나 되는 노군은 몸으로부터 광명을 발하고 있었으며 그를 정면으로 바라볼 수가 없었다.

노군은 아름다운 선녀에게 황금의 상자와 대리석의 잔을 가져오게 하여 불로장수의 신단(神丹)을 잔에 넣어 한알씩 우리 부부에게 먹게 하고 계란만한 대추를 주면서 「잠시 후에 인간계에 돌아가면 병에 신음하는 사람들을 도와 주도록 하라. 혹시 다시 선계에 오고 싶으면 이 부적을 장대 끝에 매달면 영접할 선인을 보내겠노라」하고 말하고 한장의 부적과 선약의 처방 한가지를 주었다.

노군의 말씀이 끝나자 우리들은 바로 잠에 들게 되었다. 다시 정신이 들자 이와같이 지상이었다.」

대강 이러한 이야기 였다.

심희는 그 후에 한 동안 인간계에 머물면서 신비한 의술로서 환자들을 치료하며 사람들을 도왔으나 뒤에 다시 하늘로 올라갔다.

—이 이야기는 다음의 이야기와 더불어 선인의 세계가 이른바 극락과 같은 이상향인 것을 사람들에게 보여주는 것이다. 또한 선계에서의 시간이 이 세상의 몇백분의 일 밖에 되지 않는 사실도 이야기하고 있다.—

5. 선인세계의 연회 —선계(仙界)와 금색(禁色)

(『齊志異』 卷八 仙人島)

왕(王)씨 성을 쓰는 사람이 있었다. 어느 날 길을 가다가 길가에서 한사람의 도사를 만났다. 그 도사는 왕을 보더니 「그대의 운명은 이제 다했는데 혹시 선도를 배우면 선인이 될지도 모르겠도다」라고 말하였다. 왕은 평소에 선도라든지 선인이 되는 따위에 대하여 관심이 전혀 없었으므로 「선인 따위가 있다고 생각지도 않소」하고 반대하였다. 그러자 도사는 「그래? 그렇다면 내가 선인들을 만나게 해 주지! 내가 사는 곳에 가면 선인을 수십명이나 만날 수 있네」라고 말하고는 가지고 있던 지팡이를 가랑이에 끼우더니 그에게도 그와 같이 지팡이에 걸쳐 오르도록 시키는 것이었다. 그리고서 왕에게 눈을 감으라고 말하고는 「가자」하고 큰소리로 외쳤다.

그러자 이게 왠일인가? 지팡이는 갑자기 쌀가마 만큼 굵어지더니 허공을 날아가는 것이었다. 깜짝 놀란 왕이 오들오들 떨면서 지팡이를 만져 보니 비늘이 까칠까칠 만져지는 것이 아닌가? 혼비백산하여 어쩔줄 몰랐으나 그저 꼭 달라붙는 도리밖에 다른 수가 없었다.

한참을 날아간 후 도사가 「멈춰」라고 말하자 지팡이는 바로 멈추었다. 눈을 떠서 보니 커다란 저택의 안이었다. 그 곳에는 2층의 건물과 높은 누대가 겹겹이 늘어져 있는데 천자의 궁전인가 싶을 정도로 호화로운 어전이었다. 도사는 그를 데리고 총총걸음으로 안에 들어가더니 심부름하는 아이에게 바로 연회를 준비하라고 시키는 것이었다. 금새 수십개나 되는 테이블이 놓여지고 일찌기 보지도 못한 여러가지의 진귀한 음식들이 빠르게 차려졌다.

이윽고 많은 손님들이 왔다. 모두가 용이나 호랑이, 봉황 등의 신령스러운 동물들을 타고 공중으로부터 내려 왔다. 남자도 있고 여자도 있었다. 누구나 맨발이었으며 제각기 악기를 가지고 있었다. 그 많은 손님들 가운데 유달리 눈에 뜨이게 아름다운 여인이 있었다. 그녀는 궁녀차림으로 오색의 봉(鳳)을 타고서 왔는데 그녀의 시녀가 길이 5척가량의 거문고와 비슷한 악기를 가지고 왔다. 그러나 그 악기의 이름은 알 수 없었다.

이윽고 연회가 시작되고 진귀한 술과 요리가 나왔다. 그러나 왕은 혼을 온통 그녀에게 빼앗기고 있었기 때문에 맛있는 음식이며 좋은 안주가 도무지 손에 잡히지 않았다. 오직 그녀만을 바라볼 따름이었다.

대체로 술이 한 순배 돌자 한 노인의 연주가 시작되었다. 그것은 같은 악기를 가진 사람들끼리 한조가 되어 하는 연주였다. 정말 오묘한 하늘의 음악이었다. 이윽고 그녀의 연주차례가 되었다. 그런데 그녀가 가진 악기만은 같은 것이 없었기 때문에 독주를 하게 되었다. 그녀가 옥처럼 고운 팔을 뻗어 연주를 시작하자 아름다운 선율이 모여있는 사람들의 마음에 스며들어 사람들은 기침소리 하나 없이 조용히 경청하였다.

연주가 끝나고 일동은 작별을 하고 각기 돌아갔다. 도사는 보옥으로 만든 침상과 비단이불을 꺼내어 그의 잠자리를 마련했으나 그는 미녀 생각에 도무지 잠을 이룰 수가 없었다. 다음날 아침이 되자 도사는 그에게 다음과 같이 말하는 것이었다. 「그대를 구해야겠다고 생각했지만 색(色)에 끌리는 사람은 틀렸다.」 그리고는 왕에게 계단 아래에 있는 돌 위에 앉게 하였다. 도사는 그에게 눈을 떠서는 절대 안된다고 당부하고 돌을 발로 찼다. 돌은 기세좋게 날아갔다. 바람이 귓전을 지나는 소리가 윙윙거렸다. 한참 지나자 왕은 그만 하늘에서 하계를 내려다 보고 싶은 생각에 견딜수가 없게 되었다. 그리하여 눈을 살짝 뜨고 보니 넓고 넓은바다가 끝도 없이 펼쳐져 있었다. 아차 하는 순간 그는 그만 소용돌이 치는 파도 속으로 거꾸로 떨어져 휩쓸리고 말았다.

—이 이야기는 도교에서 얼마나 색욕을 엄하게 금하고 있는가 하는 것을 보여주는 좋은 이야기이다.—

6. 신의 모습 —천존상(天尊像)

(『道教靈驗記』卷四 木文天尊驗)

당 현종의 개원(開元) 17년(729년)의 일이다. 4월 8일 사천성의 신진현

(新津縣)에 있는 신흥거사(新興居寺)에서 석가의 탄생을 축하하는 성대한 법회가 열려 수 많은 사람들이 모였다. 법회가 마쳐지자 일동은 재(齋)의 공양에 응하여 떠들석하게 식사를 하고 있었다.

그곳에 허름하게 차린 한 도사가 나타나서「늦어서 미안하게 되었습니다만 재에 자리를 같이해도 좋습니까?」하고 물었다. 그러나 사람들은 모두가 불교인이었으며 도사를 경시하는 생각을 가지고 있었기 때문에 함께 식사하는 것은 안된다고 하였다. 모든 대중의 식사가 끝나기를 기다려 혼자서 식사를 한 도사는 식사를 마치더니 벌떡 일어서서 불전(佛殿) 안으로 들어가 버렸다. 그리고는 도무지 나오지 않는 것이었다.

처음에는 대수롭지 않게 생각했지만 사람들은 시간이 많이 흐르자 이상하게 생각한 대중은 크게 동요하게 되었다. 그리하여 사람들은 앞을 다투어 불전에 들어가 구석구석까지 이잡듯 샅샅이 찾아 보았으나 도사의 모습은 묘연히 사라져 그 어느 곳에도 보이지 않았다.

찾다 찾다 지칠 무렵 어떤 사람이 그 도사가 불전의 기둥 속에 서 있는 것을 발견하였다. 그의 모습은 기둥밖에서도 뚜렷하게 비쳐 보였다. 그러나 우루루 모인 사람들이 그 기둥을 두드리고 밀어도 도사는 나오지 않았다. 화가 치밀어 오른 한 사람이 칼로 그 기둥을 깎아내기 시작하였다. 그러자 여러사람이 이에 가담하여 칼로 기둥을 깎아내기 시작하였다. 모두가 깎는 일에 열중하다가 문득 정신을 차려 보니 도사는 훌륭한 천존(天尊)이라고 부르는 도교의 신의 모습으로 변해 있었다.

높이는 3척5촌이며, 운관(雲冠)이라 부르는 관을 쓰고 안개와 같은 의복을 몸에 걸치고 손에는 병향로(柄香爐)와 향을 들고 있었다. 관에는 원앙처럼 생긴 새가 앉아 있었고 발에는 방두리(方頭履)라고 하는 앞쪽이 사각이 진 신발을 신고 있었으며 발 밑에는 연화의 꽃을 밟고 있었는데 그 아래에는 연잎이 달려 있었다. 잎위에는 거북이가 꼼짝도 하지않고 있었고 왼쪽 팔꿈치에는 구름모양(雲形)의 형태가 있는데 그것은 광배(光背)에 이어져 있었다. 광배의 가운데에는 청룡이 머리를 내밀고 있었으며 오른쪽 어깨 앞쪽에는 호랑이가 왼쪽을 향하고 있었다. 전신에는 타오르지 않는 화염이 둘러 있었고 눈썹이나 머리카락 등은 그림붓으로 그려놓은 듯이 가늘었다. 몸의 주변에는 구름이 감싸고 있었으며 군데군데에 하늘 꽃(天花)이 피어 있었다. 머리의 광명 위에는 커다란 꽃이 우산처럼 덮이어 있었다.

이를 보고 놀란 사람들이 관청에 그 사실을 보고하자 관리도 깜짝 놀라서 상세하게 현종에게 아뢰었다. 그러자 현종은 그 신상을 궁중에 모셔오게 하여 3일간 안치하고 그 동안 성대한 제례(祭禮)를 열어 대재(大齋)를 행하였다. 그 후에 도읍에 있는 도관에 안치시켰다.

―여기에 묘사되고 있는 천존의 모습은 아마도 불상을 모방한 것 같다. 도교에서 처음 신상을 조성한 것은 5세기(北魏)무렵 부터이기 때문에 상을 조성한 것은 불교의 영향을 받은 것임에 틀림 없다. 또한 북위시대의 선인의 모습은 석장(錫杖)을 가지고 있었다고 『魏書』의 「釋老志」에 쓰여져 있는 것을 보면 불교 승려의 차림에 영향을 입었던 것을 알 수 있다. 이 이야기는 당(唐)대의 불교와의 관계를 보여주고 있다.―

7. 선인이 사는 산들 ―오신산(五神山)

(『沖虛至德眞經四解』 卷十二)

발해(渤海)로부터 동쪽으로 몇억만리인지도 모르게 멀리 떨어져 있는 곳에 엄청나게 커서 바닥이 없는 골짜기가 있다. 이 지상에 흐르고 있는 모든 강물은 물론 하늘에 있는 강물까지 포함한 온갖 하천이 모두 그 골짜기로 흘러내리고 있지만 바닥이 없으므로 넘쳐나는 일이 결코 없었다.

그 골짜기 가운데 대여(岱輿)·원교(員嶠)·방장(方丈)·영주(瀛洲)·봉래(蓬萊)라고 하는 다섯개의 높은 산이 솟아 있다.

그 산들은 엄청나게 커서 산록의 주위는 각각 3만리나 되며 그 정상에 있는 평평한 곳의 넓이만 해도 사방 9천리에 이른다고 한다. 산과 산 사이의 거리는 7만리나 되지만 워낙 높고 큰데다 함께 솟아있기 때문에 마치 이어져 있는 것처럼 보인다.

정상에는 훌륭한 선인이 사는 어전이 세워져 있는데 모두 황금이나 대리석으로 만들어져 있다. 거기에는 각종의 진귀한 새나 동물들이 노닐고 있는데 그것들의 깃털이나 털은 모두 순백색이다. 근처에는 주옥의 나무들이 수 없이 자라고 있고 그 나무들의 꽃이나 열매는 무척 아름답고 비할 수 없이 맛이 좋은데 그것을 먹게 되면 모두가 불로불사하게 된다. 그곳에 살고 있는 사람들은 선인들이라든지 또는 장래에 선인이 될 자격을 가진 사람들 뿐이다. 그 사람들은 하루에도 몇번씩 하늘을 날아서 산과 산 사이를 왕래하면서 산다.

그런데 이 다섯개의 산은 산기슭이 서로 연결되어 있는 것은 아니기 때문에 파도나 조수가 움직임에 따라서 오르락 내리락하여 잠시도 멈추지 않았다. 선인들은 불편하기 짝이 없었으므로 천제에게 어떻게 조치를 취해 주실 것을 간청하였다. 천제가 살펴보니 과연 산들이 조금씩 흔들리고 있었는데 그러다가 자칫 파도에 휩쓸려 서쪽으로 흘러가 버려서 선인들이 살 곳이 없어져 버릴 염려가 있었다. 그리하여 바다속에 살고 있는 상상치도 못할만큼 거대한 자라 열다섯마리에 명하여 한 차례에 6만년씩 3교대로 머리를 들어 올려 다섯 산을 지탱하도록 시켰다. 그로부터 산은 움직이지 않게 되었다.

그런데 어느 날 용왕의 나라에 살고 있는 거인이 와서 다섯 산 가운데 대여와 원교의 두 산을 받치고 있는 큰 자라 여섯마리를 잡아가지고는 하나로 묶어 자기 나라로 돌아가 버렸다. 그 바람에 두 산은 북쪽으로 흘러가 대해 가운데에 가라앉아 버렸다. 몇억이나 되는 선인들은 할 수 없이 그들이 살던 곳에서 이주하지 않으면 안되었다.

—선인의 「선」(仙)자는 산(山)과 인(人)이 합쳐진 데에서 나온 글자라는 것에서 쉽게 알 수 있는 것처럼 선인들은 산에 살고 있다고 믿어져 왔다. 그러한 것은 다른 면으로 생각하면 선인의 사상이 옛날 중국의 산악신앙과 끊을 수 없는 깊은 관계가 있음을 보여주고 있다.

그래서 옛부터 선인이 사는 산은 여러 이름들이 알려져 왔으나 그 중에서도 서왕모(西王母)가 살고 있다고 하는 곤륜산(崑崙山)이라든지, 태산(泰山)을 비롯한 오악(五岳), 진(秦)의 시황제가 불사약을 구하였다고 하는 봉래(蓬萊)·방장(方丈)·영주(瀛洲)등의 삼신산이 유명하다.—

8. 용을 타고 하늘에 오른 황제(皇帝) —황제(黃帝)

(『列仙傳』卷上. 『歷世眞仙體道通鑑』卷一, 黃帝)

헌원(軒轅)이라는 호로써 불리우는 황제(黃帝)는 커다란 번개가 북두칠성가운데 제1성(星)의 주위를 도는 것을 본 그의 어머니가 그 기를 받아 낳은 아들이다. 그는 천자가 된 후에 덕을 쌓고 몸을 다스려 백성을 위하여 좋은 정치를 베푸는 일에 심혈을 기울였다.

그는 복희씨(伏羲氏)가 만든 괘(卦)의 법에 바탕하여 팔괘(八卦)학설을 창안하였으며 천자가 쓰는 관을 만들었다. 또한 나무를 파내어 배를 만들고 노를 만들어 교통의 편의를 도모하였다. 그 뿐만 아니라 태양이나 달, 그리고 별의 움직임에 바탕하여 천문(天文)에 관한 책을 저술하고 역법(曆法)을 세웠으며 간지(干支)나 음악의 조율도 정하였다.

또한 그는 신하에게 명하여 문자도 만들게 하였다. 뿐만 아니라 사람들이 병에 걸려 괴로와 하는 것을 보고 초목으로부터 약을 만드는 법을 고안해 내어 병을 낫게 하고, 진맥을 하는 방법이나 침(針), 또는 뜸(灸)의 방법도 고안해 내었다.

한 때에 몹시 강한 치우(蚩尤)라고 하는 호족이 있어 황제의 명령에 따르지 않고 백성들을 괴롭힌 일이 있었다. 그 호족의 형제 80인은 모두 동물의 몸 형상을 하고 있으면서 인간의 말을 사용하고 머리가 구리(銅)로 되고 이마는 쇠로 되어 있는 도깨비들로서 오곡은 먹지 아니하고 모래나 돌을 먹고 사는 존재들이었다.

황제는 전쟁을 싫어하였으나 할 수 없이 그들을 정복하러 나서지 않을 수 없었다. 그러자 그들은 술법을 사용하여 안개를 드리워 그들이 있는 곳을 어둡게 만들었다. 그런데 그 안개는 한번 끼면 사흘간이나 개이지 않는 지독한 농무(濃霧)였기 때문에 황제군은 적이 있는 곳을 알 수 없었을 뿐만 아니라 불의의 습격을 받아 참패를 거듭하였다.

그러자 황제는 신의 가르침을 받아 짙은 안개 중에서도 적이 있는 장소를 알려 주는 지남차(指南車)라고 하는 방향지시기를 고안하고 이에 의하여 적군을 격파하고 마침내 치우를 잡아 난을 평정하였다. 이리하여 다시금 평화를 되찾게 되었다.

그 후에 황제는 수산(首山)이라는 산에서 구리를 채굴하여 그것을 형산(荊山)이라는 산에까지 운반하여 그곳에서 솥을 제작하였다. 솥이 완성되자 긴 턱수염을 휘날리며 용이 내려와 황제를 맞이하였다. 황제가 그 용의 등에 타자 그를 따라서 후궁들과 측근의 사람들 70여인이 다투어 올라탔다.

신분이 낮은 가속들은 용의 등에 탈 자리가 부족하였기 때문에 할 수 없이 용의 긴 턱수염에 매달리게 되었다. 용이 하늘로 날아 오르자 도중에서 용의 수염이 뽑혀버렸기 때문에 그 수염에 매달려 있던 가속들은 그만 땅으로 떨어져 버리고 말았다.

일설에는 황제가 귀신들을 하인부리듯 하였으며 스스로 자신이 죽을 날을 알았으므로 그날이 되자 신하들에게 작별을 고하고 죽었다 한다. 그리하여 그를 교산(橋山)에 장사지냈는데 후에 산이 무너졌으므로 그 묘에 가보니 관 안에는 검(劍)과 신발만 남아 있을 뿐 시신은 온데간데 없이 사라지고 없었다고도 한다.

－황제는 원래 도가(道家)가 유가에 대항하기 위해 만들어 낸 상상속의 천자인데 도교에서는 높은 지위의 선인으로 간주되었으므로 이러한 이야기가 만들어진 것으로 보인다. 그러나 후세에 이르면서 인기가 적어지게 된다. 용은 하늘에 오르는 성질이 있는 것으로 알려져 있으며 선인들의 이야기에 자주 출현하며 선인을 태우고 다니는 역할을 하고 있다. －

9. 백발로 탄생한 노자 －노자(老子)

(『列仙傳』 卷上. 『神仙傳』 卷一, 老子. 『抱朴子』 卷十五.)

노자(老子)는 성이 이(李)씨이고 이름은 이(耳)이며 자(字)는 백양(伯陽)이라고 하며 오늘의 하남성(河南省) 녹읍현(鹿邑縣)에서 태어났다고 한다. 그의 어머니는 떨어져 내리는 커다란 별의 기(氣)를 받아 노자를 잉태하였다고 한다. 성을 이씨라고 한 것은 그의 어머니가 큰 오얏나무 가까이에서 노자를 낳았기 때문이라고도 하고, 노자가 태어나자마자 그 옆에서 있는 오얏나무를 가르켰기 때문이라고도 전해진다.

다른 설에 의하면 72년 동안이나 모태 중에 있다가 어머니의 왼쪽 갈비뼈 밑을 통하여 출생하였다고 한다. 그러므로 태어났을 때에 이미 백발이 성성하여 지팡이를 짚고서 나왔기 때문에 노자라고 했다는 것이다. 노자는 태어나자마자 바로 아홉걸음을 걷고 하늘과 땅을 가리키며 「하늘 위 땅 아래에 오직 도가 홀로 존귀하도다.」(天上地下 唯道獨尊)라고 말했다는 설도 있다. 이것은 아마도 석가의 탄생담을 흉내내어 만든 설화임에 틀림 없다.

노자는 주나라(周)시대에 태어나 제실(帝室)의 도서관의 관리, 즉 오늘날로 말하면 도서관의 사서가 되었다. 어느날 노자와 공자가 만났는데 공자(孔子)가 노자에게 여러가지 질문을 하였다. 그러자 노자는 공자에게 다음과 같이 말하였다. 「훌륭한 상인은 물건을 많이 가지고 있어도 깊이 감추어 두고 겉으로는 아무것도 가지고 있지 않은 것 같은 얼굴 표정을 한다. 훌륭한 덕을 지니고 있는 인물은 훌륭한 상인과 마찬가지로 그 덕을 감추고서 표면상으로는 덕 따위를 가지고 있지 않은 것과 같은 태도를 취하는 것이다」라고 말하였다 한다.

대화를 마치고 나서, 공자에게 제자들이 노자와의 사이에서 어떠한 이야기들이 오갔느냐고 물었다. 그러자 공자는 다음과 같이 말하였다 한다. 「새는 잘 나는 것이며 물고기는 잘 헤엄치는 것이며 동물은 잘 달릴 수 있다는 것은 누구나 알고 있다. 달리는 것은 덫으로, 헤엄치는 것은 그물로, 나는 것은 화살로, 각각 잡을 수 있지만 바람이나 구름을 타고서 하늘 위를 오를 수 있는 용(龍)은 잡을 수가 없다. 노자는 바로 용과 같은 인물로서 나로서는 도저히 측량하여 알 수 없는 인물이다」라고 공자는 답하였다고 한다.

그 후 주(周)나라가 쇠퇴하였기 때문에 노자는 주나라에 머물기를 단념하고 사직을 하고서 서쪽으로 여행을 떠났다. 함곡관(函谷關)을 지날 즈음에 관을 지키는 관수(關守)였던 윤희(尹喜)라는 인물이 그를 알아 보고 「선생께서는 세상을 버리고 은둔하려는 참이오니 제발 저를 위하여 가르침을 써서 남겨 주십시오」하고 정중하게 간청하였다. 그러자 노자는 윤희의 진정에 감동하여 한권의 책을 남겼다. 그것이 현재 남아 있는 『노자도덕경』(『老子道德經』)이다. 그리고 그 후에 노자는 관을 나서서 서쪽으로 어딘지도 모르는 곳으로 가 버렸다. 그가 죽은 곳을 아는 사람은 아무도 없다.

또한 도교에서 태상로군(太上老君)으로 불리우는 노자의 모습은 신격화되어 신비한 모습으로 묘사되고 있다. 그리하여 신장이 구척(九尺)이요, 황색의 신체를 가졌으며 코는 새의 부리와 흡사하고, 눈썹은 오촌(五寸)이며, 귀의 길이는 칠촌(七寸)이며 팔괘(八卦)가 몸에 나타나 있고 거북이가 침대요 몸에는 오색의 구름이 휘감고 있다고 한다. 주소는 금전옥당(金殿玉堂)이며 그에 오르는 계단은 백은(白銀)으로 되어 있고 전후 좌우는 다수의 청룡(青龍) 백호(白虎) 주작(朱雀) 현무(玄武)가 지키고 있고 뇌전(雷電)이 머리부분에 빛나고 있다고 한다.

ㅡ노자의 전기는 이미 『사기』(『史記』)가 나타난 기원전 1세기 무렵에도 알지 못하게 되어있기 때문에 신선화하기 위하여 조작된 것일 가능성이 짙다.ㅡ

10. 인정미 넘치는 염라의 신 ㅡ관제(關帝)

(『子不語』 卷二, 關神斷獄)

마(馬)씨 성을 쓰는 사람이 있었는데 그는 관리가 되려는 꿈을 지니고 있었다. 관리가 되려면 과거에 급제를 해야 하므로 과거의 시험공부를 위해서 이(李)씨의 집 방 한칸을 빌어 쓰고 있었다. 그런데 이씨의 집 이웃에 왕(王)씨 성을 쓰는 남자가 살고 있었다. 왕은 그의 처에게 생활비를 잘 주지 않았기 때문에 먹을 것이 없어 배가 고팠던 나머지 왕의 처는 이씨네 집에 있는 닭을 훔쳐 잡아먹고 말았다. 그 사실을 알게 된 이씨는 화가 나서 그 사실을 왕에게 말해 버렸다. 자주 술에 취하여 지내던 왕은 몹시 노한 나머지 칼을 들고 그의 처를 몰아 세웠다. 만약 정말로 훔쳤다고 말했다가는 칼에 맞아 죽을 것 같았다.

벌벌떨던 그의 처는 남편의 칼부림에 겁이 나서 닭을 훔친 것은 실은 이씨 집에 붙어 사는 마씨라고 거짓말을 하였다. 놀란 것은 당사자인 마씨였다. 전혀 그런 일이 없노라고 수없이 항변했지만 증거가 없었기 때문에 어쩔 도리가 없었다.

화가 머리 끝까지 오른 마씨는 마을에 있는 관제묘(關帝廟)에 가서 뽀에(던져 점치는 도구)를 던져 흑백을 정하자고 제안을 하였다. 만약 이면이 나오면 범인은 왕씨의 처이고 표면이 나오면 범인은 마씨가 되는 것으로 정하였다. 관제묘에 당도한 그들은 뽀에를 던졌는데 점을 친 결과는 놀랍게도 세번 모두 표면이 나왔다. 그로 인하여 왕씨의 처는 죽음을 면하였으나 마씨는 마을 사람들로부터 손가락질을 받는 신세가 되고 이씨의 집으로부터도 쫓겨나고 말았다.

그 후 어느날 마씨는 우연히 신이 붙어 점을 치는 사람을 만나게 되었는데 그 붙어 있는 신이 관제(關帝)라고 하는 것이었다. 관제라는 말을 듣자 화가 난 마씨는 관제는 엉터리에 불과하다고 욕을 퍼부어 대었다. 그러자 점치는 사람에 의지하여 관제는 다음과 같이 말하였다. 「마씨여 그대는 장래에 백성들을 다스릴 지위에 위치할 몸인데 어찌 판단이 그토록 엉뚱하여 밝지 못한가? 그대가 닭을 훔친 것이 되면 그대가 집에서 쫓겨나는 것 뿐이지만 왕씨의 처가 훔친 것이 드러나게 되면 그녀는 목숨을 잃게 될 것이 아닌가? 사람의 생명을 구하는 것이 세상 어느 것 보다 중요한 일이니 그리 섭섭하게 생각하지 말라. 천신(天神)도 나의 판단이 옳았다고 하여 나의 벼슬을 올려 주셨다. 그러니 그대는 분하게 여기지 말라」

그 말을 듣고 보니 과연 그럴듯 하였다. 그러나 마씨는 관제에 대하여 의문이 생겼다. 그리하여 「관제어른이시여 당신께서는 이미 관성제군(關聖帝君)의 위에 올라 계시거늘 어찌하여 위가 더 올랐다고 하시나이까?」 하고 물었다. 그러자 관제는 「현재는 전국 각지 어느 곳에나 관제묘가 세워져 있기 때문에 제 아무리 영력이 있다고 하여도 그토록 많은 곳에서 받들려지고 있는 상황에서는 관제어른이라 하여도 손이 다 미치지 못하는 것이 사실이다. 그래서 마을마다 있는 작은 관제묘에는 바르고 충실한 생애를 보내고 천신의 생각대로 행할 만한 죽은 사람이 선발되어 관제어른의 업무를 대행하도록 되어 있다. 진짜 관제어른께서는 천신의 옆에 계시노니 어찌 그러한 작은 일들을 처리하시기 위해서 가벼이 행차하시겠는가?」라고 답하였다.

마씨는 비로소 그제서야 모든일에 이해를 하고 앞서의 판단에 기꺼이 복종할 수가 있었다.

―관제는 삼국시대에 촉나라 왕이었던 유비를 모셨던 무장 관우(關羽)를 신격화 한 것이다. 보통 복마대제(伏魔大帝)라고도 불리우며 중국사람들의 깊은 신앙을 받고 있다. 이 이야기는 저 세상의 관리도 현세와 마찬가지로 승급하는 것으로 믿어지고 있는 점을 보여주고 있다. 뾰에란 대나무 뿌리로 초사흘에 뜨는 달의 형태로 만든 일종의 점치는 도구이다. 표면은 평면이며 이면은 볼록하게 되어 있다. 옛날 당나라 시대에는 조개의 껍질을 사용하였다.―

11. 우뢰 이야기 ―뢰신(雷神)

(1)

진(晉)나라 시대의 이야기다. 협서성(陝西省)에 양도화(楊道和)라고 하는 사람이 살고 있었는데 그는 밭을 경작하여 생계를 잇고 있었다. 어느 날 그가 밭을 갈고 있는데 갑자기 대 뢰우가 덮쳐 내려오는 것을 보게 되었다. 그는 황급히 뽕나무 밑으로 숨어들었다. 바로 그 찰라 우뢰가 떨어져 내렸다. 그는 용감하게도 가지고 있던 가래를 무기삼아 우뢰신과 빙글빙글 돌며 대적하다가 마침내 그의 다리를 잘라 버렸다. 뢰신은 땅에 쓰러진 채 도망갈 수도 없게 되었다. 그를 살펴 보니 그의 몸 색깔은 매우 붉은 색이었으며 눈은 거울처럼 번쩍 번쩍 광채를 발하고 있었다. 몸은 소나 말과 같은 동물과 흡사한 형태였는데 머리는 원숭이처럼 생겼고 길이 3촌(三寸)정도의 털로 장식된 뿔을 가지고 있었다(『搜神記』卷十二, 霹靂被格).

(2)

강서(江西省)에 있는 어느 마을에서 일어난 일이다. 갑자기 벼락이 떨어졌는데 그 때에 한사람의 노파가 한쪽 팔이 벼락을 맞아 완전히 타 버렸다. 그러자 공중에서 「아차 실수다. 미안해!」하는 소리가 들리자 마자 바로 약이 든 병이 공중에서 떨어져 내려왔다. 그리고서 「이것을 바르면 금방 나을 것이다」하는 소리가 들렸다. 가족들은 이르는 대로 그 약을 가져다 바르니 정말 금새 나아 버렸다.

가족들은 이는 신의 약이므로 소중히 하지 않으면 안된다고 상의하고 다시 공중으로 올려 보내려 하였으나 그다지 크지도 않은 병이 땅에 붙어서 꼼짝달싹도 하지 않는 것이었다. 여러날 후에 다시 비가 내리게 되었는데 그 병이 갑자기 하늘로 올라가 버렸다(『稽神錄』卷一, 江西村嫗).

동(董)이라는 성을 가진 사람이 있었다. 그가 하루는 낮잠을 자고 있는데 이상한 모습을 한 네 명의 귀신(鬼)이 나타나서「이 남자는 입술이 툭 튀어 나와서 병들어있는 우뢰님 대신으로 역할을 맡겨도 좋겠다」고 말하더니 도끼를 그의 소매 속에 밀어 넣고는 어디론가에 끌고 갔다. 이윽고 어느 훌륭한 어전 같은 데에 당도하게 되었는데 어대(御臺)에 천자와 같이 생긴 사람이 있어 그에게 말하는 것이었다.「어느 마을에 시어머니께 불효한 며느리가 있어 천벌을 받게 되었는데 뇌공(雷公)이 다리를 다쳐 병이 들었으므로 갈 사람이 없다. 아랫것들이 모두 그대를 천거하므로 부적을 들고 가 주도록 하라.」

동씨가 명을 받들어 어전을 나서니 발 밑에는 구름이 무리를 지어 있고 자신의 몸 주변에는 번개무늬가 빛나는 근사한 우뢰신이 되어 있었다.

공중을 날아 그 마을에 가 보니 토지신이 안내를 하러 나와 있었다. 공중에서 보니까 며느리가 시어머니에게 독을 품고 못살게 굴고 있었고 그 주변에는 수많은 동네사람들이 둘러싸고 구경하고 있었다. 동씨가 소매에서 도끼를 꺼내 한번 내지르자 엄청나게 큰 소리가 나면서 며느리는 그 자리에 쓰러져 버렸다. 그 주변에 있던 동네 사람들은 놀라서 모두 무릎을 꿇었다.

동씨가 돌아와서 보고를 하고 돌아갈 뜻을 말하자 천자처럼 보이는 사람은 그를 만류하며 다른 직책을 줄 것을 제안하였으나 그는 그것을 사양하였다. 그러자 그는「다른 소원이 없는가?」하고 묻는 것이었다.「학교에 들어가 공부하고 싶다」고 답하였다. 그러자 천자처럼 보이는 그 사람이「내년에는 입학할 수 있을거다」하고 말하는 순간 꿈에서 깨어났다.

이상하다고 생각하고 사람들에게 꿈 이야기를 하고서 함께 그 마을에 가 보니 아닌게 아니라 한 여자가 벼락에 맞아 죽었다고 하는데 그 날짜와 시간을 맞춰 보니 자신이 꿈을 꾼 시간과 꼭 일치하였다. 그리고 그 이듬해 그는 학교에 입학하였다.

−벼락에 맞아서 죽는 것은 천벌이 나타난 것이라 하고 사람들은 두려워한다. 이러한 사실과 더불어 중국 사람들은 이 무서운 신을 친근하게 생각하고 있음도 알 수 있다.−

12. 고향 원님이 되는 시험 −성황신(城隍神)

(『聊齋志異』卷一, 考城隍)

과거의 예비시험에 우수한 성적으로 합격한 송씨(宋氏)는 본시험을 대비하여 열심히 공부하였다. 그러던 중에 병이 들어 자리에 눕게 되었다. 그러던 어느날 갑자기 서류를 든 관리가 본시험에 응시하라며 그를 데리러 왔다. 송씨가 과거를 관장하는 시험관이 오지 않은 것이 이상하다고 말하는 데에는 대답도 하지 않고 그 관리는 무리하게 그를 끌고 가려 하는 것이었다. 송씨는 할 수 없어 겨우 겨우 채비를 차려 말에 올라 그 관리의 뒤를 따라 갈 수 밖에 없었다.

그들은 알지도 못하는 낯선 길을 따라 임금님이 사는 곳과 같은 커다란 도시에 다달아 성문을 지나 관청에 이르렀다. 그 관청에 들어가 십 수명의 관리가 늘어 서 있는 훌륭하게 장식된 방을 지나게 되었다. 송씨가 살펴보니 그 관리들 가운데 관제(關帝)가 있다는 것만 알 수 있을 뿐 다른 사람들은 모두 한번도 본 일이 없는 사람들 뿐이었다. 한 단계 아래에 두개의 좌석이 놓여있는데 이미 하나의 자리에는 다른 사람이 와서 앉아 있었다. 송씨가 비어 있는 자리에 앉자 바로 과거의 제목(題)이 걸리는데 그 내용은 「일인이인 유심무심(一人二人 有心無心)」이었다.

두 사람은 곧바로 붓을 잡고 답안을 작성하기 시작하여 이윽고 다 마치게 되자 정리하여 제출하였다. 답안을 점검하던 관리들은 송씨의 답안 가운데 「저의가 있어 행한 선행은 아무리 좋은 선행을 했어도 칭찬할 수 없는 것이며, 아무 것도 알지 못한 채 행한 악행은 어떠한 악행을 했어도 벌할 수가 없는 것이다.」라고 하는 귀절을 보고 입을 모아 격찬한 뒤 송씨를 가까이 불러 「하남성(河南省)의 성황신 가운데 한자리 빈 곳이 있는데 그대가 가장 적격이다.」하고 말하는 것이었다.

그 말로써 비로소 자기가 죽었다는 사실을 안 송씨는 울면서 머리를 조아리며 「말씀을 어길 생각은 조금도 없습니다만 제게는 칠십노모가 계시어 부양해야만 하는 처지입니다. 청컨대 노모가 천수를 다할 때까지 기다려 주시지 않으시겠습니까?」라고 간청하였다.

그러자 가장 상석에 앉아 있던 황제와 같이 보이는 사람이 그의 수하에게 어머니의 수명을 조사해 보도록 명령하였다. 담당자가 수명을 적은 책을 가지고 와서 조사해 보니 아직 9년이나 남아 있는 것이었다. 그러자 그 곳에 있는 관리들이 어떻게 하면 좋을지 몰라 망설이고 있자 관제(關帝)가 함께 시험을 치른 다른 사람을 가리키면서 「그 동안은 이 사람에게 임시로 일을 맡기면 되겠지」라고 말하는 것이었다. 그리고는 송씨를 향해서 「원래대로 한다면 바로 부임하도록 하는 것이 원칙이겠으나 그대의 효심이 장한 것에 감동하여 원을 들어주도록 하겠다. 그러나 9년이 지나면 다시 부를 것이니 그리 알도록」하고 말하였다.

이리하여 관청에서 물러 나온 송씨는 다시 말을 타고 집으로 향하였다. 집에 당도한 후 깨고 보니 꿈이었다. 그런데 집안 식구들의 이야기를 듣고 보니 사실은 자신이 죽은지 사흘이 지났던 것이었다.

9년이 지나 모친이 죽고 난 후 멀리 사는 친척들의 꿈에 훌륭한 관리 복장을 한 송씨가 많은 수하들을 데리고 친척의 집에 온 것이 보였다.

깜짝 놀란 집안 사람들이 송씨의 집에 가 보니 이미 송씨는 죽고 난 후였다.

—이 이야기를 통하여 중국인들이 생각하고 있는 생사관이나 명계(冥界)의 모습, 또는 성황신에 대한 신앙 등을 잘 알 수 있다.—

13. 가련한 측간의 신 —자고신(紫姑神)

(『集說全眞』, 紫姑神)

자고(紫姑)는 산동성(山東省)의 래양현(萊陽縣)에서 태어났으며 성이 하(何)씨이며 이름은 미(媚)라 하였고 호를 려경(麗卿)이라 하였다. 그녀는 어려서부터 독서를 무척 좋아하였으며 머리가 매우 총명한 아이였다. 장성함에 따라서 타고난 미모를 더욱 가꾸어 감에 따라서 매우 아름다운 여인이 되어 그 소문이 널리에까지 퍼지게 되었다.

마침내 그 소문이 산서성(山西省)에 있는 수양현(首陽縣)의 현지사(縣知事)의 귀에까지 들어가게 되어 현지사는 자고를 한번 만나기를 원하였다. 자고를 한번 본 그는 첫눈에 반하여 자기의 첩으로 삼아버렸다.

자고는 얼굴이 아름다운 데다가 학문도 고루 갖추었기 때문에 현지사는 그녀를 마치 손의 구슬처럼 여겨 낮이면 낮대로 밤이면 밤대로 그녀가 없으면 살 수 없을 정도였다. 그러자 현지사의 본처인 조부인(曺夫人)은 질투의 화신으로 화하여 질투의 불길을 태우며 호시탐탐 기회를 노리고 있었는데 정월 십오일에 그녀의 남편이 밖에 외출한다는 사실을 알게 되었다. 조부인은 그 틈을 타서 자고를 아무도 모르게 변소에서 죽여버렸다.

이를 본 하늘의 신은 자고를 불쌍히 여겨 변소의 신으로 삼았다. 그로부터 사람들은 자고의 모습을 그림으로 그려 변소라든지 돼지우리 등에 걸고 제사를 지내게 되었다. 자고는 삼고(三姑)라고도 불리운다.

그로부터 여인들은 정월 십오일이 되면 자고를 불러 점을 치는 것이 습관처럼 되었다. 그 방법은 다음과 같다.

정월 십오일에 변소에서 쓰는 쓰레기통을 하나 준비하고 거기에 비녀나 꽃을 단 나무가지를 꽂아 장식하고, 또 다른 은비녀 하나를 쓰레기통의 입구에 꽂고 변소치우는 구멍의 곁에 세워 놓는다. 이것이 신의 모습이라는 것이다.

제사는 십오일 밤에 지낸다. 그 때에는 젯상을 놓고 젯상 위에는 쌀을 뿌려 놓는다. 그리고서 십세 이상의 여자아이 두 사람을 시켜서 전날 만들어 세워 놓았던 쓰레기통으로 만든 신을 맞이하게 한다. 일동은 우선 제단을 향하여 등불을 밝히고 향을 피우고 예배한다. 두 사람의 여자아이는 그 신의 은비녀가 꽂혀 있는 쪽을 젯상 위에 뿌려져 있는 쌀알에 닿도록 꼭 누른다. 사람들이 「주인양반은 외출하시고 조부인도 없습니다」 하고 말하면 한참 후에 두 사람의 여자아이가 누르고 있는 쓰레기통이 움직이고 은비녀가 흩뿌려져 있는 쌀알 위에 글자와 같기도 하고 그림과도 같은 여러가지 모양을 마치 종이 위에 붓으로 쓰듯이 쓴다. 기원하는 사람이 해를 물으면 햇수만큼 쓰레기통의 머리쪽이 끄떡인다. 그런데 쌀알 위에 무엇인가 쓰고 있을 때에는 신이 쓰레기통에 옮겨져 있는 것이므로 그 쓰레기통이 무거워진다고 한다.

—이 이야기의 전반부에서 중국인들이 어떠한 곳에도 신이 있다고 생각하고 있는 일단을 알 수 있다. 후반부의 이야기는 중국에서는 후우치이라고 하고 일본에서는 「끄떡이양반」이라고 한다. 점치는 방법중의 하나이다. 후우치이는 다른 방법도 있는데 모두 신의 계시라고 하고 있는 점은 마찬가지이다.—

14. 수명을 잇게 하는 신과 수명이 줄게하는 신 —북두(北斗)와 남두(南斗)

(『搜神記』 卷三, 管輅)

관로(管輅)는 과거나 미래의 일을 알고 점칠 줄도 아는 사람이었다. 그가 어느날 산동성(山東省)의 평원현(平原縣)에서 한사람의 청년을 만났다. 관로는 그 청년의 얼굴에 젊어서 죽을 상이 있음을 보고 불쌍한 생각이 들어 자기도 모르게 혀를 끌끌찼다. 그 소리를 들은 그 청년은 왜 남을 보고 혀를 차느냐고 하며 화를 냈다. 그는 할 수 없이 자신이 보는 그대로를 말하지 않을 수 없었다.

그 말을 들은 청년은 파아랗게 질려 집에 돌아가 부친에게 그 사실을 말하였다. 그의 부친은 깜짝 놀라 두 사람이 함께 관로에게 달려가서 무언가 생명을 이을 방도를 알려 달라고 땅바닥에 머리를 조아렸다.

그것을 보고 동정심이 우러난 관로는 그들 부자에게 다음과 같은 방법을 가르쳐 주었다. 「집에 돌아가 한 동이의 술과 사슴고기 말린 것을 한근 사 놓으시오. 그리고 묘(卯)일이 되면 보리를 벤 뒤의 밭 남쪽 편에 서 있는 큰 뽕나무의 그늘에서 틀림없이 두 사람의 남자가 바둑을 두고 있을 것이니 당신은 살짝 거기에 가서 잔에 술을 부어 놓고 말린 사슴고기를 놓으시오. 두 사람은 술을 마시고 고기를 먹게 될 것이오. 잔에 술이 비게 되면 또 부어 놓고 또 비우면 또 부어놓기를 술이 없어질 때까지 하시오. 그러다가 보면 두 사람은 마침내 당신이 있는 것을 알아차리게 될 것이오. 그리고 그들은 당신에게 여러가지를 물어볼 것이오. 그러나 그 때에 단 한마디도 말을 해서는 안됩니다 다만 인사는 해도 좋습니다. 그렇게 되면 무언가 일이 될 것이오.」

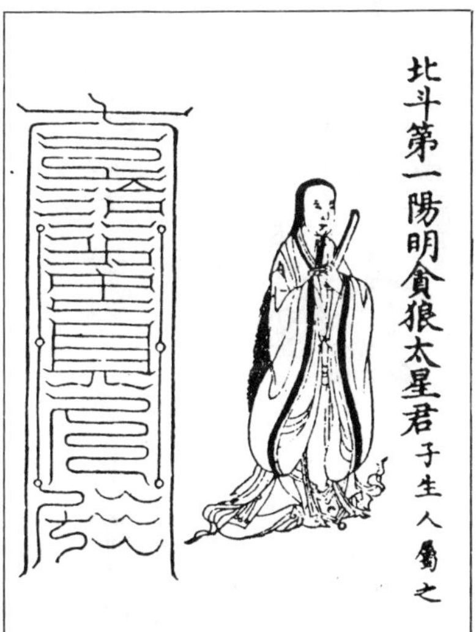

북두 제1성 탐랑 태성군:子년에 태어난 자를 주관
〈道藏 巻一七 P53〉

크게 기뻐한 부자는 시키는 대로 준비를 했다. 마침내 그날이 되어 청년이 큰 뽕나무 있는 데로 가 보니 과연 모든 것이 들은 그대로였다. 두 사람이 바둑을 두고 있었는데 그들은 듣던바대로 바둑에만 정신이 팔려 청년이 온 것을 조금도 모르고 있었다. 청년은 시킨 대로 술을 따루어 놓고 고기를 옆에 놓았다. 그러자 과연 두 사람은 아무것도 눈치채지 못하고 술을 마시고 고기를 먹고 하였다. 그러다가 북쪽에 앉아 있던 사람이 문득 그 청년이 있음을 알아채고 「왜 여기 있는가?」하고 물었다.

청년이 꾸뻑 인사만을 하고 있자 남쪽에 앉아 있던 사람이 「이 사람의 술을 우리가 다 마셔 버렸으니 뭔가 답례를 해야되지 않겠나?」하고 말하였다. 그러나 북쪽에 앉아 있는 사람은 「이 남자의 경우는 이미 정해져 있으므로 안돼」 하고 동의하지 않았다. 그

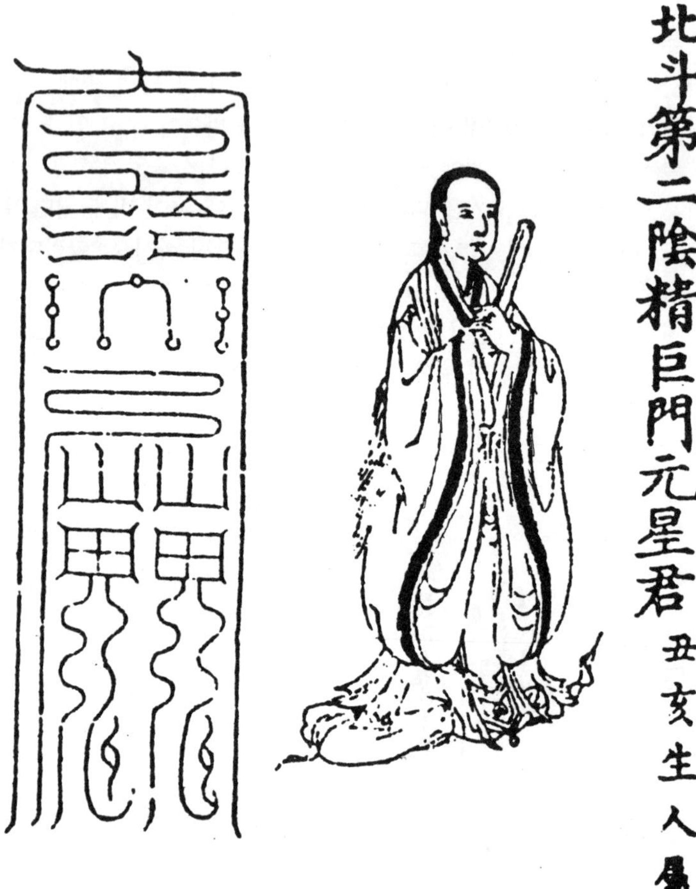

북두 제2성 거문 원성군:丑亥년에 태어난 자를 주관

〈道藏 卷一七 P53〉

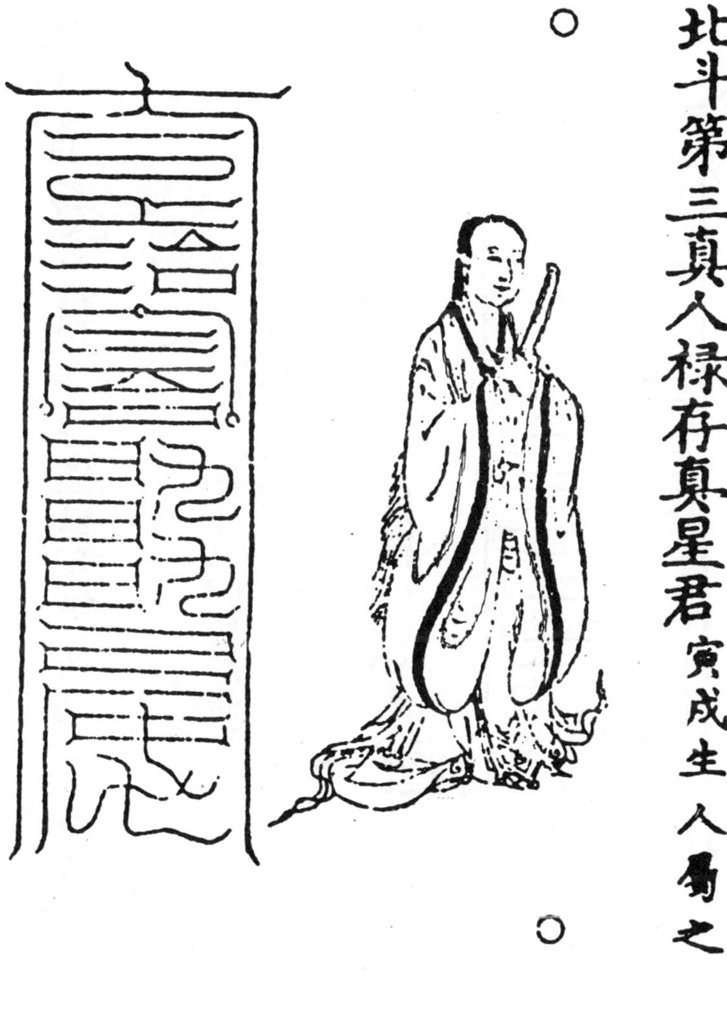

북두 제3성 녹존 진성군:寅戌년에 태어난 자를 주관

〈道藏 卷一七 P53〉

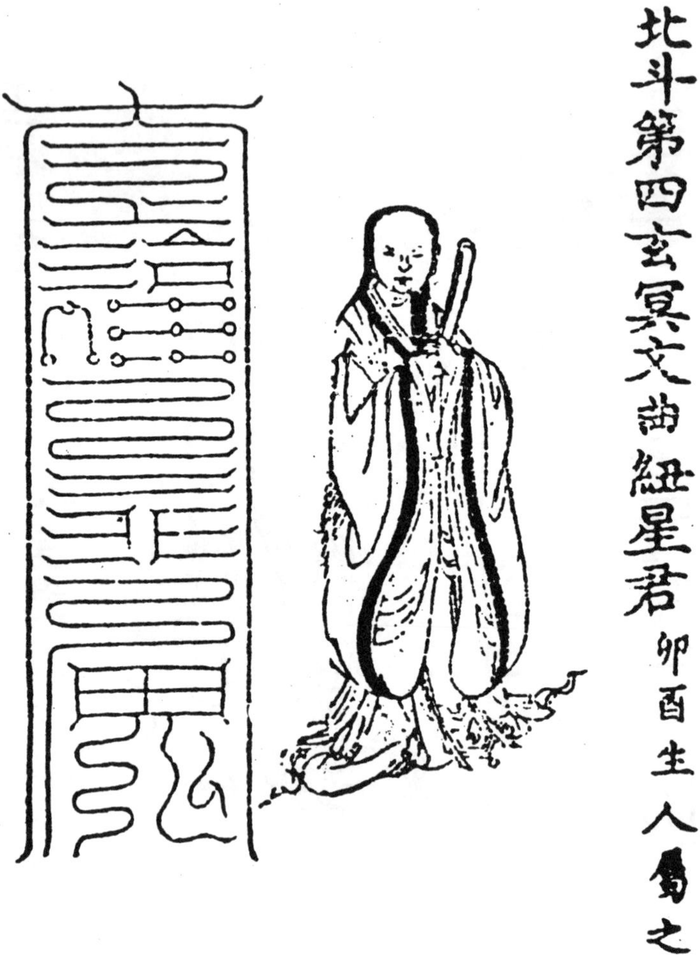

북두 제4성 문곡 류성군:卯酉년에 태어난 자를 주관

〈道藏 卷一七 P53〉

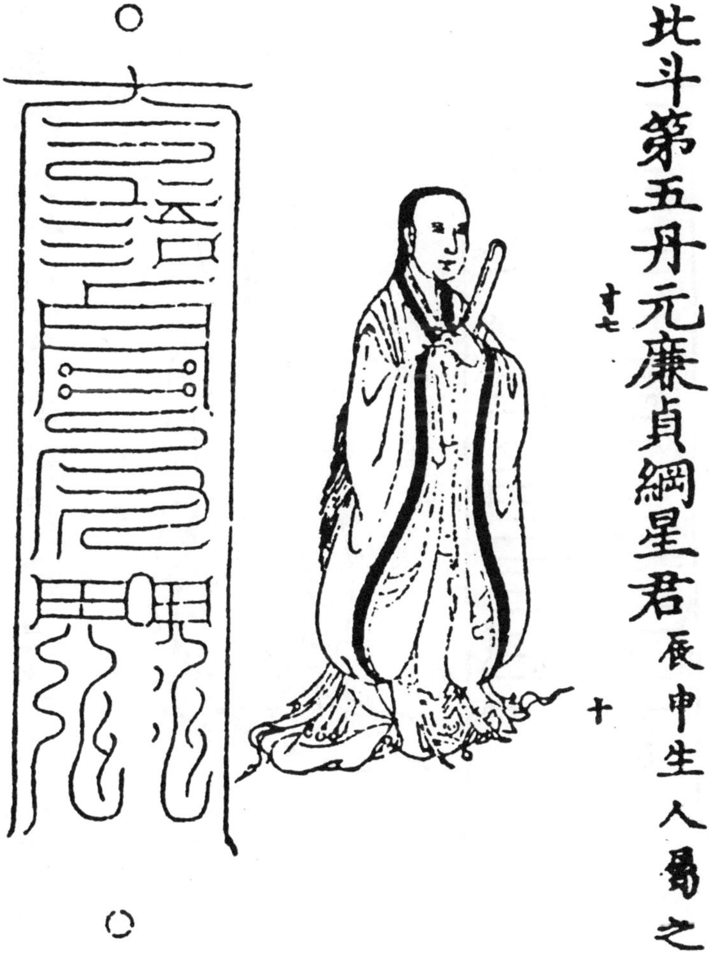

북두 제5성 염정 강성군:辰申년에 태어난 자를 주관

〈道藏 卷一七 P54〉

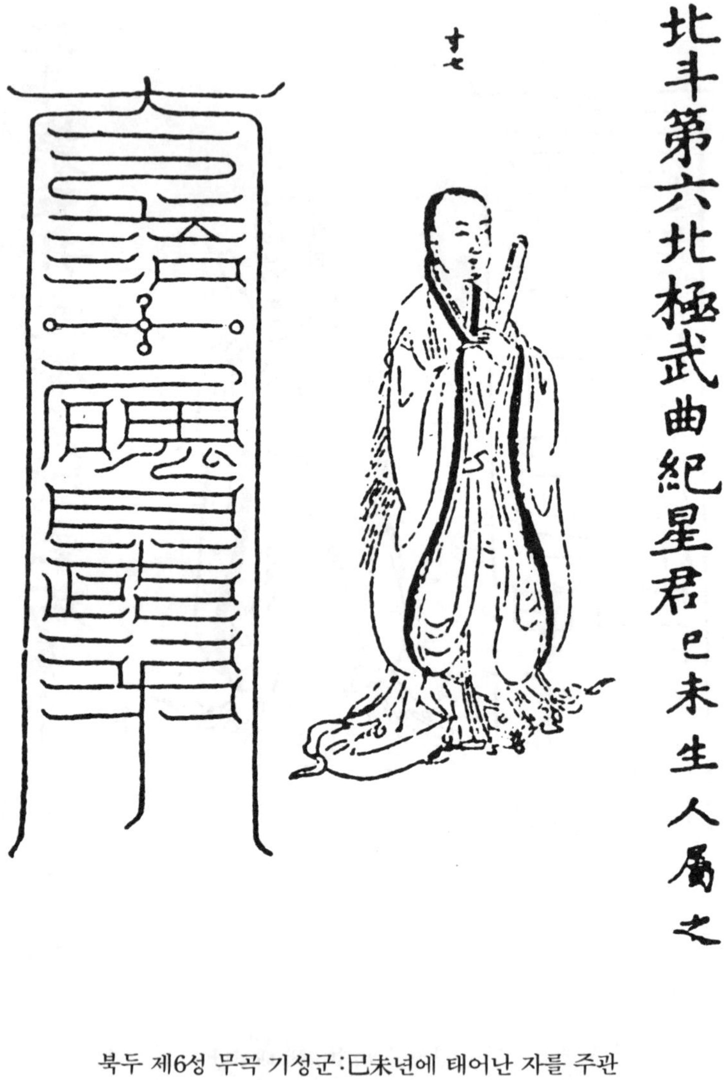

북두 제6성 무곡 기성군:巳未년에 태어난 자를 주관

〈道藏 卷一七 P54〉

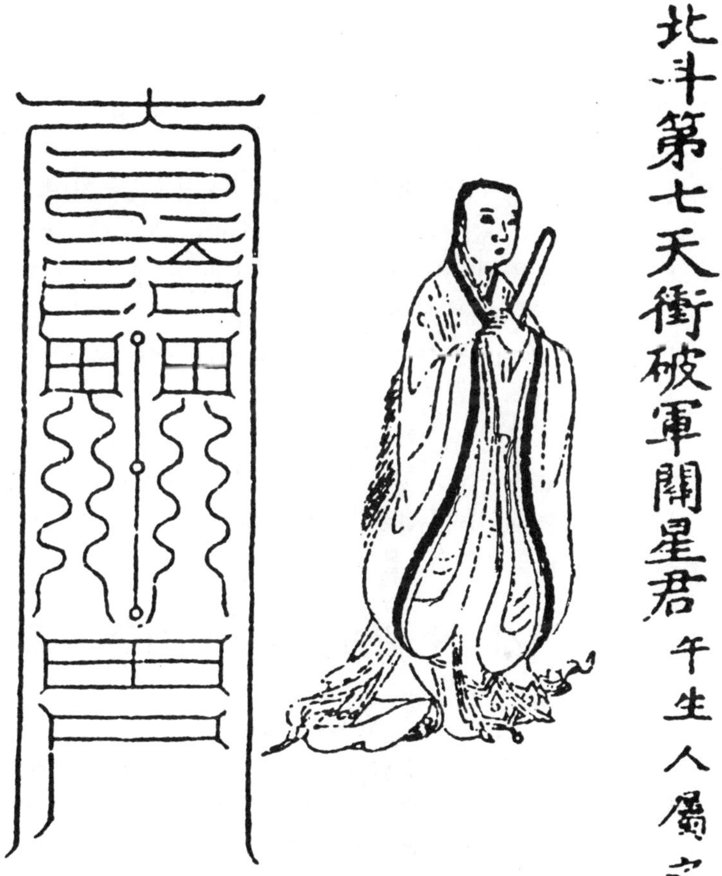

북두 제7성 파군 관성군 : 午년에 태어난 자를 주관

〈道藏 卷一七 P54〉

러자 남쪽의 사람이 「그렇게 뭐 있나? 어디 장부좀 보세」하면서 수명을 적은 책을 보니 십구세로 적혀 있었다. 그 사람은 십구라는 글자를 바꿔 구십이 되게 하고 「자네 수명을 늘려서 구십까지 살도록 하였으니 그리 알게나」하고 말하였다. 청년은 몹시 기뻐서 다시 꾸벅 인사를 하고 집으로 돌아 왔다.

그 뒤에 관로는 「참 잘되었소. 북쪽에 앉아 있던 사람은 북두성(北斗星)이고 남쪽에 앉아 있던 사람은 남두성(南斗星)이라오. 남두는 사는 것을 맡고 있고 북두는 죽음을 관장하고 있다오. 인간이 어머니의 태내에서 머문다고 하는 것은 모두 북두에서 남두로 향하는 것을 의미하는 것이오. 그러므로 우리가 수명을 빌 때에는 모두 북두에 대고 비는 것이라오」하고 말하였다.

—이 이야기는 북두가 죽음을, 남두가 삶을 관장하는 신이라는 것을 말한 것으로 북두에 대한 중국인들의 신앙이 열렬한 것과 신이 현세에 어디에고 간에 나타난다고 믿고 있는 사실들을 알 수 있다.—

15. 집을 번창하게 하는 부뚜막신 —조신(竈神)

(『搜神記』卷四, 陰子方. 『敬竈全書』)

전한(前漢)의 선제(宣帝)때 무렵의 일이다. 오늘날의 하남성(河南省) 지방에 음자방(陰子方)이라고 하는 사람이 살고 있었다. 그는 타고난 효자로서 지극한 효성을 다하여 부모님을 봉양하였고 그 뿐만 아니라 늘 선행만을 하는 착한 사람이었다. 그리하여 가난하고 어려운 사람을 보면 언제나 가진 것을 다 주어 돕는 어진 마음을 가진 사람이었다.

또한 그는 부뚜막신에게 제사를 지내는 일을 즐겨하여 매년 거르지 않고 그 제사를 지냈다. 어느 해의 일이었다. 부뚜막신에 제사를 지내는 날이 다가와서 음자방은 부엌을 깨끗이 청소한 뒤 아침준비를 하고 있는데 갑자기 부뚜막 가운데에서 신이 모습을 나타내었다. 그 신의 모습은 긴 머리를 풀어 헤치고 몸에는 누런 색의 의복을 입고 있었다고 한다. 직접 신의 모습을 눈앞에 보게 된 음자방은 신의 은총에 몹시 기뻐하여 정중하게 인사를 올리고 집에서 기르고 있던 누런 색의 양을 잡아 희생물로써 공양을 올리고 공경을 다하여 제사를 지냈다.

그로부터 얼마 지나지 않아서부터 음자방은 차츰 부자가 되기 시작했다. 자신의 소유가 된 전답은 대단히 넓어졌고 수레나 말, 그리고 부리는 사람들의 숫자는 군수의 그것에 필적할 만한 정도가 되었다.

그 뒤 음자방은 말버릇처럼 「내 자손들은 크게 번창하고 그 가운데에서 크게 출세할 사람이 틀림없이 나올거야」하고 말하곤 하였는데 과연 그 말대로 그로부터 3대 후에 음자방의 집안은 크게 번창하고 자손들은 크게 출세하였다. 그리하여 그 일족에서 후작(侯爵)의 위치에 이른 사람이 4인, 군의 군수가 된 사람은 수십명에 이를 정도로 번영을 누렸다.

자손들은 이것이 모두가 선조가 섬겼던 부뚜막신의 덕택이라고 생각하고 부뚜막신을 깊이 믿어 그 후에도 오랫동안 부뚜막신에 제사를 지내고 누런 양을 희생물로 바치는 행사를 계속하였다.

원래 부뚜막신의 신앙은 꽤 오래전부터 있었기 때문에 여러가지 다른 종류의 이야기가 전해져 온다. 신의 이름도 어떤 경우에는 성을 장(張)이라 하고 이름을 단(單)이라 하기도 하고, 자곽(子郭)이라고 하는 별명을 지녔다고 하는가 하면 다른 설로는 성이 소(蘇)이며 이름은 길리(吉利)로서 일반에게는 널리 불(火)의 신으로 알려져 있는 축융씨(祝融氏)의 화신이라고도 한다.

또한 황제(黃帝)가 처음으로 부뚜막을 만들었으므로 부뚜막신은 황제의 화신이라는 설도 있다. 그 밖에 부뚜막에서 나온 신을 보거나 그의 이름을 부르게 되면 흉사를 방지할 수가 있다고 하는 설도 있다. 또한 음자방이 희생물로써 바친 것은 양이 아니고 개였으나 그것을 개라고 하지 않고 양이라고 말하였다고 하는 설도 전해 오고 있다. 후세에는 정말로 양을 준비하는 것이 관례가 되어 청(淸)의 조정에서 부뚜막신에게 제사를 지낼 때는 꼭 누런 양을 희생물로써 사용하게 되었다.

—『敬竈全書』에서 부뚜막신은 매월말에는 天帝에게 일가의 선악을 알린

다고 쓰여 있다.－

16. 오래 산 노인은 별의 정(精) －수성(壽星)

(『事玄要言集』天集卷一)

북송(北宋)의 인종(仁宗) 가우(嘉祐) 8년(1063) 11월의 일이었다. 도읍인 개봉(開封·河南省)에 한사람의 노인이 나타나서 여기저기 성내를 돌아다니기도 하고 때로 멈추어서서 점을 치기도 하였다.

어디에서 온 사람인지 이름이 무엇인지 아는 사람은 아무도 없었다. 도사(道士)의 복장을 하고 있기는 하나 도관(道觀)에 살고 있는 것 같지는 않았다. 게다가 얼굴모습이 몹시 생소했다. 머리는 긴데 키는 그다지 크지 않았다. 얼굴은 상당히 나이가 들어 보였으나 걸음걸이는 활기차게 다녔다. 뭐라고 꼬집어서 말할 수는 없지만 어쨌든 보통사람이 아닌 것처럼 보였다.

그런데 이 노인은 대단히 마셔대는 주태백이어서 시장을 돌아 다닐 때 술집을 보는 족족 들어가서 마셔대곤 하였으나 아무리 마셔도 끄떡이 없어서 사람들은 그가 취한 얼굴로 돌아다니는 모습을 본 적이 없었다.

처음에는 사람들이 모두들 주의깊게 보지 않았으나 그 이상스런 생김새 하며 마셔대는 것들이 점차 사람들의 주의를 끌게 되어 장안 사람들은 그 노인을 화제거리로 삼게 되었다. 장난을 좋아하는 사람들은 슬그머니 그 노인의 옆에 가서 사람이라고는 생각할 수 없는 이상스러운 모습을 그림으로 그려대기도 하였지만 노인은 화를 내는 법도 없고 덤덤한 얼굴을 할 뿐이었다.

이 노인의 소문은 퍼져가서 어느덧 황제를 모시는 신하의 귀에도 들어가게 되었다. 그 신하가 재미있다고 생각이 되어 인종에게 그 사실을 고하자 인종도 그 노인에 대하여 의외로 호기심을 가지며 언제 그 노인을 어전에 불러오라고 명하였다.

으리으리한 궁전에 황제인 인종 앞에 불려 왔어도 노인은 별로 두려워하는 기색도 없고 태연한 그대로였다. 그 노인이 술을 즐겨한다는 사실을 들은 적이 있는 인종은 술을 한섬(一石)이나 가져오게 하여 사양말고 마시라고 말하였다. 술을 본 노인은 그야말로 어린아이처럼 기뻐하며 바로 덤벼들어 술을 꿀꺽 꿀꺽 마셔대기 시작하였다. 그 모습은 흡사 가문 대지에 물을 대는 격이었다. 인종도, 그 자리에 함께 있던 조정의 신하들도 모두 기가 질려 버렸다. 그리하여 그 술을 얼추 일곱말쯤 마셨다고 생각될 무렵 노인은 유유히 일어나서 어전으로부터 걸어나갔는데 그대로 행방이 묘연하게 되어 버렸다.

다음 날 천문을 담당하는 자가 와서 「수성(壽星)이 황제의 자리(帝座) 가까이 간 채로 돌연히 보이지 않게 되었습니다」라고 보고를 해 왔다. 그 보고를 듣고난 인종은 비로소 수성의 화신이었음을 알게 되었다. 그런데도 불구하고 자신의 앞에서 도리로써 술을 그렇게 마신 것을 알고 감동하였다고 한다.

인종때는 천하가 태평하였기 때문에 수성이 인간계에 나타나 황제까지 만난 것으로 보이는데, 소성(紹聖)2년 (1095)에도 신장이 3척 정도로 머리와 신체가 반반씩인 사람이 나타난 일이 있었다고 한다.

－수성(壽星)은 남극노인성(南極老人星)이라고도 하며, 천하가 태평할 때에 나타나기 때문에 사람들은 이 별에 행복과 장수를 기원하는 것이 통례였다. 일본에서의 칠복신(七福神)가운데 소위 수노인(壽老人)이 이것이다. 이는 별에 대한 신앙의 한 예이다.－

17. 문을 지키는 신 －문의 신(門神)

(『西遊記』 十回)

당(唐)의 태종(太宗)때에 도읍인 장안(長安)에 매우 뛰어난 역술가가 있었다. 어떤 어부는 매일 그 역술가에게 가서 괘를 뽑아 지시된 장소에 가서 고기를 잡았으므로 그는 언제나 고기를 많이 잡을 수 있었다.

이를 안 용왕은 이러다가는 부하인 물고기들의 씨를 말리게 되겠다고 노하여 당장에 장안으로 잠입하여 그 역술가를 죽여야겠다고 길길이 뛰었다. 그러나 새우와 게 등의 많은 물고기들의 의견을 받아 들여서 우선 인간의 모습으로 변하여 장안에 들어가서 동정을 살피기로 하였다.

장안 성내에 들어가서 한참 걸어가니 사람들이 모여 있고 그 가운데에서 괘를 뽑고 있는 소리가 나는 집이 있었다. 이것이 그 역술가의 집이로구나 하고 생각한 용왕은 사람들 틈을 비집고 안에 들어가서 그 역술가에게 물어보기로 하였다. 용왕은「이번에 비가 내리는 것은 언제인가?」하고 물었다. 그러자 그 역술가는 그 자리에서 내일 아침에는 비가 내린다고 단언하였다. 비가 내리는 시각에서 그치는 시각, 그리고 강우량까지 자세히 말하는 것이었다.

하늘의 신으로부터 아직 아무런 하명도 받지 않았던 터이었으므로 턱도 없는 소리 말라며 속으로 웃어버린 용왕은 그 괘를 뽑는 데에 많은 돈을 들였으므로 만약 그 점괘가 조금이라도 맞지 않을 경우는 그 집을 다 부수어 버리겠다고 약속을 하였다. 그리고서 용왕은 용궁에 돌아왔다.

한참 있으려니까 하늘의 신이 역술가가 말한 것과 조금도 틀리지 않게 비를 내릴 것을 하명하였다. 용왕은 놀라고 당황하여 어쩔줄 몰랐으나 부하의 지혜대로 비가 내리는 시각과 강우량을 조금씩 다르게 하기로 하였다. 다음날이 되어 하늘의 명과 달리 비가 내리게 한 용왕은 다시 그 역술가의 집을 방문하였다. 그리고서 약속대로 하겠다고 말하고는 그 집을 닥치는 대로 부수어 버렸다.

그러나 그 역술가는 조금도 놀라지 않고「용왕이여 그대는 하늘의 신의 명을 거역하였으므로 대신(大臣)인 위미(魏徵)의 손에 처형될 것이다」하고 말하는 것이었다. 깜짝 놀란 용왕은 이번에는 역술가에게 매달려 살려 달라고 사정하기 시작하였다.

화가 몹시 치밀었던 역술가였으나 매달려 사정하는 용왕이 어느덧 애처로운 생각이 들어 화를 피할 수 있는 방법을 일러 주었다. 그것은 위미가 지금 태종의 신하인데 잠이 들어 있을 때에 하늘의 신의 명을 수행하게 되므로 태종에게 위미가 잠들지 않도록 간청해 보라는 것이었다. 뛰어 오르도록 기뻐한 용왕은 바로 태종이 잠들어 있을 때 꿈에 나타나 위미가 내일 자고 있을 때에 나의 목을 베러 올 것이므로 아무쪼록 그가 잠들지 않게 해 달라고 간청하였다. 그러자 태종은 용왕의 청을 받아들여 그러마고 승락하였다.

그리하여 다음날 아침 일찍부터 태종은 위미를 불러 들여 궁중에서 바둑을 두기 시작하였다. 그런데 판을 아무리 거듭해도 태종은 바둑을 그만둘 생각을 하지 않는 것이었다.

이를 이상하다고 생각한 위미는 다음의 한 수를 생각하는 것처럼 하면서 잠깐 앉은 채로 깜박 졸았다. 한참 있은 후 황제의 시중을 드는 신하가 피가 뚝뚝 떨어지는 용의 머리를 가지고 와서 지금 막 하늘에서 떨어져 내린 것이라고 보고하는 것이 아닌가? 태종은 아차 싶었으나 때는 이미 늦어 버렸음을 알았다.

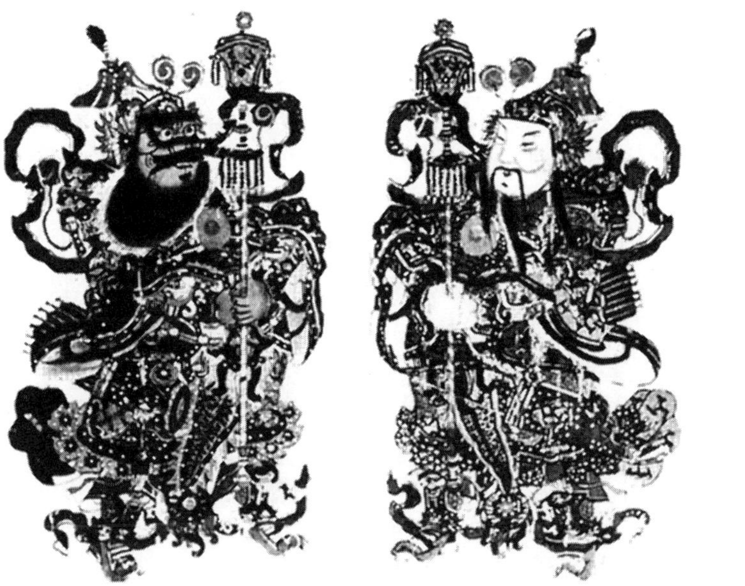

門神

그로부터 거꾸로 태종에게 원한을 품은 용왕이 매일 밤 태종의 꿈에 나타나서 괴롭혔기 때문에 태종은 갑자기 쇠약해지기 시작하였다. 그러자 태종의 몸을 보호하기 위해서 경호를 두 사람의 무장에게 맡기게 되었는데 두 사람의 이름이 진경(秦瓊)과 위지경덕(尉遲敬德)이었다. 두 사람이 경호를 하면서부터는 용왕의 영도 나타나지 않게 되었다. 뿐만 아니라 두 사람을 밤마다 경호하는 것은 너무도 힘들다고 생각했기 때문에 나중에는 두 사람의 모습을 그려 문의 좌우에 붙여두게 하였다. 그렇지만 태종은 회복하지 못하고 얼마 지나지 않아 죽고 말았다.

―이는 앞에 소개한 문신(門神)의 이설(異說)인데, 두 사람의 무장은 실재 인물이었다.―

18. 항해를 지켜준 여신 ―천비(天妃)

(『集說詮眞』, 天妃)

당(唐)의 현종(玄宗)시절 지금의 복건성(福建省)의 포전현(蒲田縣)에 임(林)이라고 하는 사람이 살고 있었다. 어느날 그의 부인이 관음보살이 주는 우담화(優曇花)라는 꽃을 받아서 아무 생각도 없이 그것을 받아먹었는데 이상하게도 임신이 되어 버렸다. 그런데 출산예정일이 훨씬 지나서도 어찌된 일인지 출산할 기미가 보이지를 않았다. 그러더니 14개월째 되던 때에 비로소 출산을 하였다. 그것은 옥과도 같은 예쁜 여자아이였다. 부모는 크게 기뻐하여 그 여자 아이를 조심스럽게 길렀다.

태어나면서부터 그 여자아이는 다른 형제들과는 성질이 판이하게 달랐다. 만 한살이 되던 때는 천보(天寶)원년 3월 23일에 해당하는 날이었는데 부모들은 신궁에 참배를 하러 가서 여러 신들에게 인사를 드리었다. 그러자 이상하게도 어린 아기가 양 손을 합하여 합장을 하고 기원하는 듯한 모습을 보이는 것이었다. 부모들은 「참 이상도 한 일이다」라고 생각하였다.

다섯살이 되자 벌써 『관음경』(『觀音經』)을 다 읽고 이를 능숙하게 외웠다. 열한살무렵에는 신에게 제사를 지낼 때에 그 음악에 맞추어 솜씨좋게 춤을 추어 보이는 것이었다.

그녀는 다섯 남매 가운데 막내딸이었는데 위의 오빠들은 모두 상인이 되어 언제나 배를 타고 여러 섬을 돌면서 장사를 하였기 때문에 외출하는 일이 잦았다. 오빠들이 모두 외출한 어느날이었다. 갑자기 그녀가 팔과 다리의 힘이 빠지면서 기운을 잃고 쓰러져 버렸다. 그리하여 눈을 감고 움직이지 않게 되었다. 이를 본 그녀의 양친은 몹시 당황하여 그녀의 이름을 부르면서 몸을 흔들고 정신차리라고 소리를 질러 대었다.

이윽고 아름다운 눈을 뜬 그녀는 아주 원망스러운 듯이 다음과 같이 말하였다. 「애써 오빠들 목숨을 모두 구하려 하였습니다만 어찌 방해를 하십니까? 그 때문에 큰오빠의 목숨만은 구하지 못했습니다」 양친은 무슨 영문인지를 알 수 없었으나 그 연유를 깊이 캐 물을 수도 없었다.

며칠 후 형제들이 돌아오게 되었는데 그들이 말하기를 「바로 사흘 전에 엄청나게 큰 폭풍우를 만나게 되었습니다. 그래서 우리들의 배 모두가 전복될 위기에 처했었는데 한 여자아이가 나타나서 기울어지는 배를 바로 잡아주어 살아났습니다. 그런데 우리 삼형제가 탄 배는 구조되었으나 큰형이 탄 배는 그만 침몰되고 말았습니다.」 이 말을 들은 양친은 비로소 전후 사정을 이해하게 되었다.

그로부터 그녀에게 신통력이 있다는 사실이 알려져 원근각처에서 병이 들어 낫기를 원하는 사람들이 몰려 들었는데 반드시 효험이 있었다. 또한 앞날의 길흉을 예언하기도 하였다.

명(明)나라 때에 이르러 조정에서 그녀에게 천비(天妃)라는 호를 하사하였기 때문에 각지에 천비묘(天妃廟)가 세워지게 되고 생일과 죽은 날에는 조정에서 제사를 지내도록까지 정해졌다.

—천비는 항해의 신으로서 해상에서 생활하는 사람들 사이에서 신앙의 대상이 되어 왔기 때문에 여기에서 든 이야기 외에 많은 전설과 설화가 민간에 전승되어 내려오고 있다. 또한 혼이 신체로부터 나와 있을 때의 상태에 대하여도 주의깊게 생각해야 할 대목이다. 천비는 그 밖에 천후(天后), 또는 마조(媽祖)라고도 하는데 일본에서도 일부에서 제사의 대상이 되고 있다.—

19. 우박을 내리게 하는 신 —박신(雹神)

(『聊齋志異』卷十三, 雹神)

왕(王)씨 성을 가진 한 장관(長官)이 호남성(湖南省)에 부임하게 되었다. 그는 도교를 신봉하는 사람이었기 때문에 장천사(張天師)를 만나기를 원하였다. 어느날 그는 장천사를 만나러 파양호(鄱陽湖)에 가서 나룻배에 올랐다. 그러자 그 작은 나룻배에 타고 있던 몸집이 큰 남자가 그에게 다가오더니 품에서 천사의 이름이 적힌 표찰을 꺼내 보이는 것이었다. 그리고는 장관께서 이 배에 타실 것이라고 하는 천사의 말씀이 계시어 안내하고자 한다는 말을 하는 것이었다. 왕장관은 천사가 이미 자신이 올 것을 알고 있다는 사실을 알고 있음을 신기하게 여기고 한편으로는 신앙심이 우러나와 경건하게 마음을 챙기고 천사를 만나러 갔다.

천사가 있는 장소에 당도하자 천사는 술자리까지 마련해 놓고 그를 환대하는 것이었다. 천사의 주변을 둘러 보니 주위에서 천사를 모시고 있는 사람들의 의복이나 관, 그리고 태도 등도 다른 곳에서 볼 수 없는 분위기가 있었다.

안내하여 온 몸집이 큰 남자는 천사의 바로 곁에 서서 대기하고 있었는데 조금 있다가 천사를 향하여 무엇인가 작은 소리로 귓속말을 전하는 것이었다. 그러자 천사는 장관에게 「이 남자는 선생과 같은 고향 사람인데 알고 계십니까?」하고 물었다. 그러나 장관은 도무지 기억을 할 수가 없었다. 그리하여 그의 이름을 묻자 천사는 「이 남자는 세상 사람들이 말하고 있는 우박의 신인 이좌거(李左車)입니다」라고 답하였다. 이를 듣자 깜짝 놀란 장관은 자기도 모르게 자세를 고쳐 앉았다.

천사는 다시 말하기를 「이제 이 남자는 천제(天帝)의 명을 받들어 우박을 내리게 하기 위해서 가야 하기 때문에 나에게 좀 나가겠다고 말한 것입니다」라고 말하는 것이었다. 장관이 그가 어디로 가게 되느냐고 묻자 그곳이 자신의 임지와 바로 가까운 곳임을 알 수 있었다. 그는 우박이 내리면 큰 피해가 있을 것으로 생각하여 걱정이 되었다. 그리하여 자리에서 일어나 예를 하면서 우박을 내리지 않게 할 수 없겠느냐고 간청하였다. 그러나 천사는「이는 천제의 명령에 의해서 하는 것이며 그 내리는 양까지 정해져 있기 때문에 아무리 장관이 애원을 해도 그만 둘 수는 없을 것입니다」라고 말하고 청을 받아 들이지 않는 것이었다. 그렇지만 장관은 다시 간절하게 청을 하였다.

장관이 그처럼 간청하는 것을 본 천사는 한참 동안 생각을 하더니 이좌거를 향하여「농작물을 상하지 않도록 주의하여 뿌리도록 하고 되도록 산이나 골짜기에 많이 뿌리도록 하게」라고 말하고서 또「손님이 계시므로 조용히 나가도록 하게」라고 덧붙였다.

이좌거는 알았다고 하고서 방을 나갔다. 그가 뜰에 내려 서자마자 그의 발 언저리에서 연기가 뭉게 뭉게 피어 올라 잠깐 사이에 땅을 덮었다. 그러는가 했더니 어느새 이좌거는 가볍게 날아 올랐다. 잠깐 구경하는 사이에 어전의 지붕으로부터 높이 날아 올라 가더니 우뢰 소리와 더불어 공중 저편으로 날아가 버렸다. 건물이 흔들거리고 기물들이 소리를 내며 흔들렸다. 깜짝 놀란 장관이「우박의 신이 나갈 때도 우뢰가 울립니까?」하고 묻자「이 정도는 조용한 편이랍니다. 평상시에는 훨씬 엄청난 소리가 들린답니다.」하고 답하였다. 뒤에 들으니 전답에 내린 우박은 아주 적은 양이었다고 한다.

—이 이야기는 중국인들의 장천사(張天師)와 신들에 대한 신앙을 아주 극명하게 말해 주는 자료라고 생각된다. 인간인 장천사가 우뢰신을 부하로 부리고 있는 점은 그야말로 중국적이라 하지 않을 수 없다.—

20. 여 신선들의 우두머리 —서왕모(西王母)

(『列仙全傳』卷一.『歷世眞仙體道通鑑後集』卷一, 西王母)

곤륜산(崑崙山)에 살고 있는 서왕모(西王母)는 금모원군(金母元君), 요지금모(瑤池金母), 구대금모(龜臺金母)라고도 불리운다. 동왕부(東王父)가 최고의 남자 신선이라면 그녀는 여자 신선의 총 우두머리격인 신선이다. 이 두 사람의 선인은 음양의 부모이며 천지의 본원(本源)이기 때문에 득도를 한다든지 선인이 된다든지 하는 여인들은 모두가 서왕모의 지배를 받지 않으면 안된다고 한다.

곤륜산에 있는 서왕모의 궁전 왼쪽에는 요지(瑤池)라고 하는 연못이 있고 오른 쪽에는 취수(翠水)라고 하는 강이 있으며 또 산 밑에는 약수(弱水)라고 하는 강이 흐르고 있다. 강은 아홉겹으로 굽이쳐 흐르고 있고 파도는 일만장(一萬丈)이나 되는 높이로 치고 있기 때문에 깃털로 만든 수레에라도 타지 않으면 갈 수가 없는 곳이다.

궁전은 천리사방에 뻗쳐 있는 광대한 것이며 그 가운데에 9층 높이의 황금과 대리석으로 만들어진 고대광실이 연달아 있다. 정원에는 백옥의 나무와 불로장생하는 약초들이 숲을 이루고 있으며 바람이 없는데도 그 잎이 살랑거리고 있다. 잎이 살랑거리는 소리는 하늘의 음악으로 들릴 만큼 신비스러운 것이었다.

서왕모는 머리를 커다란 상투와 같이 화려하게 틀어 올리고 있으며 그 위에 화승(華勝)이라고 하는 관을 쓰고 있으며 황금색의 비단옷을 입고 있고 만능의 부적을 들고 있다. 허리에는 분경(分京)이라는 검을 차고 있고 봉황의 수를 놓은 신발을 신고 있다. 나이는 삼십세 정도이며 얼굴빛은 꽃과 같은 그야말로 절세의 미인이었다.

그 옛날 주(周)의 목왕(穆王)이 팔두마차를 타고 서쪽의 나라들을 순시한 적이 있었다. 그 도중에 곤륜산 근처를 통과하게 되었기 때문에 하룻밤 머물고 우선 황제(黃帝)와 만나고서 서왕모를 면회하였다. 서왕모는 왕을 위하여 요지의 근처에 성대한 연회를 베풀고 왕의 생명이 영원할 것을 기원한 후에 시를 한 수 지어 왕에게 선사하였다. 그것은 불로불사의 도를 얻고자 하거든 다시 한번 방문하는게 어떠냐는 내용을 노래한 시였다. 돌아온 왕은 그 후 꼭 다시 한번 서왕모를 방문해야지 하는 생각을 하면서도 좀처럼 갈 기회를 갖지 못하였다.

전한(前漢)의 무제(武帝)도 불로불사의 도를 좋아한 천자 가운데 한사람이었다. 무제의 원이 강한 것을 안 서왕모는 원봉(元封) 원년(서기전 110년) 7월 7일에 많은 선물을 가지고 무제를 방문하였다. 무제는 무척 기뻐하여 대환영을 한 뒤에 아래 자리로 내려가 머리를 상에 대며 불로장생의 법을 가르쳐 줄 것을 청하였다.

그러자 서왕모는 「그대는 불로장생의 도를 배우고자 하는 기특한 마음을 가지고 있으나 지금처럼 음란하고 살벌한 행위를 자행하고 사치스러운 생활을 계속하고서는 절대로 장생의 도에 들기 어려울 것이다. 하물며 천선(天仙)이 되어 하늘을 나는 것은 생각도 말지어다. 그대는 정(精)을 기르는 것을 알고 있으면서도 원래가 게을러서 오래 수도를 계속할 수가 없으며 부지런히 수도를 하지도 않는도다. 그렇지만 그 뜻을 가진 것을 가상히 여겨 내가 원시천왕(元始天王)으로부터 받은 구전서(口傳書)와 부적을 그대에게 주리니 금후로 몸을 삼가하고 일심으로 노력하여 그 구전서에 쓰여져 있는 대로 실행하면 결정코 지선(地仙)의 위에는 오를 것이다」하고 말하고서 돌아갔다 한다.

21. 복숭아 도둑 —동방삭(東方朔)

(『漢武帝內傳』. 『列仙全傳』 卷一, 東方朔)

전한(前漢)의 무제(武帝)는 불로장생에 대한 바램이 강하여 언제나 이름있는 산이나 큰 못의 신에게 제사를 지내며 선인(仙人)을 만나고자 원을 하였다. 원봉(元封) 원년(서기전 110년) 어느날 숭산(嵩山)에서 신에게 제사를 지내고 궁전에 돌아와 동방삭(東方朔) 등을 불러서 함께 한가로운 시간을 보내고 있었는데 갑자기 어디에서 온지도 모르는 어여쁜 처녀가 한 사람 나타났다.

깜짝 놀란 무제가 누구인지를 묻자 그녀는 「저는 서왕모의 시녀인 왕자등(王子登)이라고 하는 계집이온데 서왕모께서 폐하가 장생의 도를 좋아하신다는 사실을 알고 7월 7일 밤에 이 곳에 오시기로 하셨습니다. 그리하여 직접 폐하와 이야기를 나누고 싶어하십니다. 그것을 전해드리라는 명령을 받들고 이처럼 왔습니다」하고 말을 마치자마자 자태를 감추어 버렸다.

자신이 날마다 기원하던 것이 이루어지게 되는 것이 틀림없다고 생각한 무제는 그로부터 몸을 깨끗이 하고 부정한 짓을 하지 않도록 조심하며 그 날이 오기를 기다렸다. 그 날이 오자 궁궐 내부를 깨끗이 치우게 하고 아름답게 꾸미도록 하며 서왕모의 자리를 마련하고 산해의 진미를 차리게 했다. 그리고서 서왕모가 나타나기를 이제나 저제나 하며 기다렸다.

밤 열시무렵에 갑자기 서남쪽의 하늘에 하얀 구름이 뭉게 뭉게 피어 오르더니 바로 어전을 향하여 날아 오는 것이었다. 가까이에 이르자 구름 속으로부터 음악이 울려 나오고 있고 사람들과 동물들의 소리도 섞여 들리는 것이었다. 구름은 잠깐 사이에 궁중의 가운데 뜰에 멈추어 섰다. 자세히 보니 수 많은 선인들이 각각 학이나 용, 그리고 호랑이 등을 타고 있었다.

그 중앙에 아홉가지 색깔을 가진 용이 끄는 수레에 탄 서왕모의 모습이 보였다. 시녀인 선녀들의 부축을 받으며 수레에서 내린 서왕모는 천천히 어전의 단상으로 오르더니 동쪽을 향하여 앉았다.

무제는 동방삭 등의 신하들을 데리고 정중하게 예배를 올리고 나서 연회를 열도록 명하였다. 그리고 여러가지의 선물을 선사하였다. 서왕모는 시녀에게 명하여 오리알만한 복숭아를 일곱개 가져오게 하여 그 가운데 세개를 자신이 먹고 네개를 무제에게 주었다.

그 복숭아의 맛이 너무너무 좋았으므로 무제는 그 종자를 심어 복숭아를 얻을 욕심으로 씨를 슬그머니 감추려 하였다. 그러자 서왕모는 「종자를 심어서 열매를 얻으려 하여도 그 복숭아는 3천년에 한번 밖에는 열매를 맺지 않는 것이므로 헛수고에 불과할 것이오」하고 말하고 웃는 것이었다.

그 때 살짝 숨어서 엿보고 있는 동방삭을 발견한 서왕모는 「저 자는 이 복숭아를 세개나 훔쳐 먹은 나쁜 녀석이야」하고 말했다. 동방삭은 당황하여 슬금 슬금 달아나 버렸다.

그로부터 서왕모는 신선세계의 음악을 들려 주고 장생을 하는 데에 필요한 주의사항을 여러가지 이르고서 다시 구름을 타고서 돌아가 버렸다.

또한 동방삭에 대한 다른 이야기는 그가 죽을 때에 천하를 다 뒤져도 자신을 아는 사람은 대오공(大伍公)밖에 없다고 하므로 대오공에게 물으니 동방삭 그는 세성(歲星, 木星을 말함)의 화신이라고 하였다는 이야기도 있다.

—앞의 이야기와 합하여 보면 서왕모가 상당히 인기가 있는 선인이었음과 중국인들 사이에 신선을 구하는 마음이 강하였음을 알 수 있다. 또한 실재의 인물인 동방삭까지 선인이었다고 하는 사실도 대단히 흥미 있는 일이다.—

22. 인간계에 유배된 선인 —성공흥(成公興)

(『魏書』「釋老志」. 『歷世眞仙體道通鑑』 卷二九, 寇謙之)

구겸지(寇謙之)는 신천사도(新天師道)라고 하는 새로운 도교의 종파를 만든 인물이다. 그가 아직 도사가 되지 않았을 때의 일이었다. 어느 날 백모(伯母)의 집에 갔는데 언뜻 보기에도 실팍진 몸을 가진 한 사내가 한눈도 팔지 않고 밭을 갈고 있었다. 그 사내가 마음에 든 구겸지는 백모에게 부탁하여 그 사내를 데려다 자기집 남쪽의 황무지를 개간하도록 시켰다.

구겸지가 나무 밑에서 천문을 계산하고 있으면 그 남자는 개간하는 손을 쉬고 가끔 보러 오곤 하였다. 구겸지가 귀찮아 하여 쫓아버리면 한참있다가 다시 오곤 하는 것이었다. 한번은 천문의 계산이 아무래도 맞지 않아서 망연자실하고 앉아 있는데 그가 옆으로 다가오더니 계산법을 가르쳐 주는 것이었다. 그의 말대로 계산을 하니 멋지게 풀리는 것이 아닌가? 깜짝 놀란 그가 「그대는 누구인가? 제발 나를 제자로 삼아주게나」하고 졸라대니 「나는 성공흥(成公興)이라고 하는 선인입니다. 제가 선생의 제자가 되고 싶은데 도리어 선생이 저의 제자가 된다는 말은 말도 안됩니다」하고 그의 청을 받아주지 않는 것이었다.

그러나 구겸지가 한결같이 간청을 하자 성공흥은 구겸지를 향하여 「선생은 도를 배울 마음이 대단한것 같군요. 그렇다면 저와 같이 은둔하지 않으시겠습니까?」하고 말하는 것이었다. 구겸지가 그러자고 하니 그를 삼일동안 깨끗이 재계시키고 화산(華山)으로 데리고 가서 하나의 석굴에 살게 하였다. 성공흥은 날마다 약초를 캐와서 구겸지에게 먹이니 구겸지는 식사를 전혀 하지 않고도 조금도 배고픈 줄을 모르게 되었다.

다음에 숭산(嵩山)으로 그를 데리고 가서 구겸지를 석실에 들어가게 하더니 자신은 잠시 어디를 다녀올 것이라 말하는 것이었다. 그리고는 구겸지에게 약을 가져올 사람이 있는데 그가 약을 가져 오면 의심하지 말고 그 약을 먹으라고 단단히 이르고 밖으로 나갔다.

과연 그가 나간 후에 어떤 사람이 약을 가져 왔는데 그 약이라고 하는 것을 보니 독충이 우글대는 오물덩어리였다. 구겸지는 성공흥의 당부를 생각하고 그것을 먹으려 하였으나 구역질이 나서 도저히 그 약을 먹을 수가 없어 피해버렸다. 후에 성공흥이 돌아오자 그 일을 설명하니 성공흥은 한숨을 쉬면서 「선생은 천자의 스승이 되기는 하겠으나 선인이 될 수는 없군요. 나도 이제는 이 곳에 더이상 머물 필요가 없게 되었소이다」하고 말하고는 석굴로 들어가 숨을 거두고 말았다.

다음날 법복과 지팡이와 발우를 가지고 두 사람의 동자가 찾아와서 성공흥을 찾으므로 그의 시신이 있는 곳으로 안내하니 성공흥이 벌떡 일어나더니 법복을 입고 지팡이와 발우를 들고 휘적 휘적 가 버렸다.

이보다 앞서 왕호아(王胡兒)라고 하는 사람이 백부의 안내로 숭산의 별봉에 이르렀다. 그 정상에서 사방을 둘러보니 저 편 현관에 「성공흥의 관」(成公興之館)이라고 하는 글씨가 쓰여있는 번쩍번쩍하는 황금과 훌륭한 대리석으로 만든 빈 집이 눈에 들어왔다. 왕호아가 거기에 그러한 빈집이 있는 연유를 백부에게 물으니 백부는 「이 집은 성공흥이라는 선인의 집인데 그는 실수로 불을 내게 되어 일곱채나 되는 집을 태운 죄로 인간계에 떨어져서 구겸지의 집에서 7년간 혹사하는 것으로 그 죄를 사하도록 되었다. 그리하여 구겸지의 수행이 완성되어 그 이름이 하늘의 신에게 알려지게 되면 그 죄를 사함을 받고 선계에 돌아올 수 있도록 되었다. 지금 그는 인간계에 있기 때문에 빈집이 되어 있는 것이다」하고 설명하여 주었다.

―선계의 처벌은 인간계에 떨어지는 것이며 선계에도 인간계와 마찬가지의 죄나 벌이 있다고 하는 생각이 사람들에게 있음을 이 이야기를 통해서 알 수 있다. 이와 비슷한 이야기는 수 없이 많다.―

23. 관리를 그만 둔 선인 -여순양(呂純陽)

(『金蓮正宗記』卷一.『歷世眞仙體道通鑑』卷四十五, 呂巖)

당(唐)의 덕종(德宗) 정원(貞元)12년(서기 796) 4월 14일에 지금의 산서성 (山西省) 포판현(蒲坂縣)의 영락진(永樂鎭)에 있는 여씨가문에 한 아들이 태어났다. 그가 후의 유명한 도사가 되었던 여암(呂巖)이다. 그는 호를 동빈(洞賓)이라 하였는데 도사가 되고서부터 스스로를 순양자(純陽子)라고도 하였다.

그는 어린시절부터 매우 뛰어난 머리를 가져서 매일 일만어에 이르는 문장을 읽었다고 한다. 그의 모습은 용을 닮았고 눈은 봉황과 흡사하였으며 언제나 화양건(華陽巾)이라고 하는 두건을 쓰고 소요복(逍遙服)이라는 옷을 입고 다녔다 한다.

신동이라는 소문이 자자하였기 때문에 20세 되던 해에 벌써 과거에 응시할 자격을 얻었다. 그러나 여러차례 시험에 응시하였음에도 불구하고 언제나 낙제를 면치 못하였다. 그렇지만 후에 추천에 의하여 여산(廬山)의 현지사(縣知事)에 취임하였다.

어느날 여암은 업무 중의 틈을 이용하여 명승지로 이름이 높은 여산에 놀러가게 되었다. 여기 저기 절경에 취하여 걷고있던 중 저편으로부터 이상한 모습을 한 사람이 오는 것이었다. 그 사람을 불러서 물어보니 그는 종리권(鐘離權)이라고 하는 선인이었다. 선인은 여암에게 관리의 생활이란 뜬 구름과 같은 것으로 이러한 불안정한 세상에 사는 것을 하루라도 빨리 버리고 안심의 생활이 가능한 영생의 도를 구해야 할 것이라고 성의있게 설명하는 것이었다. 지금까지의 생활에 싫증과 불안정한 감을 느끼고 있었던 여암은 이 말을 듣자 마음이 움직였다.

그것을 본 선인은 「천둔(天遁)의 검법」이라고 하는 악귀를 쫓아 내는 비법과 「용호금단(龍虎金丹)의 비문(秘文)」이라고 하는 불로 장생의 약을 만드는 방법이 쓰여진 비법을 전수하였다.

선인의 가르침에 의하여 깨친 바 있었던 여암은 그 다음날 바로 현지사를 그만 두고 도사가 되어 도의 현묘한 진리를 깨치기 위한 수행에 전념하였다. 그는 수행에 힘을 썼을 뿐만 아니라 그와 동시에 금단을 주어 사람을 구하기도 하고 또는 먹(墨)을 팔아서 그 돈으로 가난한 사람들을 돕기도 하는 등 여러가지 선행을 하였다. 이처럼 훌륭한 도사가 되더니 이어서 그는 선인이 되었다. 선인이 되고서부터 그의 행동은 혹은 숨어지내기도 하고 혹은 세상에 나타나서 활동하기도 하여 도무지 종잡을 수 없었다.

하루는 어떤 관리한테 가서 하나의 동전 위에 계란을 열 개나 쌓는 묘기를 보였다. 그것은 본 그 관리가 「앗 위험한데!」하고 말하자 여암은 빙그레 웃으면서 「그대 눈에는 이 계란이 위험하게 보일지 모르겠으나 내가 보기에는 그대의 지위가 더욱 위태롭게 보인다네」하고 말하였다. 그 말에 깨친 바 있던 관리가 그 자리에서 여암의 제자가 되었다 한다. 그가 유해섬(劉海蟾)이라고 하는 선인으로 평가되는 도사이다. 11세기 중엽에 성립한 전진교(全眞敎)를 열었던 왕중양(王重陽)도 여암의 화신의 지도를 받았다고 하므로 전진교에서는 여암을 종조의 한사람으로 모시고 있다.

－여암은 오대 송초(五代 宋初)무렵의 실재인물인데 세상사람들은 여조(呂祖)라고 불렀으며 선인이라고 믿어 크게 인기가 있었다. 또한 이 이야기에는 도교가 현세를 불안정한 것으로 보는 사실이 드러나 있다.－

24. 물 가운데에 있는 신선 －수선(水仙)

(『列仙傳』卷上, 琴高)

지금으로부터 2천5백년전 쯤의 일이다. 지금의 산서성(山西省)에 해당하는 지방에 금고(琴高)라고 하는 사람이 있었다. 그는 거문고를 타는 것이 매우 능하였다. 그 뿐만 아니라 그는 선술(仙術)에도 뛰어나서 지금의 하북성(河北省)과 하남성(河南省)일대에 이르기까지를 2백년 가량이나 자유로이 왕래하였다.

그는 송(宋)이라고 하는 나라의 재무관이 되었으나 후에 그 관리직을 그만 두고 제자들에게 선술을 가르쳤다. 그 후에 탁수(涿水)라고 하는 강에 들어가 그곳에 살고 있는 용의 새끼를 잡으려고 마음먹고 제자들에게 아무

아무 날에 용의 새끼를 잡아가지고 돌아올 터이니 모두 깨끗이 재계하고 강가에 사당을 세우고 그 곳에서 기다리라고 일렀다. 그 이야기를 남기고 그는 강 속으로 들어가 버렸다.

약속한 날이 되었다. 제자들이 스승이 말한 대로 하고서 이제나 저제나 하고서 기다리고 있자 과연 금고는 붉은 도미의 등에 타고서 강 표면에 나타났다. 그리고는 사당으로 와서 가운데에 앉았다. 그 소문을 듣고 그의 모습을 구경하고 그의 말을 듣기 위하여 만명이 넘는 사람들이 그곳에 몰려왔었다. 그는 한달여를 그곳에 머물었으나 다시 물 속으로 들어가 버렸다.

—물이나 강 속에 신이나 신선이 살고 있다고 하는 신앙은 꽤 오래 전부터 있어 왔다. 물 가운데 사는 신은 수관(水官)이라고 하고 10월 15일에 태어났다고 하는 전설도 있다. 당대의 시인으로 유명한 이백(李白)도 수선(水仙)이 되었다고도 한다.—

25. 하늘에 오르지 못한 선인 —地仙

(『歷世眞仙體道通鑑』卷二十七, 許大)

허대(許大)라는 사람이 살고 있었는데 그는 선인인 허손(許遜)의 시중을 드는 사람이었다. 허손은 선인의 도를 닦으며 하늘에 오르기를 고대하고 있었다. 허손이 마침내 신선이 되어 하늘에 올라가는 날 허대는 그의 처와 함께 마침 시장에 쌀을 사러 갔던 참이었다. 그러다가 주인이 하늘에 오를 것이라는 것을 생각해 낸 부부는 쌀을 실은 수레를 팽개친 채 집으로 달려왔다. 그러나 이미 주인은 막 하늘에 오르려 하고 있었다. 그러자 부부는 그의 주인의 곁에 매달려서 「주인님 제발 저희들도 함께 데려가 주십시오」하고 울며 매달렸다.

불쌍한 생각이 든 허손이 「너희를 데려가고 싶은 생각은 많지만 너희들은 하늘에 오를만큼 공덕을 쌓지 못하였으므로 어쩔 수가 없다. 그렇지만 너희들이 보기에 안되었구나. 그래서 너희들에게 지선(地仙)이 되는 법을 가르쳐 주마」하고 말하고 그 자리에서 그 비전을 가르쳐 주었다.

허손이 하늘로 오른 후 허대부부는 그로부터 서산(西山)으로 들어가 버렸다. 그리고는 두 사람이 지선이 되는 공부를 하고 있다는 사실을 아무에게도 알지 못하게 하려 했으나 언젠지도 모르게 사람들에게 알려지고 말았다. 그리하여 성을 오(午)씨로 바꾸어 자신들의 신분을 감춰버렸다. 그런데도 한동안 세월이 지나자 그들이 지선(地仙)이라고 하는 소문이 나게 되었다. 그러자 다시 성을 간(干)씨로 바꾸어 버렸다고 한다.

—보통 선인은 모두 하늘을 날을 수 있는 존재라고 생각되고 있으나 이처럼 날지 못하고 지상에 있는 선인도 있다. 지선(地仙)이라고 하는 사고방식은 이미 4세기경부터 있었다. 『포박자』(『抱朴子』)에도 보이고 있다.—

26. 염라와 면세(免稅)의 담판—명계관(冥界觀)

(『子不語』 卷一, 酆都知縣)

사천성(四川省)의 풍도현(酆都縣)에는 이상한 우물이 있었다. 그 고을 사람들은 해마다 그 우물에 모여서 제사를 지내곤 하였다. 만일 그 우물에 지전(紙錢, 冥界에서 통용되는 돈)을 사르면서 공양을 하지 않으면 그 해에는 꼭 유행병이 발생하곤 하였다. 그러므로 사람들은 매년 막대한 비용을 들여가며 지전을 태워 사르지 않으면 안되었는데 사람들은 이를 명토(冥土)의 세금이라고 말하곤 하였다.

청조(清朝) 초엽이 되어 새로이 현 지사가 부임하게 되었다. 현내의 사정을 살피던 신임 지사는 이 이야기를 듣고서 「그럴리가 없다」고 말하고 우물에 공양하는 관습을 금지하도록 시켰다. 깜짝놀란 사람들이 크게 반대하여 애원하고 호소했지만 지사는 조금도 흔들리지 않고 자신의 신념대로 밀고 나아갔다. 염려가 된 사람들은 「만약 염라대왕으로부터 무엇인가 화를 당할 경우에는 당신이 책임지고 금하도록 해주셔야 합니다.」하고 말하였다. 지사는 원래 담이 큰 인물이었기 때문에 「세상을 위하고 사람들을 위해서라면 자신의 생명까지도 버려야 하지 않겠는가?」라고 생각하고 「내가 직접가서 염라대왕을 만나 담판을 하겠다」하고 말하고 사람들이 말리는 것도 듣지 않고서 부하들과 함께 긴 밧줄로 몸을 묶고서 우물 아래로 내려 갔다.

우물아래로 점차 내려감에 따라서 주위는 더욱 어두워지고 50척정도 내려가니 완전히 캄캄한 어둠 뿐이었다. 주위가 어둡고 고요하며 무서운 생각이 들었으나 그것을 참고 조금 더 나아가니 다시 밝아졌다. 그곳은 새로운 세상으로서 그 밖의 모든 것들도 햇볕이 내리쬐어 빛나고 있고 성이랑 궁전도 있었다. 그 밖의 모든것들도 이 세상과 조금도 다름이 없었다. 다만 길을 다니는 사람들은 이 세상 사람들과 비교하면 키가 작고 그림자가 없을 뿐이었다. 또한 걸을 때에 땅위를 밟는 것이 아니고 공중을 나는 것처럼 가는 점도 달랐다.

사람들은 지사를 보자 머리를 숙여 예를 표하고 인간계의 관리가 명계에 온 이유를 물었다. 지사가 「나는 이 세상사람들을 위하여 명토의 세금을 중지할 것을 교섭하러 왔소」하고 말하자 그를 만난 사람은 「그렇다면 염라의 염라대왕을 만나보십시오」하고 답한다. 지사는 염라가 살고 있는 곳을 물어 그곳을 찾아 갔다. 어전에 당도하자 하인 귀신이 「현지사가 오셨습니다」하고 큰 소리로 알린다. 그 소리를 들은 염라는 몸소 나와서 영접을 하는 것이었다. 그리고서 그를 어전으로 인도하고 어찌하여 왔는지를 묻는다.

현지사가 그를 살펴 보니 나이는 70세전후로 보이는데 머리에는 천자가 쓰는 것과 같은 관을 쓰고 있고 무서운 얼굴을 하고 있었다. 그러나 현지사는 용기를 내어 두려운 표정을 감추고 자기가 찾아온 목적을 말하였다. 그러자 염라는 다음과 같이 말하였다. 「그렇습니까? 그렇지만 그러한 것은 세상에 살고 있는 악승(惡僧)이나 가짜 도사들의 음모임에 틀림없습니다. 우리들은 그러한 일에 전혀 관련되어 있지 않습니다. 그리고 그런 정도의 일이라면 일부러 오실 것이 없었는데 이렇게 오셨군요. 아무튼 당신의 백성을 위하는 어진마음과 용기는 대단한 것입니다. 」하고 칭찬하였다.

그 말이 끝나기도 전에 한줄기 붉은 광명이 하늘에서 쏟아져 내려오는 것이었다. 그것은 복마대제(伏魔大帝 關羽)가 내려온 것이라 하며 지사는 별실로 안내되었다. 염라는 녹색 옷을 입고 긴 수염을 늘어뜨리고 있는 복마대제와 이야기를 나누었다. 그런데 복마대제가 여기에 어찌 산 사람의 냄새가 난다고 말하므로 염라가 사실을 말하였다. 그러자 복마대제는 무척 감동하여 지사가 자기를 만나는 것을 허락하였다. 복마대제는 지사를 향하여 온화한 표정으로 인간세계의 여러가지 일에 대하여 물었으나 명계의 일에 대해서는 한마디도 하지 않았다.

—관우가 복마대제라고 하는 명칭으로 명계를 지배하고 있다는 사실과 청대의 사람들이 생각하고 있는 명계의 모습들이 이 이야기에 잘 나타나 있다. 풍도(酆都)는 도교의 지옥이라고도 한다.—

이 장은 앞서 도교의 내용을 설명한 것의 제1부로써 도교의 교학에 대한 이야기를 모아 본 것이다. 우주의 생성이나 「도」의 기원과 그 전개 등을 말해주고 있는 재미있는 이야기가 적지 않기 때문에 자연히 신이나 선인의 이야기들이 많게 되었다. 그런데 그러한 이야기들에 의하여 옛날 중국인들이 신들이나 선인에 대하여 가지고 있던 생각이나 신앙형태, 바꾸어 말하면 그들이 가지고 있는 사고형태가 잘 나타나 있다고 생각된다.

이야기들이 단편적이기 때문에 신들이나 선인들 사이에 통일적이고 계통적인 체계가 없게 된 감이 있으나 어떤 면에서 보면 그것이 도교의 실태이기도 하다. 그러나 한편 통일되어 있는 체계도 있으나 이야기로는 되어 있지 않기 때문에 여기에 싣지 않았다.

또한 여기에 실은 이야기를 통해서 도교가 불교로부터 상당히 영향을 입었다는 사실을 알 수 있으며 그것은 천계(天界)라든지 천존상 등에 잘 나타나 있다. 도교의 지옥은 풍도(酆都)라고 하는데 그 입구가 사천성에 있는 어느 도관(道觀)에 있다고 하고 있다. 다음으로는 불교에서 설하고 있는 것과 비슷한 지옥을 설하고 구유(九幽), 십팔지옥(十八地獄), 그리고 그 밖의 지옥을 설하고 있다. 그것으로부터 도교의 명계관(冥界觀)의 일단을 엿볼 수 있다. 또한 명계나 선계와 현세와의 관계가 분명히 나타나 있다.

요컨대 본 장을 통하여 도교의 세계관을 대강 알 수 있을 것이다.

Ⅲ. 도교의 방술(方術)

27. 죽었다고 생각하는 경망스런 생각 —시해(尸解)

(『列仙全傳』卷四.『歷世眞仙體道通鑑』卷二十一, 鮑靚)

호를 태현(太玄)이라고 하는 포정(鮑靚)은 어려서부터 도교를 추구하고자 하는 생각을 품고 있었다. 그러나 그러한 생각을 조금도 밖으로 내비치지 않았기 때문에 그가 품고있는 생각을 눈치챈 사람은 한 사람도 없었다.

동진(東晉) 원제(元帝)의 태흥(太興)원년(서기 318년)의 일이었다. 잠시 고향인 하남성(河南省)을 떠나 강소성(江蘇省)방면으로 여행을 떠난 포정은 어느날 틈을 내어 장산(蔣山)으로 말을 타고 놀러 갔다. 산의 북쪽 기슭에 있는 길을 따라 걷다가 그는 십 육칠세쯤 되어 보이는 한 사람의 미소년을 만나게 되었다. 그들은 잠깐 사이에 친숙하게 되었는데 방향이 같았으므로 함께 동행하기로 하였다. 그런데 포정은 말을 타고 소년은 걷는데도 그 소년의 걸음걸이가 무척 빨라서 조금도 뒤쳐지지 않는 것이었다. 이상하다고 생각한 포정은 이번에는 말을 달리게 하였으나 오히려 걷는 소년이 앞서서 가는 것이 아닌가!

이상하다고 생각한 그가 「그대의 걸음걸이를 보니 아무래도 도의 현묘한 경지에 달한 사람인듯 하오마는」 하고 말을 걸었다. 그러자 그 소년은 엄숙한 표정으로 「그렇다. 그대가 관찰한 것처럼 나는 선인인 음장생(陰長生)이다. 천제(天帝)께서 그대의 도에 대한 뜻이 깊은 것을 아시고 나를 보내신 것이다.」라고 말하는 것이었다. 깜짝 놀란 포정은 얼른 말에서 내려 땅에 머리를 조아리며 무례했음을 깊이 사죄하였다.

그러자 음장생 선인은 「그대는 오랫동안 도를 원해 왔으므로 그 뜻을 가상히 여겨 내가 선법(仙法)의 가장 심오한 뜻을 전하고자 한다」고 말하고 다음과 같은 선법을 가르쳐 주었다.

「태어나기 전부터 선인이 되기를 기다린 사람 이외에는 모두가 시해(尸解)라고 하는 방법을 통하지 않고서는 선인이 될 수가 없다. 시해란 세상의 범상한 사람들이 보면 죽은 것처럼 보이지만 실은 죽은 것이 아니고 다른 물체를 사체로 보이게 하는 방법인 것이다. 이 방법에는 상하의 두가지 방법이 있다.

먼저 상시해법(上尸解法)은 칼을 사용하고 하시해법(下尸解法)은 대나무나 나무를 사용한다. 붓에 신단(神丹)을 녹인 물을 묻힌 칼의 양쪽 날에 태상태현음부(太上太玄陰符)라고 하는 부적을 쓴다. 그러면 칼은 금새 그 사람의 모습으로 변하여 침상 위에 누워있게 된다. 그와 같이 놓아 두고 사람은 금새 없어져 버리는 것이다. 그리고 나서 다시 집에 돌아오지 않으면 가족은 그 칼을 보고 그 사람이 죽었다고 생각하게 된다. 이것이 상시해법인데 하시해법도 하는 방법은 똑같다.」

포정은 엄숙하게 선인 음장생으로부터 시해법을 전수받았다. 후일에 그는 선인 좌원방(左元放)을 만나게 되었는데 좌원방으로부터는 귀신을 부리고 마귀를 항복시키는 방법을 전수받았다.

훗날 포정이 죽어 사람들이 장사를 지내기 위하여 그를 입관하였다. 그런데 한참 후에 보니 그 관속에 시체는 간 곳이 없고 한자루의 칼이 놓여 있을 따름이었다. 한 도둑이 그 칼을 훔치려 하자 갑자기 뇌성벽력 소리가 들리므로 그 도둑은 혼비백산하여 달아났다 한다.

—시해법에는 이 밖에 나무로부터 떨어진다든지 호랑이에게 물려 간다든지 불에 타 죽는다든지 칼에 찔리어 죽는다든지 하는 여러가지 방법이 있다. 시해는 정말 믿기 어려운 것인데 도사나 선인의 전기에 자주 등장한다. 이러한 연유로 하여 후일에는 죽는 것 자체를 시해라 하기도 하였다.—

28. 추위를 느끼지 못하는 술법－불한법(不寒法)

(『抱朴子』卷十五.『歷世眞仙體道通鑑』卷七, 王仲都)

왕중도(王仲都)는 한대(漢代)의 사람이었는데 도사였다고 하는 설도 있다. 그는 양산(梁山)에 숨어 오직 도를 수행하는 데에 전념하고 있었다. 하루는 아무런 예고도 없이 태백진인(太白眞人)이 하늘로부터 내려와 그에게 홍단(虹丹)을 선사하였다. 공손하게 삼배구배(三拜九拜)를 하고서 그 장생약을 받은 왕중도는 그 약을 복용하였는데 그 약을 복용하고 난 후부터는 더위나 추위를 조금도 모르는 사람이 되었다.

200년이 지난 후 그의 이름은 그 당시의 황제인 원제(元帝)의 귀에까지 들어 갔다. 더위도 추위도 몸에 침범하지 않는다는 사실에 심히 흥미를 느낀 원제는 그가 무엇인가 방술을 익히고 있음에 틀림없을 것이라고 생각하여 그 방술을 배우고자 하였다. 그리하여 사람을 시켜 왕중도를 도읍에 초청하였다.

몹시 추운 어느 겨울날이었다. 문득 생각이 난 원제는 옆에서 이야기 상대로 근무하고 있던 왕중도를 향하여 홑저고리 바람으로 옷을 갈아 입으라고 말하였다. 그가 옷을 벗어 버리고 다만 홑옷 한 벌을 입은 채 어전에 나타나자 황제는 네 마리의 말이 끄는 마차에 그를 태워 궁중의 산책로인 곤명지(昆明池)주위를 무지무지하게 빠른 속도로 달리게 하였다. 그 때 원제는 여우 털가죽으로 된 두터운 옷을 입고서도 추위를 참기 어려움을 느끼고 있을 때였다. 왕중도는 홑옷 한 벌의 옷을 입고서 살을 에이는 듯한 바람 속을 빠른 속도로 달리고 난 후임에도 불구하고 조금도 추워하는 기색이 없었을 뿐만 아니라 등에서는 땀이 나서 김이 모락 모락 나고 있었다.

또한번은 더운 여름철이 되었는데 황제는 그에게 더위를 시험하기로 하고 내려 쬐이는 태양 아래에 그를 세워 놓았다. 그리고 그가 서 있는 주위에 열 개의 커다란 모닥불을 피워 놓게 하였으나 그는 조금도 더워하는 기색이 없고 땀도 전혀 흐르지 않는 것이었다. 원제는 그것을 보고 방술의 위력에 놀라고 감탄하였다고 한다.

그 후 왕중도는 인간계를 떠났다. 세월이 흘러 당(唐)의 시대에 이르렀

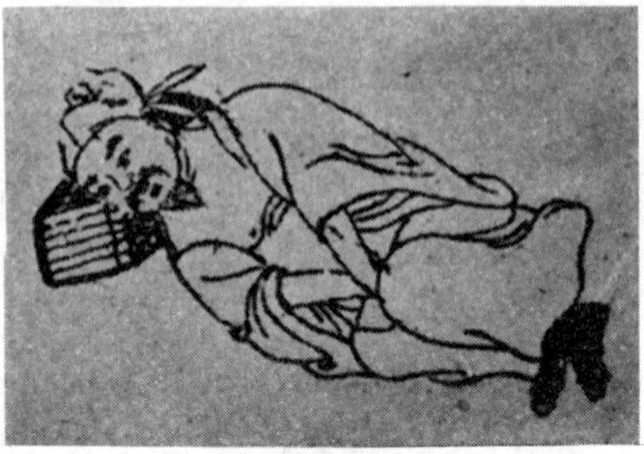

사계절을 통해 한기가 엄습하는 것을 다스리는 수공

꿈속에서 정을 누설하는 것을 방지하는 수공

비장과 위장의 허약함을 다스리는 수공

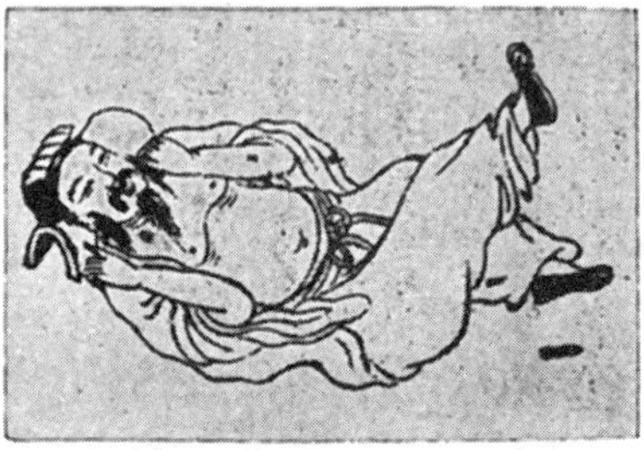

이 자세는 元精을 뇌로 보낸다는 환정보뇌의 수련

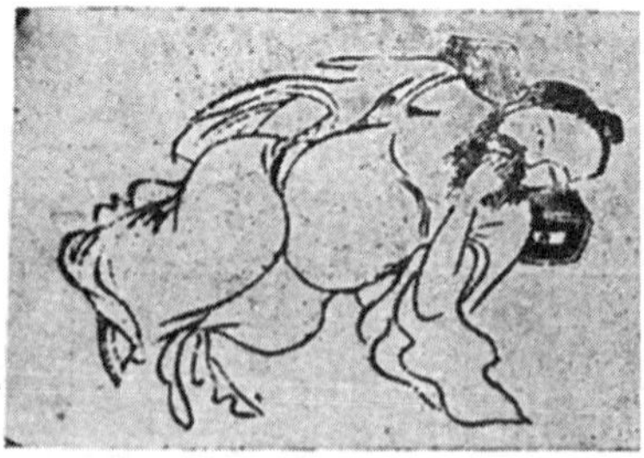

〈道海玄微 巻一 PP 98~99〉

는데 그 때에 손사막(孫思邈)이라는 사람이 아미산(峨眉山)에서 숨어서 수행을 하고 있었다. 어느 날 왕중도가 여러명의 수하를 데리고 사냥꾼 차림으로 나타나 손사막의 수행 정도를 저울질해 본 후에 장생의 심오한 비법을 전하였다 한다. 그 밖에도 여러 곳에서 왕중도가 나타난 일이 있었다고 한다.

이와 연관되는 다른 이야기인데 주(周)의 시대에 소씨(蘇氏)성을 쓰는 사람의 식객이었던 유백자(幼伯子)도 왕중도와 비슷한 술법을 배워 익혔다고 한다. 그는 겨울에는 홑저고리 바람으로, 여름에는 겹옷을 입고 지냈다고 한다. 뿐만 아니라 몇십년을 지냈어도 조금도 나이를 먹은 것처럼 보이지 않았다고 한다.

『포박자』(『抱朴子』)에는 추위를 없애는 방법으로서 몇가지를 들고 있다. 그것은 병정(丙丁)의 부적을 먹는 것, 입을 닫기를 1200회 하는 것, 오화(五火)의 기(氣)를 먹는 것, 태양주(太陽酒)·자석영(紫石英)·주칠산(朱漆散)을 먹는 것 등이다. 그런데 포박자에는 이러한 부적이나 약을 만드는 방법도 쓰여있지 않고 실제로 시행했다는 사람의 이름도 볼 수 없기 때문에 자세한 것은 알 수 없다.

-더위와 추위를 물리치는 방법 등이 실제로 있었던가 없었던가 하는 것은 알 수 없으나 사람들 사이에서는 이 이야기처럼 선술의 한 방법으로써 믿어져 왔던 것을 알 수 있다.-

29. 참수되어도 죽지 않는 법 -벽병법(辟兵法)

(『列仙全傳』卷四, 嵇康. 『抱朴子』卷十五)

혜강(嵇康)은 신장이 7척 8촌(약 188센티미터)이나 되는 당당한 체격의 소유자였다. 그는 어느 날 친구인 왕백통(王伯通)이 새로 지은 여관에 유령이 나온다는 말을 듣고 일부러 그곳에 머물렀다. 한밤이 되어 과연 유령이 출현하였는데 그 유령은 혜강에게 자신의 원을 들어 줄 것을 말하였다. 그것은 그다지 어려운 일이 아니었기 때문에 혜강은 그 유령의 원을 들어 주었다. 그러자 그 보답으로 혜강은 유령으로부터 거문고를 잘 타는 비법을 전수받았다.

그 무렵 도의 현묘한 이치를 깨쳐 얻은 손등(孫登)이라는 사람이 하남성(河南省)에 있는 산 속에서 혼자서 조용히 세월을 보내고 있다는 사실을 알게 되었다. 혜강은 손등을 방문하여 그에게 사사하기를 원하였다.

그런데 어찌된 일인지 손등은 하루 종일 묵묵히 있을 뿐 그에게 아무것도 가르쳐주지 않았다. 여러날 동안 참고 지내던 혜강은 이제는 도저히 참을 수 없다고 판단하여 산을 내려가야겠다고 마음을 먹게 되었다. 작별을 하고 헤어지는 마당에서 손등은 비로소 처음으로 입을 열었다. 「그대는 재능이 넘치기 때문에 몸을 잘 보전하는 것이 어려울 것이다」라고 말하는 것이었다. 마지막 가르침마저 마음에 들지 않았던 혜강은 뒤도 돌아보지 않고 자신의 집으로 돌아오고 말았다.

혜강의 집은 원래 가난하였다. 그래서 그는 산에서 돌아온 후 친구인 향수(向秀)와 함께 큰 나무아래에서 대장간을 열고 그럭저럭 나날을 보내고 있었다. 그러나 그가 재능이 있다는 사실은 여러 사람들에게 널리 알려져 그것이 당시의 세력가인 귀공자 종회(鐘會)의 귀에까지 들어가게 되었다. 종회는 그의 명성을 듣고 흠모하여 그를 만나고자 원하여 방문하였다.

혜강은 종회가 변설에 매우 능하다는 소문을 듣고 있었기 때문에 그가 일부러 자신을 만나러 온 사람임에도 불구하고 조금도 알은 체도 하지 않았다. 혜강은 종회가 서 있는 쪽은 한번도 돌아보지도 않고 모르는척 묵묵히 자기일만 하고 있었다.

그의 불경스럽고 불쾌한 행동에 화가 난 종회가 자리를 일어서자 혜강은 비로소 돌아 보며 「당신은 무엇을 듣고 싶어서 여기에 오셨습니까? 또한 무엇을 보고서 돌아가고자 하십니까?」하고 비웃듯이 물었다. 종회는 짐짓 「이미 듣고 싶은 것은 다 들었고 보고 싶은 것도 다 보았으니 돌아가겠소」하고 말하고 자리를 박차고 돌아가 버렸다.

이러한 일이 있고서 종회는 혜강을 크게 미워하여 진(晉)의 문제(文帝)에게 「혜강은 숨어있는 용(臥龍)이므로 크게 주의하지 않으면 안되는 인물입니다」하고 진언하였다. 그 말을 들은 문제는 혜강을 잡아다가 동문밖

시장에서 참수하여 버렸다.

후일에 포정(鮑靚)의 제자인 서녕(徐寧)이 어느날 밤 혼자서 조용히 생각에 잠겨 있는데 어디에선가 황홀한 음색의 거문고 소리가 들렸다. 이상하다고 생각한 그가 포정에게 묻자 「그는 혜강이다」하고 답하였다. 그가 죽은 것으로 알고 있는 서녕이 그 까닭을 묻자 「그가 살해되었다고 하지만 사실 그는 벽병법(辟兵法)이라고 하는 시해법(尸解法)을 행한 것이다」하고 설명하였다.

『포박자』에는 북두(北斗)와 일월(日月)의 글자가 쓰여 있는 부적을 가지고 있으면 칼에도 베이지 않는다고 하는 말을 들은 오(吳)의 왕이 실험해 보니 실제로 그러했다든지, 칼(刀), 활(弓), 화살(矢) 등의 무기는 모두 별이 관장하고 있으므로 그 별에 기원하고서 전쟁에 나서면 결코 지지 않는다는 등의 사실이 쓰여 있다.

—칼로 베어도 베어지지 않는다고 하는 법은 시해법과, 부적이나 기도에 의한 방법의 두 가지가 있다고 한다. 이와 같은 어린애같은 바램의 이면에서 중국인의 삶에의 끊임없는 욕구를 파악할 수가 있다.—

30. 은신의 명인 —은형법(隱形法)

(『聊齋志異』卷十四, 單道士)

산동성(山東省)의 치천현(淄川縣)에 한가(韓家)라고 하는 전통이 오래된 집안이 있었다. 그 집안에 한 아들이 있었는데 그가 어느 날 방술(方術)에 통달한 단(單)이라고 하는 도사를 알게 되었다, 아들은 그 도사가 마음에 들어 집에 모시고 와서 돌봐 주고 있었다.

단도사(單道士)는 몸을 숨기는(隱形) 기술이 뛰어나서 사람들과 이야기를 한다든지 함께 길을 걸어갈 때에도 갑자기 자태를 감추어버리곤 하였다. 그러한 술법에 반한 그 집 아들은 그 술법을 배우기를 원하여 몇번이나 간청하였으나 도사는 완강하게 가르쳐 주기를 거절하는 것이었다.

그래도 자꾸만 조르므로 단도사는 다음과 같은 말을 정중하게 하였다.

「나는 당신에게 술법을 가르쳐 주기 아까와 하는 것은 아닙니다. 가르치는 상대가 훌륭한 사람이라면 관계가 없으나 만약 그렇지 못한 상대일 경우는 그 술법을 악용하여 도둑질하는 데에 사용할 지도 모르는 일입니다. 물론 당신에게는 그러한 염려는 없습니다만 당신은 아직 어립니다. 그러므로 길을 가다가 아름다운 여인을 만나 마음을 빼앗기게 되면 혹시 이 술법을 사용하여 좋지 못한 일을 할 염려도 있는 것입니다. 만약 당신에게 그러한 일이 생긴다면 이 은신술로 말미암아 당신에게 나쁜 일을 시키는 셈이 되는 것이니 그것은 악한 일을 장려하는 결과가 되고 마는 것입니다. 그러므로 당신에게 가르쳐주지 않으려 하는 것입니다.」

이렇게까지 설명을 듣고 보니 그 아들도 더 이상 강하게 조를 수가 없었다. 그러나 마음 속으로는 분하고 섭섭한 마음을 억누를 수가 없었다. 그리하여 하루는 동생들과 모의하여 단도사를 때려 창피를 주려고 결심하였다. 그러나 상대는 몸을 은신하고 도망해 버리면 그만이었다. 그리하여 여러날 동안 궁리하다가 하나의 꾀를 내었다. 그것은 보리타작 마당에 재를 고루 뿌려 놓고서 발자국을 알 수 있게 조치하면 아무리 은신술을 사용하여도 발자국을 없앨 수는 없으므로 마음껏 때려 줄 수 있을 것 같았다.

다음날 아들은 모든 준비를 갖추어 놓고서 단도사를 보리타작 마당으로 불러내었다. 아들은 그의 뒤에서 소를 매질하는 채찍으로 사정없이 내리쳤다. 물론 도사는 즉시 자취를 감추었다. 그러나 발자국이 재 위에 남아 있었으므로 그것을 겨냥하여 이번에는 동생들이 사방에서 달려 들어 매질을 마구 계속하였다. 한참 그렇게 하자 이번에는 서로의 발자국들이 엉켜버려 누구의 발자국인지 분간할 수 없게 되었다. 그리하여 매질을 그만 둔 그들은 술을 마신 후 집에 돌아왔다.

도사도 곧 이어서 돌아왔는데 그는 아들의 동생들을 만나 「그동안 신세가 많았소이다만 이제 이곳에 있을 수는 없소이다. 작별합시다」고 말하고 소매자락으로부터 술과 안주를 꺼내어 동생들에게 실컷 마시고 먹게 하였다. 아들은 이 사실을 듣고 도사를 불러 똑같이 술과 안주를 꺼내도록 시켰다. 도사는 그 아들의 앞에서도 같이 술과 안주를 꺼내어 먹게 한 후 벽에다가 성(城)의 그림이 그려진 족자를 거는 것이었다. 그리고 단도사는 그림에 그려진 성문을 손으로 밀자 성문이 열렸다. 단도사는 그 성문 안에 자기의 짐을 던져 넣고는 「안녕」이라는 말을 남기고 성문을 향하여 몸을 날렸다. 그러자 성문이 다시 처음의 상태로 닫혀 버리고 도사의 모습은 찾을 수가 없게 되었다.

-『포박자』(『抱朴子』)에는 부적이나 약을 먹는 등의 은형법이 제시되어져 있는데 이를 보면 은형법은 오랜 옛날부터 있어왔던 것을 알 수 있다. 『신선전』에도 은형법에 달통한 이중보(李仲甫)의 이야기가 나와 있다. 그러나 이러한 술법은 장생과는 관계가 없다.-

31. 거울의 위력 -명경법(明鏡法)

(『抱朴子』卷十五, 卷十七)

거울에는 물체의 본체를 비추어 내는 뛰어난 힘이 있다고 한다. 특히 둔갑하거나 정체를 감추고 있는 사물을 비추면 그 본래의 모습이 드러난다고 한다. 산에는 여러가지 마성(魔性)이 있는 존재들이나 산신들이 있어 산에 들어오는 사람들에 대하여 해를 끼치기도 하고 못된 장난질을 치기도 하기 때문에 산에 들어가는 도사는 필히 직경 9촌 이상의 거울을 등에 지고서 산에 가지 않으면 안된다고 한다. 그렇게 하면 연공을 쌓은 산중의 마군이도 결코 가까이 오지 못하게 된다고 믿었기 때문이다.

사람이 만약 산중을 여행하는 중에 정체를 알 수 없는 사람이 접근해 오면 거울을 보지 않으면 안된다고 한다. 가까이 오는 것이 만약 선인이거나 산에 사는 좋은 신인 경우에는 거울 안에 사람의 모습으로 나타나게 되지만 혹 그것이 형태를 바꾼 새나 동물, 또는 마성이 있는 것이라면 그 거울에 본래의 모습이 비추이게 되기 때문이다.

연공을 쌓은 산중의 마군이는 도망칠 때에는 반드시 뒷걸음질을 하면서 도망친다. 그것은 등을 뒤로 향하고서 도망치게 되면 발꿈치가 거울에 비추이기가 쉽기 때문이다. 거울은 발뒤꿈치가 없는 것을 분명하게 비추어 버린다. 만약 뒤꿈치가 있으면 그것은 좋은 신이지만 뒤꿈치가 없는 것은 마군임에 틀림없다.

한 때에 장(張)과 우(偶)라고 하는 두 사람의 선술(仙術)수행자가 함께 서로를 격려하면서 사천성의 운태산(雲台山)에 있는 석실에서 오직 수행에 힘쓰고 있을 때였다. 돌연히 어디선지도 모르게 한 남자가 두 사람의 앞에 나타나서 「애들 쓰시는구먼 도사나리들. 참으로 애는 씁니다마는 그렇게 수행하여 선도를 성취할 수 있겠소?」하고 웃는 것이었다. 쳐다보니 누런 비단으로 만든 옷을 입었고 머리에는 칡으로 만든 두건을 쓴 범상치않게 생긴 사람이었다. 괴이하다고 생각한 두 사람이 바로 거울을 비춰 보니 해묵은 사슴이 아닌가?

두 사람은 큰 소리로 「너는 산 속에 사는 늙은 사슴이거늘 어찌하여 사람의 모습으로 나타났느냐?」하고 경책하였다. 그 말이 끝나기도 전에 그 남자는 사슴으로 변하여 도망하고 말았다.

또 다른 이야기가 있다. 예전에 임려산(林慮山)의 기슭에 있는 한 여관에는 악귀들이 살고 있어서 거기에 숙박한 사람은 악귀들로 인하여 죽게 되거나 적어도 병을 얻게 된다는 소문이 있었다. 그 귀신들의 숫자는 한둘이 아니라 수십을 헤아리며, 악귀들이 입고 있는 옷 색깔도 누런색, 흰색, 검은색 등 가지가지라고 하였다.

어느날 밤 한 남자가 숙박하게 되었는데 그는 정좌하여 등잔의 심지를 돋우고 경을 읽고 있었다. 야반이 되자 열댓명의 사람들이 꾸역 꾸역 방안으로 들어오는 것이었다. 그리고는 그 남자의 주변에 빙 둘러 앉아서 투전판을 벌이고 노는 것이었다. 남자가 가지고 있던 거울로 은밀히 비추어 보니 이게 웬일인가? 그들은 모두 개였다. 그 남자는 등잔 불을 들고 잘못 실수를 한척 하고 그 중의 한사람의 옷에 대어 버렸다. 그런데 불에 타는 냄새를 맡아 보니 털이 타는 냄새였다. 의심할 것이 없다고 생각한 그 남자는 즉시에 칼을 빼어 그 가운데 한사람을 베어 버렸다. 처음에는 사람의 목소리로 비명을 지르더니 죽어 나자빠지는 것을 보니 개였다. 그렇게 되자 나머지들은 모두 달아나 버렸다. 그 후로는 그 집에서 이상스런 일들이 자취를 감추게 되었다고 한다. 이것도 거울의 덕이라 하겠다.

—일본의 신도(神道)나 슈우겐도오(受驗道)에서도 거울을 존중하는 것

이 도교와 무관한 것일까? 민간신앙에서 거울이 가지는 의미는 매우 크다. 중국의 거울은 모두 도교의 주법(呪法)에 사용할 목적으로 만들어졌다고 하는 설도 있으나 이는 잘못된 말이다.－

32. 이(齒)가 굳으면 오래산다.－고치법(固齒法)

(『神仙傳』 卷十, 劉京. 『雲笈七籤』 卷四十五, 叩齒訣. 三洞樞機雜說.)

사람들을 살해하기를 즐기는 악귀들은 사람이 윗니와 아랫니를 부딪쳐 '딱딱' 마주치는 소리를 아주 두려워한다고 한다. 이를 때때로 부딪쳐서 소리를 내면 그러한 악귀들이 전혀 침범을 할 수가 없기 때문에 자연히 오래 살게 된다는 것이다. 그러므로 밤에 어두운 곳을 지나갈 때에는 반드시 이를 마주쳐 소리를 내면서 가는 것이 좋다고 한다.

이를 마주치는 경우, 왼쪽을 마주치는 것을 「타천종」(打天鐘)이라 하고 오른쪽을 마주치는 것을 「퇴천경」(槌天磬)이라 하며, 중앙을 마주치는 것을 「명천고」(鳴天鼓)라고 한다. 만약 흉악한 일이나 재수없는 사건에 부딛쳤을 경우에는 「타천종」을 36회하면 된다. 또한 사기(邪氣)를 물리치고 혹은 신에 대하여 큰 주문을 외우며 무엇인가를 기원할 때는 「퇴천경」을 36회해야 한다. 또한 정신을 통일하여 천신이나 그 밖의 신들을 모실 경우에는 「명천고」를 할 필요가 있다. 그 때에는 중앙에 있는 네 개의 이가 바로 합해지도록 하는 동시에 입을 닫고 뺨의 긴장을 풀고 마주치는 소리가 깊이까지 울리도록 주의해야만 한다.

선인 유경(劉京)은 원래는 전한(前漢)의 문제(文帝)를 옆에서 가까이 모시던 관리였다. 그 후 관리직을 그만두고 감단(邯鄲)에 있는 장군(張君)의 문하에 입문하여 오랫동안 수행을 하였다. 그 후 그는 스승인 장군으로부터 운모(雲母)등으로 약을 만드는 단약(丹藥)의 제조법을 전수받았다. 그리하여 자신이 그 단약을 만들어 먹고서 선인이 되었다.

세월이 흘러 130세에 이르렀는데도 유경은 조금도 늙어 보이지 않고 겨우 30세 가량의 젊은이로 보였다. 그는 가끔 세상의 좋은 일이나 나쁜 일이 일어날 것을 예언하였는데 그의 예언은 언제나 적중하였다. 또한 그는 사람들을 위하여 천신에 제사를 지내어 사람들의 수명을 연장하게도 하였다. 그리하여 때로는 5년이나 10년을 연장케 하는 경우도 있었다.

위(魏)의 무제(武帝) 시절이 되자 그는 많은 제자들의 집을 순방하면서 자신이 알고 있는 여러가지 방술(方術)을 가르켜 주었다. 이러한 소문을 들은 황보융(皇甫隆)이란 사람이 그의 문하에 들어가 제자되기를 청하였다. 그리고 문하에 든 후에는 그의 지도를 받아 열심히 도의 수행을 하였다. 황보융의 사람 됨됨이와 재능이 마음에 든 그는 운모환자방(雲母丸子方)이라고 하는 복이법(服餌法)을 전하여 주었다. 황보융은 만드는 법에 따라 정성을 다하여 그 단약을 만들어 먹었다. 그리하여 황보융은 마침내 300세의 수명을 보전하는 것이 가능하게 되었다. 그러나 그는 도의 심오한 경지를 터득하지는 못하였기 때문에 참된 선인이 되지는 못하였다.

어느날 유경은 황보융에게 이르기를 「아침에 일어나 세수하기 이전에 침을 삼켜 내리고 14회 이를 마주치면 장생하리라. 이를 마주치는 것은 체내에 있는 신(神)을 불러 안주케 하고 이를 썩지 않게 하는 방법이므로 일생을 계속하면 선인이 되리라」하고 말하였다.

-『포박자』에는 약을 먹어서 치아를 굳게 하는 방법이 제시되어 있다. 또한 주술을 행하는 때에는 이를 마주치고서 시작하는 경우가 많다.-

33. 어둠의 투시술 -명목법(明目法)

(『雲笈七籤』卷四十五.『歷世眞仙體道通鑑』卷三十二, 梁須)

도(道)의 심오한 뜻을 구하기 위해서는 무엇보다도 먼저 우선 눈이나 귀를 밝게 하는 것이 선결문제이다. 그것은 선인이 되기 위해서는 여러가지의 소질이나 준비가 필요한 것이나 그 최초의 단계에 해당하는 것이 귀나 눈을 밝게 하는 것이기 때문이다. 만약 눈이나 귀가 밝아지지 않으면 그 밖의 것이 아무리 좋아지고 진전이 있어도, 또는 아무리 다른 방면에 노력을 하여도 선인이 되기는 부족하다는 것이다.

그러므로 선가에서는 옛날부터 눈이나 귀를 좋게 하는 여러가지 방법들이 고안되었다. 그 중의 한가지는 닥나무의 열매를 먹는 방법이다. 열심히 노력하여 닥나무의 붉은 열매를 조금씩 일년동안 먹게 되면 노인도 젊어지며 눈이 매우 좋아지게 되어 무엇이나 잘 보이게 된다고 한다. 그리고 그 뿐만 아니라 다른 사람이 볼 수 없는 것, 즉 악귀 등의 모습을 잘 볼 수 있게 된다고 한다.

양수(梁須)라고 하는 도사가 있었는데 그가 어느 무렵의 사람인지 어느 지방의 사람인지는 전혀 알려져 있지 않다. 그는 도사가 되고나서 여러가지 종류의 수행을 하였는데 아무리 열심히 노력을 하여도 만족할 만한 효과를 볼 수가 없었다. 그러던 어느 날 어떤 사람으로부터 닥나무 열매를 먹게 되면 좋다는 소리를 듣게 되었다. 그는 매우 기뻐하며 그 열매를 지성으로 먹기 시작했다. 그 때 그는 이미 칠십의 나이였는데 그 열매를 계속 먹자 점점 젊어지기 시작하는 것이었다. 얼굴이나 몸이 젊어지는 것만이 아니고 밤에도 등잔불이 없이 글씨를 쓰거나 책을 읽는 것까지도 가능해졌다.

이윽고 140세가 되었는데 그는 얼핏보기에 청년과 같아서 피부도 윤기가 있고 머리칼도 검었다. 그 밖에 그는 말이 달리는 것과 같은 속도로 달리거나 걸을 수도 있었다. 그 후 그는 청룡산(青龍山)이라는 산에 들어가 다시는 세상에 나오지 않았다.

초문자(楚文子)라고 하는 사람이 있었는데 그는 지황(地黃)을 8년간을 계속 복용한 결과 어둠 속에서도 글씨를 읽을 정도로 눈을 비롯한 모든 기관이 밝아지고 젊어지게 되었다.

이처럼 눈이 밝아지기 위해서는 무엇인가를 복용하는 방법 외에 주문을 외우는 방법도 있다. 그 중에서 한가지 방법은 다음과 같다. 코의 아래편 왼쪽 콧망울의 바로 아래 부분을 산원(山源)이라고 하는데 석양무렵에 우선 침을 24회 삼키고 나서 재빨리 왼손의 검지와 장지로 산원을 24회 아래쪽을 향하여 누른다. 그리고서 「천정을 열어 장생하게 하여 주십시오. 만리 저편까지 잘 보이도록 하여 주시고 노인이 어린이가 되도록 해 주시오며 귀신을 쫓고서 신들의 가피를 입도록 하여 주십시오」하는 의미의 주문을 외운다. 이 방법을 계속하여 반복하면 눈이 좋아지고 온갖 삿된 것을 물리칠 수가 있다고 한다.

다른 방법으로는 눈썹의 아래를 39회, 양쪽 눈 위를 귀까지 30회, 얼굴의 위쪽으로 향하여 눈에서부터 머리털이 있는 곳까지 27회씩 각각 손으로 누른다. 이를 2년 동안 계속하면 밤에도 불을 켜지 않고 책을 읽을 정도로 눈이 밝아진다고 한다.

－『포박자』에는 약으로 눈을 씻는 방법도 제시하고 있다. 이러한 방법들이 아마도 정말 믿어지고 행해져 왔을 것이다.－

34. 물 위에 걷기 －불익법(不溺法)

『列仙全傳』卷四, 葛玄)

많은 방술(方術)에 인용되고 있는 갈현(葛玄)은 강소성(江蘇省)의 구용현(句容縣)에서 태어났다. 그는 다른 이름으로 갈선공(葛仙公)이라고도 불리웠다.

갈현은 여러가지 방술에 능한 것으로 이름이 나 있었는데 그는 가끔 재미있는 장난을 즐기기도 하였다. 어느날 함께 식사를 하던 손님이 무엇인가 재미있는 일이 없겠느냐고 물었다. 그러자 갈현은 밥을 먹다가 입 속에서 푸우 하고 밥알들을 뿜어 내었다. 그러자 한알 한알의 밥알이 모두 커다란 벌이 되어 그 손님의 주위를 붕붕 날아다녔다. 그 숫자는 아마도 4, 5백마리에 이르는 것 같았다. 그러나 벌들은 공포에 질려 있는 그 손님의 주위로 날아 다닐 뿐 조금도 쏘지 않았다. 한참동안 붕붕대며 날아 다니더니 그가 다시 입을 열자 날아다니던 벌들은 다시 그의 입안으로 떼지어 들어가 버렸다. 그 손님이 깜짝 놀라 갈현의 입을 벌리게 하여 그 안을 보니 역시 그 안에 있는 것은 뿜기 이전의 밥알들이었다. 갈현은 그것을 다시 맛있는 듯이 먹고 있는 것이었다.

서진(西晉)의 무제(武帝)가 그를 존숭하여 어느 날 국빈대우를 하여 갈현을 맞이하였다. 그 무렵 나라 전역에 가뭄이 계속되어 사람들은 애를 태우고 있었고 곳곳에서 비를 내리게 하는 기우제를 지냈으나 조금도 효험이 없었다. 갈현이 무제 앞에 나아가자 무제는 그에게 백성들이 오랫동안 어려움을 겪고 있으니 비좀 내리게 해 주면 어떻겠느냐고 요청을 하였다. 그는 그런 것은 식은죽 먹기와 같다고 장담하고 한장의 부적을 써서 토지신의 묘(廟)에 붙이게 하였다. 그러자 과연 얼마되지 않아서 비가 내리기 시작하였다.

한 때 오(吳)의 손권(孫權)이 제공한 여러 척의 배에 많은 사람들이 분승하여 양자강에서 함께 뱃놀이를 나간 적이 있었다. 재미있게 뱃놀이를 하던 중 하구에서 갑자기 돌풍이 불어 많은 배들이 전복하게 되었다. 손권은 위기 중에 가까스로 목숨을 구하였는데 바람이 잠잠해진 후에 침몰하지 않은 배를 모아 보니 갈현이 탄 배가 보이지를 않는 것이었다. 손권은 그가 익사하였을 것이라고 생각하여 몹시 가슴이 아팠다. 그러나 어느 정도 선술이 가능한 인물이므로 혹시나 구조되어 어디엔가 있을지도 모른다고 생각을 하고 사람들을 시켜 사방으로 찾아보게 하였다. 그러나 갈현은 어디에도 보이지 않았다.

다음날 손권이 배 위에서 문득 강의 상류쪽을 바라보니 갈현이 물 위에서 마치 평지를 걷듯이 걸어서 오고 있는 것이 눈에 띄였다. 그는 발목이 아슬아슬하게 물에 잠겨 걸어오는 것이었다. 마침내 그가 무사히 배에 당도하여 어전에 이르렀다. 그런데 손권의 앞에 선 그에게서 익은 감 냄새가 물씬 풍기는 것이었다. 아마도 술에 취해 있었던 모양이었다. 어찌된 영문인지를 손권이 묻자 「참으로 죄송하게 되었습니다. 실은 어젯밤 물위를 걷다가 오자서(伍子胥, 吳王 夫差의 신하로서 부차에게 죽임을 당해 사체가 양자강에 던져버려진 인물)를 만나 강권에 이끌려 한잔 한잔 하다 보니 이처럼 늦어버리고 말았습니다.」하고 답하는 것이었다.

－선인은 물에 들어가도 젖지 않고 불에 들어가도 타지 않는 것은 자주 말해지고 있는 사실이나 일반적으로 그렇다고 믿지는 않는다. 그러나 유사한 이야기는 상당히 많다. 『포박자』에는 약을 복용한다든지 바른다든지 하는 등의 방법, 또는 물에 빠지지 않게 하기 위한 부적을 사용하는 방법들이 제시되어 있다.－

35. 금도 은도 생각하는대로 —연금술(鍊金術)

(『列仙全傳』卷二, 程偉妻. 『抱朴子』卷十六)

한(漢)나라에서 기문랑(期門郎)이라는 직책에 있었던 정위(程偉)라는 사람이 있었다. 그는 관리의 직에 있으면서도 선술에 관심을 가지고 있었다. 그 가운데에서도 특히 금이나 은을 만드는 기술에 큰 흥미를 가지고 있었다. 그리하여 결혼하게 되었을 때에도 사방으로 수소문하여 방술에 뛰어난 처녀를 처로 맞아들였다.

정위가 어느날 천자를 수행하고 나아갈 일이 있었는데 그 계절에 맞는 옷이 없었다. 시일은 급박한데 당장에 구할 수도 없고 하여 어찌할 도리가 없어 난감해 하고 있었다. 방사(方士)의 딸로서 그 무렵에 벌써 정위가 감탄할만한 신통력을 가지고 있었던 그의 처는 남편의 난감해하는 모습을 보고는 「여보 그렇게 곤란해 하실 필요없어요. 좋은 천이 있으면 되겠지요. 제가 한번 마련해 보도록 하지요」하고 말하자 금새 한벌분의 훌륭한 비단 한 필이 눈 앞에 나타났다.

정위는 한가한 틈이 있으면 비전의 책을 참고해 가며 금을 만들어 보려고 시도를 하곤 하였다. 그러나 그가 원하는 일은 좀처럼 되지를 않았다. 하루는 그의 처가 가만히 엿보니 정위가 대나무통 안에 수은을 넣고 숯을 피워 일심으로 태우고 있었다. 그러나 결과는 역시 실패인 모양이었다. 「제가 한번 해 볼까요?」하고 다가선 그녀는 가지고 있던 자루에서 약간의 약을 꺼내어 대나무 통에 넣었다.

그리고는 한참 있다가 열어 보니 누런 황금이 되어 있었다. 정위는 깜짝 놀라 「아니 당신은 알고 있었던 거야? 그렇다면 좀 더 일찍 알려주지 않고」하고 나무랐다. 그녀는 「당신에게는 그만한 덕이 없는 탓이랍니다.」하고 톡 쏘아버리는 것이었다.

정위는 그러한 방술을 배우고 싶은 마음이 간절하여 매일밤 그의 처를 졸라대었다. 그리고는 그녀의 환심을 사기 위하여 자기 소유의 전답이며 택지며 다른 재산들을 팔아서 그 돈으로 사치스런 물건을 선물한다든지 좋은 옷을 만들어 준다든지 하여 그녀의 마음이 돌아서도록 노력하였다. 그렇지만 그의 처는 좀처럼 가르쳐 주려 하지 않는 것이었다. 어쩔 수 없다고 판단한 정위는 마지막 수단으로 중간에 사람을 시켜서 그녀를 때릴 지도 모른다는 사실을 넌지시 알리게 하였다.

그러한 상황을 알게 된 그의 처는 정위에게 「도의 심오한 뜻은 그에 상응하는 사람이 아니면 전할 수가 없는 것입니다. 합당한 사람이라면 길가다 만난 사람에게라도 전하는 것입니다. 그렇지만 합당하지 못한 사람이 게다가 입으로는 좋은 말을 하고 마음은 나쁜 것을 생각하는 사람은 아무리 졸라대더라도 전할 수는 없는 것입니다.」라고 말하였다.

그녀가 그렇게까지 말하였어도 그가 알아듣지 못하고 다시 졸라대자 그의 처는 미쳐버렸다. 그리하여 발가벗고 다닌다든지 오줌을 몸에 바른다든지 하는 미친 행동을 하다가 마침내는 죽어 버렸다.

금이나 은을 만드는 것에 관한 또 하나의 이야기가 있다. 오대문(吳大文)이라고 하는 사람의 내제자가 되어 모시고 살던 이근(李根)이라고 하는 도사는 마침내 마음먹는대로 금이나 은을 만들 수가 있게 되었다. 그는 때로 납이나 주석에 열을 가하여 놓고 거기에 콩만한 분량의 약을 넣어 쇠로 만든 스픈으로 젓는 일을 하곤 하였는데 그 액체를 식히면 그것이 은이 되곤 하였다고 한다.

―『포박자』에는 금이나 은을 만드는 방법이 많이 나와 있다. 다만 금은을 만드는 것은 그것을 복용하여 신선이 되기 위한 것으로 단지 부자가 되기 위한 것은 아니었다. 그러한 의미에서 방술을 황백(黃白)의 술(術)이라고도 한다.―

36. 이 나는 누구란 말인가? -체형법(替形法)

(『聊齋志異』卷一, 成仙)

산동성(山東省)의 문등현(文登縣)에 주(周)와 성(成)이라는 두 사람이 살았는데 두 사람은 무척 가까운 친구였다. 그런데 성의 집이 가난했기 때문에 성은 언제나 주에게 신세를 지는 일이 많았다. 하루는 주의 집안에 있는 하인들 사이에 싸움이 대판으로 벌어졌는데 어찌어찌하여 그 주인인 주가 무고한 죄를 뒤집어 쓰는 일이 일어나게 되었다. 그리하여 관가에 붙들려간 주를 성은 동분서주 백방으로 노력하여 그 무고함을 증명하였으므로 주가 무사히 집에 돌아오게 되었다. 두 사람의 사이는 그로부터 더욱 두터워졌다.

그런데 이 사건을 계기로 성은 세상사가 다 싫어져 버렸다. 그는 세간으로부터 떠나고자 하는 뜻을 세우고 주에게도 함께 나설 것을 권하였다. 그러나 주는 마침 예쁜 후처에 빠져 있던 때인지라 따라 나설 뜻이 없었다. 그러던 어느날 성의 모습이 자취를 감춰버렸다. 주는 손을 써서 곳곳을 찾아보았으나 그가 어느 곳으로 갔는지 행방을 찾을 길이 없었다.

8, 9년이 지난 어느날 주의 집에 홀연히 성이 모습을 나타내었다. 그는 훌륭한 도사의 차림새를 하고 있었다. 주는 크게 반가워하여 곧바로 술과 요리를 준비하여 재회를 기뻐하고 이야기 꽃을 피우며 시간가는 줄을 몰랐다. 밤이 늦었으므로 주와 성은 한방에서 침대를 나란히 하고 잠자리에 들었다. 그런데 주가 자다 보니 성이 맨몸이 되어 자신의 몸을 걸터앉아 누르고 있는 것이 아닌가? 밑에 깔린 주는 숨도 쉬기 어려울 만큼 괴로웠다. 「뭘 하고 있는거야」하고 말려 보았지만 소용이 었었다. 괴로움에 몸부림치다가 깨어 보니 꿈이었다. 깨어서 건너편에 있는 성의 침대를 쳐다 보니 침대가 비어 있었다. 이상한 일도 다 있다 하고서 자세히 살펴 보니 자신이 성의 침대에서 자고 있는 것이 아닌가?

정말 이상도 하다고 생각한 주가 하인을 불러 등불을 켜게 하자 하인이 「어? 성서방님 우리 주인께서는 어디에 가셨습니까?」하고 묻는 것이었다. 거울로 비추어 보니 이게 어찌된 일인가? 거울에 비친 것은 자신의 모습이 아니라 분명 성의 모습이었다. 그렇게 되고 보니 주는 집안의 주인노릇도 할 수가 없을 뿐만 아니라 자신이 애지중지 하는 애첩의 처소에 가려 해도 갈 수 없는 처지가 되고 말았다. 할 수 없어진 주는 로산(撈山)의 상청궁(上淸宮)에 있다고 들은 성을 찾아 길을 떠났다.

온갖 어려움 끝에 로산에 당도하였으나 성은 그곳에 없었다. 다시 사람에게 물어 험한 산길을 돌아가자 성의 제자라고 하는 어린이를 만나게 되었다. 그의 안내로 겨우 성을 만나게 되었다. 그의 모습을 보니 그는 자신의 모습을 하고 있었다. 한자리에 앉아서 이야기를 하고 있는데 갑자기 눈앞이 아찔아찔하면서 이상한 느낌이 들었다. 정신을 차리고 보니 자신 원래의 모습으로 되돌아 온 것을 알 수 있었다.

자신의 모습으로 돌아 온 주는 집이 그리워서 좀이 쑤셔 자리에 앉아 있을 수가 없었다. 그러나 성이 만류하는 바람에 그곳에서 그날 밤 잠을 자게 되었다. 이제 집으로 돌아가도 된다고 하는 소리에 밖을 나섰는데 올 때와는 길이 다른 것 같았다. 이윽고 집에 이르게 되었다. 그런데 자신이 집에 당도하였어도 나와서 문을 열어주는 사람이 없었다. 별 수 없이 담을 넘어 들어가 자기의 방에 들어가 보니 그의 처가 하인과 잠을 자고 있는 것이었다. 화가 머리끝까지 치민 그가 칼을 잡고 뛰어 들어가 처를 찔러 죽이려고 하는 순간 꿈을 깨었다. 옆에 있던 성이 「좋지 않은 꿈인게로구만」하며 웃었다.

염려가 된 나머지 주가 서둘러서 급히 집에 돌아와 보니 하인이 「주인어른께서 안 계시는 동안 도둑이 들어 부인을 살해하였습니다」하고 말하는 것이었다. 주는 그제서야 비로소 헛된 세상의 꿈에서 깨어난 기분이 들었다. 그는 집안 사람들에게 뒷일을 당부하고 집을 나섰다. 하인이 뒤를 따라가 보니 주는 도중에 기다리고 있던 성을 만났는데 성이 그의 너른 도포자락으로 주를 감쌌다. 그러자 두 사람의 자취가 없어져 버렸다 한다.

훗날 주의 집에 주의 손톱이 보내져 왔는데 책상 위에 놓자 황금으로 변하여 버렸다.

37. 액막이의 발놀림 —우보법(禹步法)

(『聊齋志異』 卷六, 小二. 『抱朴子』 卷十一)

산동성(山東省)의 시골구석에 독실한 불교 신자 한 사람이 살고 있었다. 그의 부부사이에 낳은 자녀 중에 한 여자아이가 있었는데 그녀는 어린 시절부터 머리가 영리하고 아름다웠기 때문에 부부는 눈에 넣어도 아프지 않을 것처럼 애지중지 길렀다. 조금 장성하자 오빠와 함께 선생을 정하여 유학공부를 시켰는데 5년 가량 공부를 하자 『논어』 등을 모두 깨치게 되었다.

그녀는 장성하면서 같은 선생의 문하에서 공부하던 정(丁)이라는 소년과 가까워지게 되었다. 정의 집안에서는 그 여자아이가 마음에 들었으므로 청혼을 해 왔으나 여자쪽의 양친은 보다 좋은 집안과 인연을 맺고 싶은 생각이 있었기 때문에 이를 거절하였다.

얼마되지 않아서 백련교(白蓮教)의 난이 일어나게 되었다. 여자아이의 아버지는 일가를 거느리고 백련교에 들어가게 되었다. 머리가 영리한 여자아이는 곧 종이로 사람을 만든다든지 콩으로 말을 만든다든지 하는 술법을 배워 익히게 되었다. 그녀를 잊지 못하여 백련교에 들어간 정(丁)은 어느날 밤 몰래 그녀를 만나 「이런 좋지 못한 집단에 언제까지고 있는 것은 좋지 못한 일이다. 그러니 나하고 결혼하여 도망가자.」 하고 말하였다. 전부터 그를 밉지 않게 생각해 왔던 그녀도 동의하고 양친에게 두 사람의 결혼을 허락하여 줄 것을 부탁하였다. 그러나 아직도 정을 마음에 차지 않아하던 그녀의 부모는 그들의 결혼을 허락하여 주지 않았다.

그래서 두 사람은 몰래 도망하기로 작정을 하고 그녀가 종이를 오려서 솔개를 두마리 만들었다. 그들은 함께 그것을 타고서 도망가버렸다. 한참을 날아가서 그녀가 솔개의 머리를 살짝 틀자 솔개는 날개를 접고 지상에 내렸다. 그리고서 이번에는 당나귀를 만들어 그 당나귀를 타고서 산 기슭에 있는 마을로 가서 그곳에서 병난을 피하여 조용한 생활을 하였다.

그녀는 술법을 베풀어 금을 만들었다. 그 금으로 인하여 그들은 부자가 되었다. 그러자 어느날 그 집이 부자가 되었다는 소문을 듣고 도둑이 들게 되었다. 도둑을 본 그녀는 무서운 도둑들을 향하여 손가락으로 가리키면서

「멈춰」하고 소리쳤다. 그러자 도둑들은 그 자리에 우뚝 멈추어 움직일 수가 없게 되었다. 그러한 일이 있고부터 그 집에 도둑이 드는 일이 없게 되었다.

어느 해에 극심한 가뭄이 들어 사람들이 몹시 고통을 받게 된 일이 있었다. 그녀는 마을 사람들에게 들 가운데에 단을 모으게 하고 밤중에 그곳으로 가서 우보(禹步)라고 하는 기묘한 걸음걸이로써 기원을 하였는데 얼마 지나지 않아서 비가 내렸다. 마을 사람들은 그녀야말로 신(神)임에 틀림없다고 여겨 매우 존숭하였다.

우보(禹步)라고 하는 것은 우선 양 발을 가지런히하고 서서 숨을 죽이고 왼쪽 발을 반보 앞으로 내민다. 다음에 오른쪽 발을 앞으로 내 딛고서 왼쪽 발을 오른쪽 발에 가지런히 맞춘다. 이것이 우보의 제일보이다. 제 2보는 오른쪽 발에서 시작하고 왼쪽 발을 내 딛어 오른쪽 발을 가지런히 한다. 제 3보는 제 1보와 마찬가지라고 『포박자』에 쓰여져 있다. 우보라고 하는 것은 그 옛날 우(禹)라고 하는 훌륭한 임금이 홍수를 멈추게 하려는 노력을 했을 때 발이 부르텄기 때문에 한 발로 걸었던 것을 본 뜬 것이라 한다.

—『포박자』에는 여기에서 말한 것과 좌우가 거꾸로 된 걸음걸이법이 쓰여있는데 어느 쪽이 진짜인가는 알 수 없다. 어쨌든간에 이 우보법은 액막이 방법의 하나로써 산에 오를 때나 약으로 쓸 영초(靈草)를 캘 때에는 꼭 이 우보라고 하는 보법을 행하면서 하지 않으면 안된다고 쓰여져 있다. 단을 모으고 기도할 때에도 본문에 보이는 것과 같이 하는 것이 통례이다.—

38. 새가 우는 소리를 아는 도사 —해금어(解禽語)

(『聊齋志異』卷十, 鳥語)

하남성(河南省)의 남부에 한 사람의 도사가 살고 있었다. 그는 언제나 마을을 돌면서 탁발을 하여 생활을 하였다. 어느날 여느때와 같이 그는 한 집에서 먹을 것을 얻었다. 그 집의 정원에서 울고 있는 꾀꼬리의 소리를 들으면서 식사를 하던 도사는 먹기를 마치자 천천히 일어서면서 주인을 향하여 「불씨를 잘 관리하시오」하고 말하는 것이었다. 주인이 이상하게 생각하고 그 연유를 물었다. 그러자「지금 꾀꼬리가 말하기를 큰 불이 일어날 것인데 아무리 해도 사고를 방지할 방도가 없다고 합니다」라고 말하였다.

그 주위에 있던 사람들은 실소하며 웃기는 일이라고 신경을 쓰지 않았다. 그런데 그 다음날 그의 말대로 갑자기 화재가 일어나 그 집과 주변의 집 여러채를 태웠다. 마을 사람들은 놀라서 도사의 신통력을 굳게 믿게 되었다.

그 중에 한사람의 호기심있는 사람이 있어 도사의 뒤를 따라가며 「당신은 필시 선인임에 틀림없겠지요」 하고 묻자 「아니요, 난 선인이 아니고 다만 새가 하는 말을 알아들을 뿐이라오」하고 심드렁하게 대답하였다.

바로 그 때에 나무 위에서 참새가 울었다. 그 사람은 도사에게 참새가 무엇을 말하고 있는가를 물었다. 그러자 도사는 「"6일날 낳았다. 6일날 낳았다. 14일, 16일날에 죽는다." 하고 말하고 있소이다. 그러므로 바로 저곳에 있는 집에서 6일날 쌍동이가 태어났을 것이오. 그러나 오늘이 10일이므로 이제 5, 6일 안에 저집의 쌍동이는 모두 죽을 것 같소」하고 말하는 것이었다. 그 사람이 그 집에 가서 물어 보니 과연 그 집에 갓난 쌍동이가 있었다. 그런데 그 말대로 쌍동이들은 며칠 가지 않아서 죽고 말았다. 그런데 묘하게도 그 날짜가 모두 도사가 말한 그대로였다.

그러는 사이 이 도사에 대한 소문이 널리 퍼져서 현 지사의 귀에까지 들어가게 되었다. 이상한 일도 다 있다고 생각한 현 지사는 그 도사를 불러 술과 음식을 대접한 후 여러가지 이야기를 나누고 있을 때 한떼의 집오리가 소리를 내며 그들 앞을 지나갔다. 지사는 도사에게 오리들이 말하는 내용을 물었다. 그러자 도사는 「오리가 "측실만 편들면 안돼"하고 말하고 있는 것으로 미루어 틀림없이 조금 전 안채에서 부인들이 싸우고 있었던 것이겠지요」하고 말하였다. 지사는 깜짝 놀랐다. 바로 조금 전 자기의 부인과 첩이 대판 싸움을 벌인 참이었기 때문이었다.

지사는 그 도사를 붙들어 곁에 두고 잘 대접을 하고 때로 새들이 말하는 소리를 묻곤 하였다. 그것은 기묘할 정도로 정확하였다.

여러날이 지난 어느 날이었다. 그 날도 연회를 베풀고 있었는데 홀연히 두견이가 우는 소리가 들렸다. 그 자리에 있던 사람들의 시선이 도사에게 집중되었다. 도사는 「새는 "지사는 면직된다"하고 말하고 있소이다.」 하고 주저없이 말하였다. 그 좌석에 앉아 있던 사람들은 숨을 삼키고 하얗게 질린 채 지사를 바라 보았다. 지사는 그 도사가 처음에는 신기하였으나 차츰 주저없이 가리지 않고 말하는 것에 좋지 않은 감정을 가지고 있었기 때문에 그 말에 불같이 노하여 도사를 쫓아내 버렸다.

그렇지만 얼마 되지 않아서 그 지사는 뇌물을 받았던 사실이 탄로가 나서 도사가 말한 그대로 면직되고 말았다.

39. 술 한모금을 뿜어 불을 끄다—성선공(成仙公)

(『神仙傳』卷九, 成仙公)

호남성(湖南省)의 임무현(臨武縣)에서 태어난 성선공(成仙公)은 13세에 키가 1장6척에 이르렀다. 그 후 당당한 장부로 성장하였으나 말수가 거의 없었기 때문에 사람들은 그를 조금은 바보라고 여기고 있었다.

후에 그는 현(縣)의 낮은 관리로 일하게 되었다. 그가 하루는 어느 군(郡)에 일보러 갔다가 돌아오는 길이었는데 장사(長沙)라는 곳 가까이에 이르니 해가 저물었다. 가까이에는 인가도 없고 여관도 없었으므로 별수없이 길가에 서 있는 커다란 나무 아래에 앉아서 야숙을 하는 수 밖에 없다고 생각하고 나무아래에 자리를 하고 누워 있는데 나무위에서 두런두런 사람의 말 소리가 들리는 것이었다. 그 이야기는 대체로 장사(長沙)에 가서 약을 팔아야겠다는 등의 내용이었다. 머리를 들어 살펴보니 그것은 두 사람의 남자였다. 날이 밝으면 이야기를 건네야 겠다고 마음먹고 잠이 들었는데 아침에 보니 그 자리에 앉아있는 것은 사람이 아니라 두마리의 하얀 학이었다.

이상하다고 생각하면서 장사에 가 보니 바로 그 두 사람이 있는 것이었다. 성선공은 두 사람을 요리점으로 데리고 가서 한상 근사하게 대접을 하였는데 먹기를 마치자마자 두 사람은 고맙다는 예도 하지 않은 채 훌쩍 일어서서 나가버리는 것이었다. 그가 황급히 쫓아가 소리를 쳐서 부르니 멈추어 돌아서서 무슨 일이냐고 물었다. 성선공은 지난 밤에 자신이 보았던 사실을 말하고 자기가 보기에는 틀림 없이 선술을 하는 분들 같으니 자기에게 선술을 가르쳐 달라고 말하였다.

두 사람은 얼굴을 마주 보며 한동안 웃더니 당신 이름이 무엇이냐고 묻는 것이었다. 성선공이 자신의 이름을 알려주니 품에서 한권의 책을 꺼내 조사해 보는 것이었다. 어깨너머로 성이 살펴 보니 사람 이름이 적혀 있는데 그 가운데 자신의 이름도 적혀 있는 것이었다. 두 사람은 「그대는 선연(仙緣)이 있구만. 그대는 지선(地仙)은 될 수 있을게야!」하고 말하고 환약 두 알을 주는 것이었다. 그리고는 홀연히 사라져 버리는 것이었다.

그 환약을 먹고부터 그는 놀랍게도 새나 동물이 하는 말을 알아듣게 되었다. 그 후에 그는 도(都)의 장관(長官)에게 업무차 보고하러 갔다가 장관의 눈에 들어 그곳에 그대로 머물러 관리가 되어 일을 보게 되었다.

어느해 새해 초하룻날에 관청에서 연회가 있었다. 술잔이 돌고 돌아 마침내 그의 차례가 되었다. 그런데 무엇을 생각했음인지 그는 술을 입에 머금어 동남쪽을 바라 보면서 푸우 하고 뿜었다. 사람들이 그 실례를 책망하자 그는 「지금 임무현(臨武縣)에 화재가 일어나서 위태로왔기 때문에 급히 술로 껐습니다.」하고 태연하게 대답하였다. 그 곳에 있던 사람들은 그러한 일이 있을 법이나 한 일이느냐고 웃어넘기면서 그 실례한 것만을 나무랬다.

다음날 임무현의 지사가 급히 파견한 사람이 당도하여 다음과 같은 사실을 전하는 것이었다. 「새해 아침에 잔치가 있어 많은 관리들이 모여 즐겁게 술을 마시고 있었습니다. 그런데 오후 네시경 갑자기 부근에서 불이 일어나 잠깐 보는 사이에 큰 불로 화하여 현청(縣廳)까지 다가왔습니다. 그날은 남풍이 강하게 불고 있었고 아침부터 구름 한점 없는 맑은 날씨였습니다. 그런데 북서쪽에서 한 무리의 검은 구름이 나타났는가 했더니 금새 불이 타고 있는 곳까지 왔습니다. 그리고는 장대같은 비가 쏟아지는 것이었습니다. 그리하여 그 불을 순식간에 꺼버렸습니다. 그런데 더욱 이상스러운 일은 그 비에서 술냄새가 심하게 났다는 것입니다.」

그 말에 사람들은 비로소 그가 단순한 보통사람이 아님을 알고 존경하게 되었다. 성선공은 그로부터 2년 후에 죽었다. 그런데 그가 죽은지 이틀 후 한사람의 친구가 상당히 떨어진 지역에서 그를 만났다고 하는지라 사람들이 그의 관을 열어 보니 관 안에는 푸른 대가 한토막 들어 있을 뿐이었다.

−마지막의 내용은 그가 시해(尸解)한 것을 보여주고 있다 하겠다.−

40. 남편은 아내에 미치지 못한다 −소혼법(召魂法)

(『神仙傳』 巻七, 樊夫人)

진(晉)나라 때의 일이다. 절강성(浙江省)에 있는 한 현에서 지사(知事)를 지내고 있던 유강(劉綱)이라고 하는 사람이 있었다. 그는 뛰어난 법술(法術)을 몸에 익히고 있어 주문을 외운다든지 귀신들을 하인처럼 부린다든지 하는 것을 자유자재로 하였다. 그런데 그의 부인도 남편과 마찬가지로 선술에 능통하였다. 그러나 두 사람은 술법을 한다는 사실을 철저히 감추어 다른 사람들에게는 눈치채지 못하게 하였기 때문에 한 사람도 그러한 사실을 아는 사람은 없었다.

그는 사람들을 다스리는 데에는 노자의 『도덕경』이 지닌 뜻에 바탕하여 깨끗한 마음을 가지고 정치를 하였다. 또한 그 자신은 번다한 것을 싫어하고 간소함을 위주로 하여 생활하였기 때문에 그 현의 사람들은 모두 그를 존경하였고 즐거이 생업에 종사하며 평화로운 생활이 계속되고 있었다. 가뭄이나 유행병도 없었으며 해마다 풍작이 계속되어 모두 풍요로운 생활을 하고 있었으며 백성들은 그의 어진 정치에 감사하고 있었다.

이러한 덕분으로 별로 신경쓸 만한 사건도 일어나지 않았기 때문에 부부는 한가로운 시간을 보내며 은밀히 술법겨루기를 하기도 하면서 즐거운 나날을 보내고 있었다. 만일 남편이 응접실에 앉아서 술법을 써서 불을 일으켜 쌀창고를 태우기 시작하면 부인은 주술을 펴서 바로 그 불을 끄는 놀이를 하곤 하였다.

정원에는 두 그루의 복숭아나무가 있었는데 부부가 한그루씩 차지하고서 주문을 외우면 두 그루의 나무가 마치 살아 있는 것처럼 가지나 잎이 떨쳐 소리를 내며 결투를 하였다. 그런데 한참동안 하다 보면 남편이 주술을 행한 나무가 힘이 모자라서인지 담 너머로 달아나버리곤 하는 것이었다.

남편이 물을 담은 함지에 침을 뱉어 넣으면 바로 한마리의 잉어가 되어 헤엄쳐 다닌다. 그러면 이번에는 부인이 마찬가지로 침을 뱉어 넣으면 바로 한마리의 수달이 되어서 그 잉어를 잡아먹어 버리는 것이었다.

어느 날 부부가 함께 사명산(四明山)이라고 하는 산에 놀러간 일이 있었다. 한참 산을 오르는데 가는 길 앞에 한마리의 호랑이가 나타나 슬금슬금 다가오는 것이었다. 남편이 호랑이를 향해 주문을 외우자 호랑이는 땅에 엎드려 움직이지 않았다. 남편이 이번에는 걸어라 하고 소리를 치니 다짜고짜 일어나 으르렁대는 것이었다. 그러자 부인이 다가가니 머리를 수그리고 다소곳이 있는 것이었다. 부인은 그 호랑이를 데리고 와서 목에 끈을 매어 침상 근처에 매어 두고 길렀다.

이와 같이 겨루기를 하면 언제나 부인이 남편을 이겼다. 후일에 하늘로 오를 때에도 남편은 관청의 마당에 있는 커다란 나무에 올라가 지상으로부터 수 장(丈)을 올라가서야 비로소 하늘에 오를 수가 있었다. 그러나 그 부인은 반대로 자신의 침실에 앉은 그대로 날아 올라 구름을 탄 것과 같이 가볍게 하늘에 올랐다.

—이 이야기에는 방술의 종류나 주문의 효과에 대한 설명이 있는데 그 밖에 노자의 철학에 의해 정치를 하라는 가르침이 들어 있는 점이 흥미롭다.—

41. 도깨비나 여우를 불러서 부리다 —역귀호법(役鬼狐法)

(『聊齋志異』卷十, 役鬼, 『閱微草堂筆記』卷十四)

(1)

산서성(山西省)에 살고 있던 한 의사가 있었다. 그는 유능하여 침이나 뜸을 매우 능숙하게 다루었기 때문에 꽤 인기가 있었다. 그런데 그는 의술에 능할 뿐만 아니라 도깨비를 부리는 술법에 흥미를 가져 도깨비를 제법 능숙하게 부릴수가 있었다. 그러므로 그는 외출할 때에도 그가 탈 당나귀의 고삐를 쥐고 채찍을 가지는 일은 모두 도깨비를 부려 시키는 모양이었다.

어느날 밤 그가 친구와 두 사람이서 외출했다가 돌아오는 길이었다. 그런데 컴컴한 길 저편에서 엄청나게 커다란 남자 둘이 이쪽으로 오는 것을 보았다. 친구가 그만 주저앉을 듯이 놀라 오들오들 떨고 있자 그 의사는 태연하게 「게 누구냐?」하고 물었다. 그 두 사람은 「장각 왕(張脚 王)과 대두이(大頭 李)가 영접하러 나왔습니다」하고 대답하였다. 의사는 호기있게 「그렇다면 길 안내를 하도록 하라」고 명령하였다. 두 사람은 머리를 깊숙이 숙여 답하고 앞장을 섰는데 의사 일행이 조금 늦게 되면 반드시 길을 멈춰 기다리고 있는 것이었다. 그것은 갈데 없는 노예의 행동 그것이었다(『聊齋志異』 卷十, 役鬼).

(2)

청(淸)의 건륭년간(乾隆年間)에 북경(北京)에 있는 도관(道觀)에 붙어 지내는 사람이 있었는데 자주 만나는 관계로 자연히 도사들과 친하게 되었다. 그가 하루는 도사들을 지거(芝居, 연극의 일종)에 초대하였다. 지거를 감상한 한 도사가 매우 즐거워하며 「그에 대한 답례로 오늘밤 인형지거를 만나 보시지요」하고 말하고 그의 처소로 안내 하였다.

사람들이 도사의 방에 들어가자 그 한 가운데에는 바둑판을 놓은 커다란 탁자가 있는데 도사는 그 주변에 술과 물고기 등을 벌려놓았다. 손님들이 다 들어서자 도사는 심부름하는 아이를 시켜 문을 닫게 하고 「자 여러분 사방에서 탁자 주위로 모여 주시기 바랍니다」하고 말한 후 한잔씩 술을 권하였다.

한참 후에 도사가 톡톡 하고 탁자를 두들기니 8, 9촌 쯤 되는 난장이 5, 6명이 바둑판 위에 떨어져 내려와서 소리를 내며 지거(芝居)를 하기 시작하는 것이었다. 소리는 작은 어린아이의 것과 같으나 분장이나 울리는 악기 등은 극장에서 하는 것과 똑같은 것이었다. 일막이 끝나자 난장이들은 없어지고 다시 다른 무리의 난장이들이 나타나서 지거를 하는 것이었다. 일동은 극의 내용에 무서워하기도 하고 재미있어 하기도 하며 밤이 늦도록 마시고 즐겼다.

도사는 이번에는 문 밖에 탁자를 준비시키더니 수백 개의 계란과 여러병의 술을 내 놓았다. 지거가 다 마치자 문 밖에서 무엇인가가 먹기도 하고 떠들기도 하는 소리가 들렸다. 손님들이 이상하게 생각하여 연유를 묻자 「저것은 여우입니다. 오뢰법(五雷法)을 알고 있는 사람은 누구나 여우를 사람으로 둔갑시켜 부릴 수 있습니다. 여우는 크게도 되고 작게도 되게 할 수 있으므로 이러한 축소 지거도 가능한 것입니다. 그런데 여우는 이처럼 자유자재로 부릴 수가 있으나 만약 다른 사람의 물건을 도둑질 시킨다든지 다른 사람에게 앙갚음하는 데에 부린다든지 또는 암여우를 불러 밤에 침실 시중을 들게 한다든지 하면 바로 천벌을 입게 됩니다.」하고 답하였다.

일동이 더 재미있는 것이 있으면 내일 밤도 꼭 불러 구경시켜 달라고 부탁을 하자 도사는 이를 쾌히 승락하였다. 다음날 저녁 일찌감치 사람들이 그곳에 가 보니 도사는 그날 새벽에 심부름하는 아이와 함께 어디론가 떠나 버렸다는 것이었다(『閱微草堂筆記』 卷十四).

-오뢰법(五雷法)이란 귀(鬼), 즉 도깨비나 여우를 부린다든지 비를 내리게 하는 법술이다. 이 방법은 꽤 자주 사용되었음인지 매우 종류가 많다. 따라서 악용되는 경우도 있다.-

42. 입산하는 마음가짐 -입산부(入山符)

(『抱朴子』 卷十七)

도사의 수행장소 가운데 가장 적당한 것은 산 속이다. 산이라고 하여도 인간들이 사는 주변에 있는 작은산에서는 아니된다. 천하에 이름이 알려진 이른 바 명산이 아니면 안된다. 그것은 거기에는 신령스러운 약초를 비롯하여 선약을 만드는 데 필요한 재료가 많기도 하지만 바른 신이 살고 있기 때문이기도 하다.

명산에 들어가기 위해서는 여러가지 준비와 지참물이 필요한 것은 말할 나위도 없다. 그러나 그 지참물의 목록은 오늘날 등산하는 사람들이 필요로 하는 피켈이나 자일과 같은 등산도구를 말하는 것이 아니다.

첫째 준비는 재계(齋戒)이다. 부추나 마늘 등과 같은 오신채(五辛菜)나 비린내 나는 산 물고기 등을 먹지 아니하고 속된 사람들과 교류를 삼가한다. 재계하는 날짜의 숫자는 7일이라든지 1백일이라든지 하는 등 다양하다.

둘째는 산에 들어가는 날짜를 길흉을 따져서 잘 고르지 않으면 안된다.

좋지 않은 날에 입산하게 되면 도사라 하여도 호랑이나 늑대, 또는 독충 등 의 피해를 입을 수가 있어 수행도 망칠 뿐 아니라 선약도 만들 수가 없다.

세째는 우보법(禹步法)에 통달하여 두는 것이 필요하다.

이처럼 준비가 갖추어지면 산에 들어갈 수 있게 되는 것이나 그 지참물로써 필요한 것은 우선 거울과 부적이다. 그런데 부적에도 입산의 목적에 따라 여러가지 종류가 있다. 영지(靈芝)라고 하는 선약을 취하러 갈 때에는 영보부(靈寶符)라고 하는 부적을 가지고 가고 흰 개와 흰 닭, 그리고 하얀 소금을 한말 가지고 가지 않으면 안된다.

또한 일반적으로는 승산부(昇山符)를 가지고 가는 것이 필요하다고 한다. 오악진형도(五岳眞形圖)라는 부적을 가지고 가면 바위나 나무의 도깨비, 그리고 산이나 하천의 정령(精靈)도 사람을 범하지 않는다. 또한 태청단(太淸丹)이라고 하는 단약을 만드는 경우에는 현백비부(玄白飛符)를 가지고 가지 않으면 안된다.

부적은 영묘하고 불가사의한 힘을 가지고 있으므로 맹수나 독충도 물리칠 수가 있다고 한다. 산에 있는 도깨비류를 물리칠 수 있는 힘을 가지고 있는 것으로는 천수부(天水符), 상황죽사부(上皇竹使符) 등이 있다. 또한 노군황정중태사십구진비부(老君黃庭中胎四十九眞秘符)라는 부적이 있다. 이 부적은 산에 들어가기 전, 갑인(甲寅)의 날에 하얀 비단에 붉은 글씨로 써서 밤에 탁자 위에 놓아 문밖에 진설하여 놓고 제사 음식들을 차려 북두를 향하여 제사를 지낸다. 그리고 그 부적에 자신의 이름을 적어 옷자락의 단에 넣어 두면 도깨비나 산의 정령, 그리고 그 밖의 것들이 해를 깨치지 못한다고 전해 내려 온다.

산중에서 약을 만들 때는 노군입산부(老君入山符)가 필요하다. 이는 복숭아나무 판자 위에 붉은 글씨로 부적문자를 가득 차도록 크게 써 놓은 것인데 이를 문이나 집, 그리고 실내의 사방의 모서리나 도로의 요소 요소에 붙여 놓으면 자신이 살고 있는 곳에서 50보 이내에는 도깨비나 산의 정령따위가 침입할 수가 없다고 한다. 그 밖에 실내의 기둥이나 상량에 붙여 두는 것, 산중에서 맹수의 침입을 방지하기 위한 부적, 살무사를 물리치기 위한 부적 등 부적의 수효는 무척 많다.

五嶽〈태산(東), 형산(南), 숭산(中), 화산(西), 상산(北)〉에 들어갈 때 패용하는 부적

〈道藏 卷六 PP 738～739〉

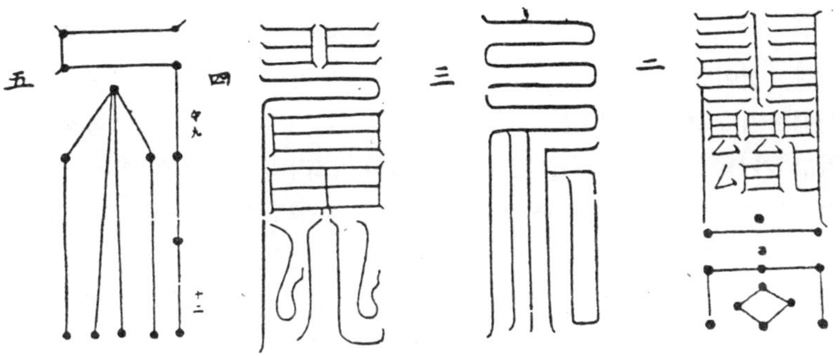

老君入山符〈抱朴子 卷十七〉

−여기에서 말하고 있는 것을 보면 도교와 산악이 밀접한 관계를 가지고 있음을 알 수 있다.−

43. 병속에 든 남자 −치병부(治病符)

(『神仙傳』卷五, 壺公)

후한(後漢) 무렵의 일이다. 하남성(河南省)에 있는 어느 지방에 시장을 관리하는 관리인 비장방(費長房)이라고 하는 사람이 있었다. 어느날 그가 관리하는 시장에서 한번도 본 일이 없던 노인 한사람이 먼 곳에서 와서 약장사를 하기 시작하였다. 그 노인이 파는 약은 값이 몹시 비쌌지만 효능은 매우 좋아서 그 약을 먹기만 하면 어떤 병이든 금새 나아 버렸다.

그러므로 그 노인은 금새 돈을 많이 벌게 되었는데 이상한 일은 그 노인이 벌어들인 돈을 거의 다 시장안의 못살고 가난한 사람을 위해서 써 버리는 것이었다. 그리고 자기는 그저 잔돈푼 정도만 가지는 것이었다.

노인은 언제나 상점의 기둥에 커다란 병을 하나 매달아 놓아 두고 해가 저물면 그 병 속으로 뛰어 들어가곤 하였는데 아무도 그러한 사실을 눈치채지 못하였다. 그런데 비장방 만은 높은 건물 위에서 그러한 것을 보아서 알고 있었으며 그로 미루어 노인이 보통 사람이 아님을 짐작하고 있었다.

그리하여 그는 매일 노인의 상점 앞을 청소하여 주기도 하고 먹을 것을 가져다 주기도 하며 노인의 환심을 사려 하였다. 그러나 노인은 본 체도 하지 않는 것이었다. 그렇지만 노인은 비장방이 이에 개의치 않고 오랫동안 친절베풀기를 계속하면서도 아무것도 요구하는 일이 없자 그를 점차 믿게 되었고 가까이 하는 기색을 보이게 되었다. 그러던 어느날이었다. 노인은 비장방을 부르더니 해가 져서 어두워지거든 아무도 알지 못하도록 자기에게 오라고 말하는 것이었다.

저녁이 되어 그가 노인의 상점으로 가자 노인은 자기를 따라서 병 속으로 뛰어 들어오라고 말하고 먼저 병속으로 뛰어드는 것이었다. 비장방은 시키는 대로 노인을 따라 뛰어 들어가 보니 그 곳은 좁은 병 속이 아니라 대단히 넓은 다른 세계가 전개되는 것이었다. 훌륭한 궁전이 있었고 넓은 도로가나 있었으며 신비하고 아름다운 세계였다. 그곳은 그야말로 말로만 듣던 신선의 세계임에 틀림없었다.

궁전으로 통하는 길 어귀에서 그를 맞은 노인은 그를 향하여「나는 실은 선인인데 옛날 천계에서 실수한 일이 있어 그 벌로써 잠깐동안 인간계에 내려와 살게 되었다. 그대는 장래가 촉망되는 젊은이이므로 내 정체를 알아차린 것이로다.」하고 말하는 것이었다. 그가 놀라 이제까지 실례된 것을 용서를 구하며 선도를 가르쳐 줄 것을 간청하니 노인은 쾌히 승락하고 이 사실을 다른 사람에게 발설하지 말라고 당부하였다.

병의 세계에서 돌아온 얼마후의 일이었다. 노인이 하루는 비장방을 부르더니「그대와 둘이서 한잔하고 싶어 술을 조금 가지고 와서 계단 아래에 놓아 두었으니 가서 가지고 오게」하고 그에게 말하였다. 그가 이르는대로 가서 술항아리를 들고오려 하였으나 어찌된 일인지 항아리를 들 수가 없었다. 그는 사람들을 불러 모아 수십명이 힘을 합쳐 들려 했어도 항아리는 꿈쩍도 하지 않았다. 할 수 없이 노인에게 그 사실을 고하니 노인이 직접 계단 아래로 내려가 단지 한 손가락으로 항아리를 들어 올리는 것이었다. 그런데 그 술항아리는 주먹만한 크기였다. 그것을 두사람이서 마시기 시작하였는데 밤이 늦도록 마셨건만 술항아리는 조금도 비지 않았다.

어느날 노인은「나는 얼마 안있으면 벌이 다 면해지게 되므로 선계에 돌아가게 되는데 그대도 갈텐가?」 하고 묻는 것이었다. 비장방은 「예, 꼭 따라 가고 싶습니다만 처자가 붙들 것이 걱정이 됩니다」 하고 말하니 노인은 한자루의 푸른 대나무 지팡이를 그에게 주면서 집에 돌아가거든 집안 식구들에게 병이 났다고 말하고 이 대지팡이를 본인 대신에 자신의 침상에 놓아두고 돌아오라고 시켰다.

비장방이 집에 돌아가 노인이 이르는대로 하자 가족들에게는 그 지팡이가 그로 보여 병들어 갑자기 죽은 것으로 보이게 되었다. 가족들은 슬피 울면서 지팡이를 장사 지냈다.

노인의 거처에 돌아왔는데 전혀 본적이 없는 처소에 자신이 와 있는 것이었다. 그는 갑자기 정신이 어리벙벙하게 되어 무엇이 어떻게 된 일인지 모르게 되었다. 문득 정신을 차리고 보니 자기 주변에 여러 마리의 호랑이가 있어 지금이라도 잡아 먹을 듯이 으르렁대고 있는 것이었다. 그러나 그는 태연하여 조금도 두려워하지 않았다.

다음에는 석실 안을 들어가게 되었는데 석실 위를 보니 머리위 천장에 커다란 바위가 한 가닥의 밧줄에 묶여 있는데 그 밧줄을 수많은 뱀들이 물어뜯고 있어 금새라도 그 바위가 떨어질 것 같은 형세였다. 그러나 그는 안색하나 변하지 않고 그 곳을 통과하였다.

그러자 노인이 나타나서 웃으면서 「그대를 시험해 보니 이제 도의 깊은 뜻을 전해도 좋을 만하겠다」고 말하는 것이었다. 그리고는 길이 굵은 구더기들이 우글우글 들끓고 있는 똥 한덩이를 주면서 먹으라고 하는 것이었다. 그런데 그 똥은 냄새가 또한 어떻게나 지독하게 나는지 제법 담이 큰 그도 그것은 도저히 참을 수가 없었다.

한참을 그의 태도를 지켜보던 노인은 매우 애석한 표정을 지으며 「역시 안되겠다. 그대에게 선도의 깊은 뜻을 전하는 것은 어려운 일이로구나. 그러나 아쉬운대로 지선(地仙)은 될 것이니 수백년동안 수명을 보전하는 일은 가능하리로다」하고 말하였다. 그리고서 부적 한장을 건네주며 「이것을 가지고 있으면 언제나 도깨비나 신들을 부릴 수가 있고 어떠한 재앙이나 병도 물리칠 수가 있을 것이다」 하고 무척 아쉬운 듯이 말하는 것이었다.

그도 할 수 없이 자기 집으로 돌아갈 수 밖에 없었는데 어떻게 하면 돌아갈 수 있을지를 몰라 망설이고 있자 노인은 한자루의 지팡이를 주면서 그것을 타고 돌아가라고 이르는 것이었다. 그가 노인에게 작별을 하고 그 지팡이를 타자 순식간에 자기 집에 이르렀다.

놀란 것은 그의 가족들이었다. 처음에는 유령이 아닌가 하고 의심하였으나 그가 처음부터 이제까지의 일을 상세히 설명하고 그가 죽어 묻었던 관을 다시 열어 보니 과연 그 안에는 푸른 대나무지팡이 한자루가 들어 있는지라 가족들도 비로소 납득하게 되었다.

그가 타고 온 지팡이를 연못에 던져 넣었는데 그것이 갑자기 한마리의 청룡으로 화하는 것이었다. 그는 집을 나선지 하루정도 지났을 뿐이라고 생각했는데 실은 일년이란 세월이 흐른 것을 알았다.

그로부터 그는 노인으로부터 받은 부적의 힘으로 어떠한 병이라도 금새 낫게 하며 도깨비나 신들도 마음대로 부릴 수가 있게 되었다. 그 무렵 그의 향리에서는 도깨비의 장난에 난감해 하고 있었다. 그 도깨비는 마치 지사와 같이 군림하여 사람들을 심하게 괴롭혔다. 그래서 그가 나서기로 작정하고 그 도깨비를 체포하러 그곳에 갔는데 그 도깨비는 그를 무서워하여 좀처럼 가까이 오지 않았다. 부적을 이용하여 가까스로 그 도깨비를 잡고 보니 그 정체는 커다란 자라였다.

—선인수행의 힘든 과정과 생사를 초월하여야 비로소 득도할 수 있다는 것 등을 이 이야기는 말하고 있다. 부적을 가지고 있으면 그 힘으로 어느 정도 자재(自在)의 힘을 가질 수 있다고 믿어져 왔던 것으로 보인다.—

44. 수성(水星)은 음란녀 —기우부(祈雨符)

(『子不語』 卷七, 孛星女身)

산동성(山東省)에 비를 내리게 한다든지 개이게 한다든지 하는 일을 대단히 능숙하게 하는 도사가 살고 있었다. 건륭(乾隆)12년(서기 1747년)의 일이었는데 산동성 지방에 여러해 동안 큰 가뭄이 계속되어 사람들의 인심이 흉흉하여지고 백성들의 살림이 어려워졌다. 성(省)의 차관(次官)이 여러가지 방법으로 비를 내리도록 제사를 신에게 지냈으나 조금도 효력이 없었다. 그러던 중에 그 도사가 비를 내리게 하는 데에 남다른 힘을 가졌다는 소문을 들은 차관은 도사를 억지로 끌고 와서 비를 내리게 하도록 명령을 하였다.

도사가 「기원을 드리면 비를 내리게 하지 못할 것은 없습니다. 그러나 수성(水星)이 하계에 내려오는 때를 기다리지 않으면 절대로 불가능합니다. 그리고 때가 오더라도 당신은 비단으로 만든 겉옷 한벌과 은 백냥을 기부하지 않으면 안됩니다. 또 그 일을 하게 되면 나는 십년의 생명이 단축되게 되는 것을 각오해야만 합니다. 만약 이러한 조건들이 갖추어지면 비를 내리게 할 수 있습니다.」하고 말하자 차관은 그렇게 하마고 약속하였다.

그러자 도사는 미리 기도를 할 단을 만들고 그 날이 오기를 기다리고 있었다. 그 날이 오자 그는 단에 올라 한 사람의 어린아이를 불러 그 소년에게 석장의 부적을 써 주고서 「이러저러한 곳으로 가면 밭 가운데에 있는 하얀 옷을 입은 여인을 발견하게 될 것이다. 그러면 첫번째 부적으로 그녀를 때려라. 그러면 그녀는 반드시 너를 쫓아오게 될 것이다. 그러면 두번째의 부적으로 때려라. 그녀는 더욱더 화를 내며 쫓아오리라. 그러면 세번째 부적으로 다시 때리고서 급히 이 단으로 달려 오너라. 그러면 된다.」하고 말하였다.

어린 아이가 명을 받고 이르는 대로 가 보니 과연 하얀 옷을 입은 여인이 서 있었다. 첫번째의 부적으로 때리자 그녀는 노하여 바지를 벗어버리고 쫓아오는 것이었다. 두번째 부적으로 때리자 이번에는 상의를 벗어 버리고 유방을 내 놓은 채로 쫓아오는 것이었다. 마지막 부적으로 그녀를 때리자 우뢰가 울리며 그녀는 그야말로 맨몸이 되어 미친사람처럼 되어 쫓아오는 것이었다. 어린아이가 단이 만들어진 곳으로 돌아오자 바로 그녀도 쫓아오는 것이었다.

도사가 단상에서 부적을 내 보이면서 비, 비, 비 하고 큰 소리로 외치자 그녀는 단하에서 새파랗게 질리면서 쓰러져 버렸다. 그러자 곧 그녀가 쓰러진 자리에서 구름이 피어나기 시작하더니 5일간이나 계속하여 큰 비가 쏟아져 내렸다. 도사가 단을 내려와 비단 겉옷을 그녀에게 덮어주자 제정신을 차렸는데 그녀는 부끄럽기도 하고 화가 나기도 하여 발을 동동구르는 것이었다. 차관은 입을 옷과 은 백냥을 주고 노파를 딸려 그녀의 집으로 돌아가도록 하였다.

후에 도사에게서 들으니 수성은 음란녀로서 구름이나 비를 일으키는 역할을 하는데 천상에서는 언제나 알몸으로 생활한다고 한다. 이날 하늘로부터 내려온 것을 부적으로 유인하여 무리하게 비를 내리게 하였는데 그 방법이 난폭하고 거칠었기 때문에 도사 자신은 필시 천벌을 면치 못할 것이라고 하였다. 과연 몇년 가지 않아서 그 도사는 급사하고 말았다.

— 이 이야기는 조금 난폭하기는 한데, 비를 내리게 하는 데에 꼭 부적을 사용하고 있는 점이 주목된다. 예전에는 무당이 춤을 추어 비를 내리게 하였다. —

45. 부적을 도깨비에게 빼앗긴 돌팔이 도사 —귀신칙소법(鬼神勅召法)

(『閱微草堂筆記』 卷六)

어느 마을에 백이충(白以忠)이라고 하는 남자가 살고 있었다. 그는 우연한 기회에 도깨비를 부리는 법과 주문을 외우는 법이 쓰여진 책을 한권 입수하게 되었다. 그 책을 읽은그는 그 책에 쓰여 있는 여우나 도깨비를 부리는 법을 이용하여 멀리 있는 물건을 가져오게 한다든지 또는 자기 주변에 있는 것들을 먼 곳으로 보낸다든지 하는 방법을 써서 자신의 생활을 도모하려는 좋지 못한 생각을 해 내었다.

하루는 그 책에 쓰여 있는 바에 따라서 주문을 외우는 데에 필요한 준비를 하고서 도사의 몸차림을 하고 달이 밝은 날 밤에 황량한 묘지에 가서 실험을 하여 보았다. 책을 보아 가면서 주문을 외우자 과연 사방으로부터 많은 도깨비 떼가 음산한 울음을 내면서 몰려 들었다.

그는 득의만만한 기분이 되어 한바탕 웃고 싶은 기분이었는데 그 순간 갑자기 강한 바람이 불어와서 깜짝할 사이에 그 책이 날려 근처의 풀 숲으로

가 버리는 것이었다. 그는 급히 달려가 책을 줍기 위하여 근처의 풀 숲을 찾는데 그 보다 먼저 하나의 도깨비가 재빨리 그 책을 주워 달아나 버리는 것이었다.

그러자 이제까지 점잖게 그의 말을 듣던 수많은 도깨비들이 캭캭 왁왁 소리를 지르며 그의 주위를 둘러싸고는「너는 저 책에 쓰여 있는 부적이나 주문의 힘에 의지하여 우리들을 부렸지만 저 부적마저도 없으면 이제는 우리들의 차례다. 넌 뭐 조금도 겁나지 않았지? 이제 당해 봐라. 자 얘들아 이녀석을 혼내 주자」하고 말하면서 욕을 퍼 부으며 놀려대고 달려드는 것이었다.

겁을 잔뜩 먹은 백이충은 왼쪽으로 오른쪽으로 도망을 해 댔다. 그가 잘 잡히지 않자 도깨비들은 이번에는 그를 향하여 작은 돌이며 기와조각들을 비 오듯 던져대었다. 백이충은 어떻게 어떻게 하여 가까스로 그들을 피하여 겨우 집에 당도할 수가 있었다. 그렇지만 그는 그날 밤부터 심한 열병에 걸려 한달이 넘도록 병상에 누워있어야만 하였다. 모두가 도깨비들의 장난에 걸려 이 모양이 되었다고 생각한 그는 한편으로 부끄럽기도 하고 한편으로는 울화가 치밀기도 하여 고민을 하다가 어느날 그의 아버지에게 모든 것을 고백하였다.

아버지는 그 이야기를 듣고 뜻밖에도 웃으면서「참으로 다행이다. 네 그 술법이 성공하지 못해서 정말 다행이다. 웃지 않을 수 없을 정도로 참 잘된 일이다. 만약 네가 그 술법을 성공하였다고 한다면 뒤에 어떠한 큰 재앙을 만났을지 모르는 일인데 그 정도에 그치다니 그것은 너에게 복이 있었다는 증거이구나」하고 위로하였다.

—이처럼 유머러스한 이야기의 이면에는 경계함도 들어 있다. 예전에는 부적이나 주문의 힘을 이용하여 자력으로 미치지 못하는 것을 손에 넣으려는 헛된 꿈을 꾸고 있는 사람이 많았을 것이다. 일설에는 앞에 소개한 비장방의 경우에 부적을 도깨비에게 빼앗겨서 죽었다는 이야기도 있다.—

46. 여우에게 부적을 빼앗긴 욕심꾸러기 도사 —오뢰법(五雷法)

(『閱微草堂筆記』卷二十)

강소성(江蘇省)에 있는 아산(芽山)에 본산을 둔 아산파(芽山派)라고 하는 도교의 일파가 있었다.

한 때에 이 아산파에서 방술을 배워 여우와 도깨비의 퇴치를 아주 잘하는 한사람의 도사가 있었다. 그는 어느날 여우로부터 재앙을 입어 벙어리가 된 어떤 집의 부탁을 받았다. 그는 여우 퇴치를 하는데 필요한 부적과 도구들을 준비하여 주문을 외우는 데에 적당한 날을 정하여 그 날이 오자, 막 집을 나서려던 참인데 전부터 알고 지내는 한 사람의 노인이 찾아왔다.

노인은 도사에게 자기에게는 예전부터 쭉 사이좋게 지내는 여우친구가 하나 있는데 그 여우로부터 당신에게 한가지 청을 하여 달라는 부탁을 받고 이렇게 찾아왔다고 하며 다음과 같이 말하는 것이었다.

「당신은 지금부터 여우 퇴치를 위하여 나갈 참으로 알고 있습니다. 그러나 그 여우는 달리 당신한테 잘못한 일도 없을 뿐만 아니라 당신 역시 그 여우에게 별다른 악감정을 가지고 있는 것이 아닌 터입니다. 다만 보수를 받고 여우퇴치를 위해서 나가는 따름이 아닙니까? 그 집에서는 당신이 여우를 잘 퇴치하면 그 예로써 황금 24매를 주기로 약속한 것으로 아는데, 만약 당신이 그 집에 가지 않는다면 여우는 그 열배의 보상을 한다고 합니다. 그러니 어떻습니까? 여우 퇴치를 하러 가는 일을 그만두지 않겠습니까?」노인은 그와 같이 말하고는 탁자 위에 금덩이들을 늘어 놓기 시작하는 것이었다.

원래가 탐욕스러웠던 도사는 생각해 보니 그 편이 훨씬 이익이 된다고 판단하여 그 돈을 집어 넣었다. 그리고 다음날 부탁을 받은 집에 사람을 시켜서 다음과 같은 말을 전하게 하였다. 「어젯밤 부하신장을 시켜서 조사를 하게 해 보니 당신 집에 해꼬지를 하고 있는 여우는 보통여우가 아니라 천호(天狐)임을 알게 되었소이다. 나의 술법은 아직 미숙하여서 보통 여우라면 퇴치가 가능하지만 천호는 퇴치하기에 힘이 미치지 못하므로 죄송하지만 하지 못하겠습니다.」 이렇게 하고서는 그만두어 버렸다.

많은 돈을 손에 넣은 것에 재미를 본 욕심장이 도사는 여우들이 돈을 많이 가지고 있다는 데에 생각이 미치자 술법을 써서 그 돈을 뺏을 궁리를 하게 되었다.

그리고서는 여러가지 여우들을 불러 모아서 술법을 동원하여 우뢰가 가지고 있는 도끼와 불의 힘을 가지고 위협을 하여 여우들로부터 뇌물을 거두어 들였다. 그런데 거기에 그치지 않고 재미를 붙인 도사의 횡포가 날이 갈수록 심해지자 여우 편에서 참을 수 없는 지경에 이르게 되었다. 여우들은 회의를 열고 숙의한 결과 그 도사가 가지고 있는 부적과 도장을 훔치기로 결의하고 꾀를 내어 마침내는 그것을 훔쳐내는 데에 성공하였다.

부적과 도장이 없고서는 도사는 신통력도 쓸 수가 없었다. 여우들은 마음놓고 그에게 온갖 해꼬지를 다 하였다. 그 결과 도사는 그만 미쳐버려 고래고래 소리를 지르며 산과 들을 뛰어 다니다가 마침내는 강물에 뛰어들어 자살하고 말았다. 그러자 수 많은 여우 무리가 그의 집에 몰려가서 그가 가지고 있던 금들을 다 가지고 가 버렸다. 그리하여 급기야 도사의 집에는 땡전 한푼 남아 있지 않게 되었다.

—앞서의 이야기와 함께 부적이 영력이 있는 것이며 도사에게는 힘이 없다는 것을 나타내고 있다. 그러므로 도사를 주술사로 보는 것은 적당치 않다.—

47. 엄청나게 빠른 것 —신행부(迅行符)

(『神仙傳』 巻三, 李意期)

사천성(四川省)에서 태어난 이의기(李意期)는 전한(前漢)의 문제(文帝)때의 사람인데 세상의 소문에 의하면 그 뒤에도 때로 인간계에 몸을 나타내었다고 한다.

그는 성(城)의 옆에 굴과 같은 것을 파고 거기에 살고 있었는데 때때로 어디로 갔는지 행방을 알 수 없다가 일년쯤 지나면 다시 홀연히 돌아오곤 하였다. 여름에도 겨울에도 몸에는 그저 옷 한벌을 걸치고 있을 뿐이었으나 그렇다고 하여 한 여름에 더워하는 적도 없고 겨울에 몹시 추운 날씨가 되어도 오들오들 떠는 일도 결코 없이 언제나 태평한 얼굴로 살았다. 그는 늘 마른고기나 밤, 그리고 대추 밖에는 먹지 않았는데 그럼에도 불구하고 성내에 나가 탁발을 하곤 하였다. 사람들이 그에게 먹을 것이나 수용품들을 주면 그것들을 바로 생활이 어려운 사람들에게 가져다 주곤 하였다.

먼 곳에 급히 가고자 하는 사람이 그에게 가서 부탁을 하면 그는 누구든 구별이 없이 부적을 사르고 그 사람의 양쪽 겨드랑이에 붉은 주문을 써 주었다. 그러면 그 사람은 천리나 떨어진 먼 곳이라도 하루도 걸리지 않고 왕복할 수가 있었다.

그는 또한 사람들에게 이야기 해 주기를 즐겼는데 본 적도 들은 적도 없는 다른 나라들의 궁전이나 거리, 그리고 도관(道觀)등의 풍경에 대해서 이야기하여 주기도 하였다. 그러한 때 다른 사람들이 미처 이해하지 못하면 흙무더기가 있는 곳으로 데리고 가서 손으로 그 형태를 만들어 보이기도 하였다. 그것은 일촌도 되지 못하는 작은 미니어쳐였으나 그 모양은 진짜와 매우 흡사하였다. 그러나 얼마 가지 않아서 모두 사라져 버리곤 하였다.

그러나 그러한 일외에 평상시의 그는 말수가 몹시 적어서 사람들이 무엇을 물어 보면 거의 대답을 하지 않았다. 그리하여 사천성의 사람들은 무엇인가 근심거리가 있어 그에게 물어 보고자 갔을 때에는 그가 말해주지 않을 경우에는 그의 안색을 보고 판단하는 일도 있었다. 그가 빙긋빙긋 웃으며 안색이 밝으면 좋은 일이 일어나게 되는 것이고, 만약 그가 슬픈 얼굴을 하고 표정이 어두우면 불길한 일이 생기는 것으로 판단하면 되었다. 그런데 묘하게도 결과는 언제나 틀리지 않아서 그의 표정 그대로 나타났다.

관우(關羽)가 죽었던 오(吳)나라와의 전쟁에 나설 때 유비(劉備)가 그를 불러 전쟁의 길흉을 점치게 하였다. 그런데 그는 한마디도 하지 않고 종이로 십수만의 병사와 말, 그리고 무기를 만들고서 그러한 것들을 모두 파괴해 버리고는 다시 땅을 파고 커다란 사람을 묻는 모습을 보이고서 그대로 돌아가고 말았다. 유비는 아무래도 마음 한구석이 꺼림찍한 채로 출병을 시켰는데 십수만의 대군이 대패하여 산산조각이 나고 말았다. 유비 자신도 그것에 분개하여 홧병이 나서 얼마 안가서 죽고 말았다.

이의기는 뒤에 낭야산(琅琊山)이라고 하는 산에 들어간 채로 나오지 않았다.

—부적을 몸에 붙이면 몸이 가벼워져 아무리 걸어도 피로하지 않게 된다든지 부적을 가랑이에 끼고 타면 그것이 용으로 변하여 금새 목적지에 도착한다고 하는 이야기도 있다.—

48. 도박에 이기는 부적 —승도부(勝賭符)

(『聊齋志異』 卷六, 賭符)

산동성(山東省)에 있는 도관(道觀)에 한 사람의 도사가 살고 있었다. 이 도사는 방술(方術)이 뛰어난 사람이었으므로 모두에게 선인으로 존경받고 있었다.

이 도사가 알고 있는 사람 중에 도박을 세끼 식사보다 좋아하는 사람이 있었다.

어느날 천불사(天佛寺)라고 하는 절에 어디서 왔는지도 모르는 한 사람의 승려가 왔다. 그 승려는 본업은 저리 걷어 치워 버리고 도박만을 일삼는 형편없는 파계승으로 승부 거는 솜씨가 또한 호쾌하였다.

그 승려가 대단한 도박사라는 소문을 들은 도박을 좋아하는 남자는 적수를 찾은 기쁨에 집에 있는 돈을 모두 모아가지고 승부를 가리려고 천불사로 갔다. 그러나 도박판을 벌인 결과는 몽땅 져서 무일푼이 되고 말았다. 절치부심한 그 남자는 자신의 소유로 되어 있는 전답을 잡히고 다시 한번 도박을 하였으나 결과는 마찬가지로 하룻밤을 넘기지 못하고 모두 잃고 말았다.

맥이 탁 풀린 그는 도사한테 가서 앞에 서기는 했으나 창황전도하여 어떤 말을 먼저 해야 할지 몰라 횡설 수설하고 있는데 앞뒤 말을 뜯어 맞추어 가며 대충 전후 사정을 짐작한 도사는 웃으며 그에게 말하였다. 「언제나 도박 따위를 하면 돈을 잃는 것은 당연한 일이 아닌가? 그렇지만 만약 그대가 이제부터는 금륜제(金輪際)도박을 하지 않겠다고 약속만 하면 내가 그대의 잃은 돈을 다시 따게 해 주겠네.」

그 남자는「만약 제가 잃은 돈을 다시 따게만 해 준다면 그 까짓것 도박 도구까지 몽땅 망치로 때려 부수어버리고 말겠습니다.」하고 대답하였다. 그러자 도사는 한장의 부적을 주어 그 남자의 허리에 차게 하였다. 그리고는「만약 본전을 찾기만 하면 그만 두어야 하네. 절대로 욕심을 부려서는 안돼」하고 신신당부하고는 백냥을 빌려주며 자금을 삼게하였다.

크게 기뻐한 그 남자는 천불사에 다시 찾아가 세번째의 승부를 걸었다. 그 남자가 가진 돈을 본 방주(坊主)는 그런 잔돈푼을 가지고는 도박을 해야 재미가 없다고 하여 상대하지 않겠다고 하는 것을 그 남자는 단 한번만이라도 좋으니 제발 상대해 달라고 조르자 그 중도 웃으면서 상대해 줄 것을 허락하였다.

그 남자는 백냥을 한번에 걸었다. 중이 주사위를 던졌는데 아무것도 나오지 않았다. 이번에는 그 남자가 던지자 이긴 표가 나왔다. 이번에는 중이 2백냥을 걸었다. 또 다시 중이 잃게 되었다. 이처럼 점차 판돈이 커져가서 마침내는 만냥을 한번에 거는 내기가 되었다. 이렇게 하여 판을 거듭하여 가는 동안에 전에 잃었던 돈을 모두 되찾게 되었다.

본전을 찾은 남자는 이번에는 슬그머니 욕심이 생겼다.「내친 김에 몇천냥정도 더 따도 괜찮지 않을까?」하는 생각이 슬그머니 들어 다시 돈을 걸고 도박을 계속하였다. 그런데 이게 웬일인가? 이제까지 승승장구 계속 따던 자기가 점차 잃기 시작하는 것이 아닌가? 문득 허리를 살펴 보니 부적이 없어졌다는 사실을 알게 되었다. 깜짝 놀란 그는 도박을 중단하였다.

도사가 있는 곳에 돌아가서 빌린 돈을 갚고서 돈을 계산하여 보니 전에 잃었던 바로 그 액수가 남게 되는 것이었다. 도사에게 부적이 없어지게 된 경위를 말하자 도사는「부적은 여기에 있네. 욕심내지 말라고 일렀거늘 그대가 욕심을 내었으므로 내가 이것을 거두었다네」하고서 웃는 것이었다.

49. 대추 한개 먹고 수백년을 －벽곡(辟穀)

(『歷世眞仙體道通鑑』卷二十八, 王質)

진(晉)나라 무렵에 나무를 해다 팔며 생계를 유지하던 왕질(王質)이라고 하는 사람이 있었다. 어느날 여느 때와 마찬가지로 석실산(石室山)에 올라가 나무를 하고 있었는데 문득 저 편에 돌로 만든 굴과 같이 생긴 방이 눈에 뜨였다. 가까이 가 보니 석실 안에는 여러명의 어린 아이들이 모여서 바둑을 두고 있었다. 원래 바둑을 즐겨하던 그였으므로 나무하던 것도 잊어버리고 석실에 들어가 열심히 바둑 두는 것을 구경하였다. 그런데 그 중의 한 어린 아이가 대추를 한개 주는 것이었다. 무심코 그 대추를 입에 넣고 그것을 먹었는데 얼마를 있어도 조금도 배가 고픈 줄을 모르겠는 것이었다.

시간 가는 줄을 모르고 바둑 구경에 열중하여 있는 그에게 그 중의 한 어린 아이가 문득 그를 보더니 「그대가 이렇게 구경하고 있는 동안에 시간이 많이 흘렀네. 언제까지 구경하고 있을 참인가? 어서 집에 돌아가 보지 그래.」하고 말하는 것이었다. 그러자 제 정신이 돌아온 그는 집에 돌아가 보아야겠다는 생각이 불현듯 들어 옆에 놓아 둔 도끼를 들어 보니 자루가 다 썩어서 가루가 되어 버리는 것이었다. 그리고 도끼날은 빨갛게 녹이 슬어서 도저히 사용할 수 없게 되어 버린 것이었다. 깜짝 놀라 산을 내려와 집에 가 보니 아침에 올라 왔던 자기 동네가 아닌 이상한 동네로 변해 있었다.

알고 보니 자기가 산에 들어간 것은 수 백년전의 일로써 자기 가족이나 친척 등은 모두 세상을 떠난 후였다.

－오곡을 먹지 않고 풀이나 나무 등으로 약을 만들어 먹고서 장생하는 방법이 벽곡법이다. 이 이야기에는 대추가 등장하고 있는데 대추도 그러한 약의 한가지로써 중요시되고 있다.－

50. 돌도 또한 식품이 된다. －벽곡약(辟穀藥)

(『抱朴子』 卷十五)

인석산(引石散)이라고 하는 약을 한 숟가락 물에 넣어 한참동안 끓이고 그 가운데 백석(白石)을 넣어 다시 끓이면 돌은 토란처럼 부드럽게 물러져서 먹을 수가 있게 된다고 한다. 이 방법을 알아 낸 장태현(張太玄)이라고 하는 사람은 가족들과 십여인의 제자들을 데리고 임려산(林慮山)에 들어가 십여년 동안을 이 방법을 써서 돌을 먹고서 생활하였으나 모두 건강하였다.

낙양의 백사(白社)라고 하는 곳에 살고 있던 동위(董威)는 실부스러기와 넝마 조각들을 모아서 옷을 만들어 입고 다녔기 때문에 모두들 그를 백결(百結)이라 불렀다. 그는 식사를 한 적이 결코 없었는데 이러한 사실을 알고 신기하게 여긴 한 사람이 그의 제자가 되기를 원하여 그의 문하에 들어갔다. 그리하여 오랫동안 그를 모시며 사는 동안 마침내 밥을 먹지 않고 사는 방법을 배웠다. 그 방법은 감초(甘草)와 산인삼(山人蔘) 등 열가지 종류의 약초를 구하여 그것을 말려서 가루로 만든 다음 그것을 한숟갈 먹고 참새알 만한 크기의 돌 열두개를 먹으면 되는 것이었다. 이렇게 하면 백년간을 지나더라도 전혀 배가 고프지 않는 방법이었다.

이처럼 일반사람들이 하는 것과 같은 식사를 하지 않는 사람들은 살이 쪄 뚱뚱하지는 않지만 산에 올라도 피로한줄 모르고 무거운 물건을 들고 가더라도 쉴 필요도 없게 되어 매우 건강한 몸을 유지하게 된다는 것이다.

51. 한 알에 삼년씩 －벽곡환(辟穀丸)

(『歷世眞仙體道通鑑』 卷五, 沈建)

강소성(江蘇省) 어느 곳에 심건(沈建)이라고 하는 사람이 살고 있었다. 그의 가문은 대대로 현의 관리가 되는 것이 전통이었으나 그 만은 주위에서 아무리 권해도 관리가 되는 것을 싫어하여 옹고집처럼 은둔의 생애를 보내었다. 그 대신 그는 도교를 좋아하여 열심히 도인(導引)이나 벽곡(辟穀) 등의 법술을 연구하여 장생의 길을 구하였다.

그는 또한 병을 낫게 하는 장기를 가지고 있어서 아무리 중병이라 할지라도 그는 쉽게 치료하였기 때문에 사람들은 병이 들면 그의 집을 찾아 왔다. 그리하여 그 지방 사람들은 그를 매우 존경하여 그를 믿고 따르는 사람들이 수천여호에 이르렀다.

어느날 그가 그 중의 한 가정을 방문하여 주인에게 이제부터 멀리 여행을 떠나는데 자신이 없는 동안 이러이러한 것을 관리하여 달라고 부탁을 하는 것이었다. 그런데 그 관리하여 달라고 하는 내용을 보니 남녀 하인 15인, 당나귀 한마리 그리고 양이 수십마리였다. 주인은 어안이 벙벙하여 어처구니 없는 얼굴을 하고 그를 쳐다보았다. 그로서는 그처럼 많은 식구들을 먹여 살릴 능력이 없었기 때문이었다. 그런데 심건은 품에서 환약을 꺼내더니 하인과 동물들 모두에게 각각 한알씩의 환약을 먹이는 것이었다. 그리고는 「아니 그렇게 놀랄 필요는 없소이다. 염려할 것이 없어요. 이들을 다만 재워주는 것만을 바랄 뿐이지 먹여 줄 필요는 없으니까요」 하고 말하고서 홀연히 돌아가 버리는 것이었다.

어이없어진 것은 그 주인이었다. 저 선생님께서야 먹이지 않아도 된디고 간단히 말하고 가 버렸지만 이 많은 가축들과 식구들을 어찌한단 말인가? 하고 난감한 심정이었다. 어떻게 먹지않고 살 수 있을 것인지 상상할 수 조차 없는 그는 머리를 갸웃거리면서도 걱정이 되는 것이었다.

사람 좋은 주인은 그래도 식사를 준비하지 않을 수 없었다. 그런데 15인의 하인들의 음식을 준비하여 먹으라고 하니 그들은 음식 냄새를 맡는 것만으로 토할 것 같은 기분이라며 젓가락을 들 생각조차 하지 않는 것이었다. 그리하여 이번에는 당나귀와 양들에게 풀을 가져다 주어 보았다. 그런데 동물들도 풀을 피하기만 하는 것이었다. 그래서 억지로 먹이려 하니 밀어 젖히는 것이었다. 놀란 주인은 할 수 없어 그대로 두는 수 밖에 없었다. 이렇게 하여 백일이 지나도 아무것도 먹지 않은 하인들의 몸은 번들 번들하여 조금도 굶은 흔적이 없었다. 가축들도 살이 토실토실 오르는 것이었다.

3년이 지났다. 어느날 홀연히 돌아온 심건은 자기가 없는 동안 주인에게 맡겨 놓은 것에 대하여 사례를 하고 그들을 데리고 돌아갔다. 그리하여 하인들에게 다시 환약을 한알씩 먹이니 놀랍게도 그들은 이전과 마찬가지로 보통의 먹을 것을 먹을 수 있게 되었다.

이러한 일이 있고서부터 심건 자신은 오곡을 전혀 입에 대지도 않았다. 그리하여 신체가 무척 가볍게 되어 공중을 날을 수가 있게 되었기 때문에 어느 곳에도 자유롭게 오갈 수 있게 되었다. 이와 같이 하여 3백년을 지난 어느날 그는 어디로 갔는지도 모르게 행방을 감추어 버렸다.

—이 이야기에서 나오는 환약이 소위 벽곡환이다. 벽곡환을 만드는 방법이나 종류는 매우 많다. 『포박자』에도 보이고 있다.—

52. 아크로바트 —도인법(導引法)

(『子不語』～ 卷九, 呂道人驅龍)

하남성(河南省)에 여도인(呂道人)이라는 도사가 살고 있었다. 그는 나이가 백살이 넘었는데도 그가 잠잘 때 코고는 소리는 마치 천둥이 치는 것과 같이 요란하고 그 숨쉬는 것을 보면 내뿜는 숨이 마치 불꽃에라도 닿는 것처럼 뜨거웠다. 어떤 장난을 좋아하는 사람이 있었는데 그의 등에 떡을 붙여 놓았더니 금새 구워져서 먹을 수가 있었다고 한다. 그는 보통사람과 다른 점이 많아서 한 열흘 굶어 볼까 하고 작정을 하면 간단하게 굶을 수가 있는가 하면, 한꺼번에 계란 5백개 정도를 먹어 치울 수도 있었다. 또한 몸에 걸치는 것은 일년 내내 단 한벌의 의복으로 충분하고 하루에 삼백리를 걷는 것 정도는 간단한 일이었다.

청나라의 옹정년간(雍正年間)에 국가적인 사업으로 장가구(張家口)란 곳에 제방을 쌓았는데 제방이 거의 다 완성될 무렵이면 무너져 버리곤 하여 막대한 비용을 들이고도 도무지 완성을 보지 못하고 있었다. 공사의 총 책임장관이 형편없는 몰골로 고심하고 있는 그곳에 여도인이 방문하였다. 그 관계자가 어려운 고충을 말하자 여도인은 그것은 이 물밑에 사는 독룡의 장난 때문이라고 답하였다.

장관이 제발 그 독룡을 없애달라고 부탁하자 여도인은 다음과 같이 말하였다. 「그 녀석은 2천년이나 묵은 놈이라서 나처럼 박복한 사람은 어떻게 손을 써 볼 수 없는 상대입니다. 보통 사람의 부탁으로는 어쩔 도리가 없으니 임금님의 명령서를 유지에 잘 싸서 내 배에 둘러 묶고 공사를 지휘하는 총 책임장관의 관인과 서명으로 봉인을 하여 주십시오. 그렇게 하면 내가 강을 날아서 용과 싸우면서 밀어뜨려 뼈를 분질러 버릴테니까요.」

공사의 총 책임장관은 여도인이 말한 대로 준비하지 않을 수 없었다. 모든 준비가 끝나자 여도인은 명령서를 배에 묶고서 칼을 들고 강 가운데로 날아갔다. 한참 있자 검은 안개가 바람과 함께 일고 우뢰가 치는 소리가 들리며 하늘까지 닿을 것 같은 파도가 일었다. 그것은 그야말로 무시무시한 광경이었다.

다음날 밤이 되자 등을 웅크리고 온몸에 피가 낭자한 채로 피가 뚝뚝 흐르는 칼을 든 여도인이 돌아왔다. 그는 「사투끝에 용의 한쪽 발을 잘라 떨어뜨렸으나 나도 용의 꼬리에 휘감겨 맞아서 늑골이 부러지고 말았습니다. 용의 한쪽 발은 강 가운데에 떨어져 버렸으므로 발톱만 이렇게 들고 왔습니다.」하고 말하면서 물소의 뿔 크기만한 용의 발톱을 내 놓았다.

장관은 몹시 기뻐하여 술 잔치를 베풀어 도인의 노고를 위로하였다. 그리고는 의사를 불러 부러진 뼈를 손보게 하였다. 그러자 그는 의사의 손길을 사양하면서 「내 자신의 진기(眞氣)로 양생하였으므로 괜찮을 것입니다. 반년정도 지나면 나을 것입니다.」 하고 말하였다. 제방은 다음날 멋지게 완성되었다.

건륭(乾隆)4년(1739)에 여도인이 도읍에 가니 그 이름을 전해 들은 병이 든 왕족이나 귀족들이 모여들어 병을 낫게해 줄 것을 청하였는데 모두들 그의 도움을 받아 병이 나았다.

여도인이 도인(導引)의 술에 매우 능한 것을 안 사람들이 그 방법을 물었으나 도인은 단지 웃기만 할 뿐 답을 하지 않는 것이었다. 그래서 사람들이 도인의 하인에게 가만히 그 방법을 묻자 「글쎄요 도인께서는 뭐 따로 하시는 것이 없습니다. 다만 매일 아침에 너른 뜰에 나가 떠오르는 태양을 향하여 몇번이고 호랑이의 자세를 취하여 난다든지 뛴다든지, 또는 햇빛을 입으로 머금어 마신다든지 하는 것 뿐입니다.」하고 심드렁하게 답하는 것이었다.

－도인법에는 복잡한 것이 많으나 그 중에는 이처럼 간단한 것도 있다.－

53. 동물체조 ―오금희(五禽戱)

(『歷世眞仙體道通鑑』卷二十, 華陀.『雲笈七籤』卷三十二, 導引按摩)

후한(後漢)무렵에 외과 수술에 능한 화타(華陀)라고 하는 의사가 있었다. 그는 마비산(麻沸散)이라고 하는 마취약을 환자에게 마시게 하고서 수술을 하였기 때문에 손쉽게 수술을 할 수가 있었다. 환자가 본다면 까무러칠 만큼 큰 구멍을 내고 수술을 하여도 환자는 전혀 알지 못하였으며 대부분의 상처는 한달 정도면 완쾌되었다.

그는 또한 도인법(導引法)을 행하였기 때문에 백세 가까이 나이가 들었음에도 불구하고 겨우 이십세 전후의 젊은이로 보였다. 그러한 방법을 제자 가운데 한 사람에게 다음과 같이 가르쳤다고 한다.

인간의 신체는 언제나 적당히 움직이고 있으면 피가 자연스럽게 돌아서 병이 일어나지 않는다. 언제나 활용되고 있는 집이 부서지거나 썩지 않는 것과 같은 이치이다. 그러므로 옛부터 선인이나 도사들은 머리나 허리, 그 밖에 관절을 움직여서 노화를 방지시켰는데 여기는 오금희(五禽戱)라고 하는 다섯가지의 움직이는 방법이 있다.

그 첫째 방법인 호희(虎戱)는 우선 손 발의 네 다리로 엎드려 앞으로 세 번 뒤로 한번 쭉 펴서 허리를 늘인다. 그리고서 반대로 위를 보고 누워 네 발을 바닥에 대고 허리를 올려 한껏 쭉 편다. 이를 일곱번 반복하는 방법이다.

두번째 방법인 록희(鹿戱)는 네 다리로 엎드려 머리를 왼쪽 뒤편으로 쭉 늘이기를 세차례하고 오른편 뒤쪽으로 늘이기를 두차례한다. 그리고는 왼발을 왼쪽으로 세차례, 오른발을 오른쪽으로 두차례 늘였다 오그렸다하는 것을 반복한다.

세번째 방법인 웅희(熊戱)는 천정을 보고 누워서 양 손으로 무릎 아래를 깍지 끼고 머리를 일으켜 땅에 닿지 않을 정도로 좌우로 일곱번 늘이고 앞뒤로 늘이기를 반복하고 좌 우의 손으로 번갈아가며 신체를 떠받치는 방법이다.

네번째 방법인 원희(猿戱)라고 하는 것은 무엇인가에 올라 양손으

導引(虎戲)

로 잡고 축 늘어져 팔꿈치를 폈다가 오그렸다가 하여 일곱번 신체를 상하로 오르내리게 하고 양 발로서 일곱번 내리 잠기도록 한다. 그리고서 손으로 깍지 끼고 거꾸로 서서 머리를 일곱번 들어 올린다.

마지막으로 조희(鳥戲)는 양 손을 아래로 내리고 한쪽 발을 학의 다리처럼 쭉 들어 올린다. 그리고서 양 손을 늘이고 눈을 부릅뜨고 노려보기를 일곱번 한다. 다 마치면 앉아서 다리를 늘인다. 그리고 다리를 모으고 양 손이 발꿈치에까지 이르도록 늘어뜨리기를 입곱번, 양 팔꿈치를 굴신시키기를 일곱번 하는 방법이다. 이 다섯가지 방법은 어느 것이나 병을 낫게 하고 수족을 잘 움직이도록 하는 것이므로 어느 것이든 한가지만 하여도 좋다. 또한 하는 정도는 땀이 끈끈하게 나는 정도면 적당하다.

이 가르침을 받은 제자는 한동안 실행한 결과 눈과 귀가 밝아지고 이빨도 튼튼해졌으며 구십세가 되었어도 오히려 청년과 같이 되었다고 한다.

—청대(淸代)의 소설 가운데는 혈액의 유통을 잘 시키려고 생각하여 오금희를 실행하고 있는 사람이 있다고 쓰여 있는 것을 보면 이 도인법이 오랜 세월동안 몸에 좋다는 사실이 일반 사람들에게 믿어져 내려왔던 것으로 보인다. 다만 시대가 하대로 내려올 수록 같은 이름이면서도 하는 방법이 다른 것들이 나타나고 있다.—

이 장에서는 이른바 선술(仙術)이라고 하여도 좋을 방술(方術)에 대한 이야기로 묶어져 있다. 특히 28장에서 38장에 이르기까지의 이야기는 수행하여 도의 깊은 뜻에 도달한 사람만이 행할 수 있는 술법이다. 그런데 다음에는 이러한 술법에도 부적이나 주문을 외우며 방술을 행하면 이루어진다고 하는 것으로 되어 있다. 청조(淸朝)의 장천사(張天師)는 후자의 형태를 잘 드러내고 있는 예로서 천사는 물론 수행도 했을 것이나 열심히 부적이나 인(印)의 힘으로 방술을 행하였던 것이다.

그랬기 때문에 부적의 수는 엄청나게 많아졌다. 모두를 거론하는 것은 가능하지 못하지만 여기에서 몇가지 사례를 드는 것으로도 대체는 짐작할 수 있으리라 본다. 부적이 지닌 영력에 대한 일반인들의 신뢰는 대단히 깊은 것이었다. 그 흔적은 지금도 대만 홍콩 동남아시아 등에 사는 중국인들 사이에 여러가지 형태로 남아 있다.

액막이 굿이나 재초(齋醮)라고 하는 의식에 대해서는 생략하였다.

부적이나 주문을 외우는 것 등의 편이 보다 도교적인 신앙을 잘 나타내고 있다고 생각되기 때문이었다. 마지막 부분에 벽곡(辟穀)과 도인(導引)에 관계된 이야기를 넣은 것은 이러한 방법을 익힌 사람들이 방술을 행할 수 있다고 하는 예로써 제시한 것이다.

어쨌든 이러한 것이 해방 이전의 중국에서는 널리 행해져 왔었다. 불로장생이라고 하는 인간의 보편적인 바램, 그것을 도교는 가장 단적인 형태로 표현하고 있는데 특히 방술부분에 사람들의 절절한 원이 있음을 알 수 있다.

Ⅳ. 도교의 의술

54. 이상한 솔방울 －복이(服餌), 간송(簡松)

(『列仙傳』卷上, 偓佺)

성전(偓佺)이라고 하는 노인이 있었다. 그는 산에 들어가서 약의 재료로 쓰이는 약초를 캐어 그것으로 생계를 잇고 살았다. 그런데 그는 어찌된 영문인지 보통 사람들이 먹는 식사를 하지 않고 솔방울을 좋아하였기 때문에 그것을 언제나 먹고 살았다. 그 뿐만 아니라 그는 생김새도 보통사람과 다르고 하는 행동은 유별났다. 그는 몸 전체에 5, 6촌 길이의 털이 나 있었고 양쪽 눈은 사각으로 모가 나 있었다. 그는 또한 걷는 속도가 매우 빨라서 마치 나는 것과 같았다. 그러므로 달리는 말도 뛰어가서 간단히 추월할 수가 있을 정도였다.

어느날 그는 자신이 언제나 즐겨 먹는 솔방울을 요(堯)황제에게 선사하였다. 그렇지만 요황제는 바빴으므로 그것을 먹을 틈이 없어서 먹지 않았기 때문에 장생할 수가 없었다. 그 무렵 사람들 중에 그로부터 솔방울을 받아먹은 사람들은 모두 2, 3백세까지 장수하였다. 그 소나무는 보통 소나무가 아니고 간송(簡松)이라고 하는 소나무였다.

－오곡을 먹지 않고서 풀이나 나무의 열매, 또는 그러한 것들로 만든 약을 먹고서 장생을 하는 방법을 도교에서는 복식(服食), 또는 복이(服餌)라고 한다. 이 이야기는 가운데에 그 하나의 예로써 요황제같은 성천자도 이 방법을 쓰지 않았기 때문에 장수할 수가 없었다고 하는 내용도 설하고 있어 이 방법의 중요성을 강조하고 있다.－

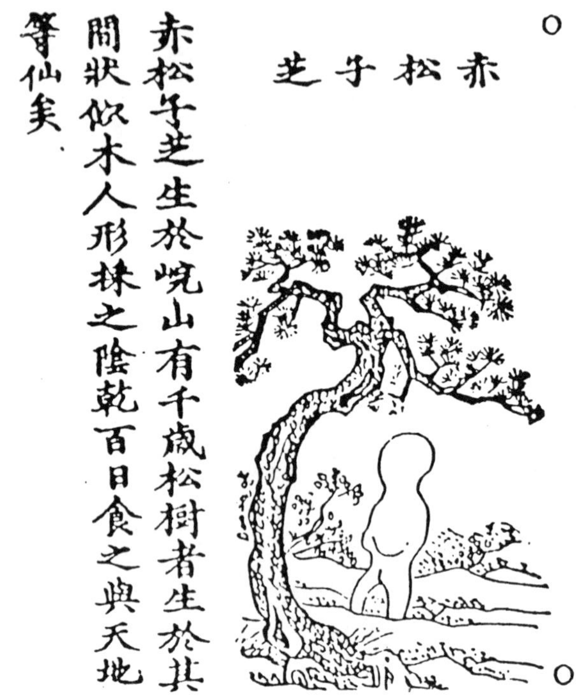

峴山의 천년묵은 소나무 사이에서 자란 사람형태의 버섯을
그늘에 말려 100일간 복용하여 천지와 수명을 같이함 〈道藏 卷三四 P 320〉

55. 국화의 즙은 장생의 약이다 —복이(服餌), 국화(菊花)

(『抱朴子』卷十一)

하남성(河南省) 여현(酈縣)에 높은 산이 있었는데 그 가운데 곡천(谷川)이 흐르고 있었다. 그런데 그 물이 매우 달았다. 곡천의 상류에 있는 양 언덕에 단국화(甘菊)가 자라고 있어서 옛날부터 그 꽃이 강물에 떨어지기 때문에 언제부터인가 강물의 맛이 변해졌던 것이다.

이 곡천의 부근에 살고 있던 사람들은 이 물을 마시기도 하고 이 물로 취사를 하기도 하였는데 그 덕분으로 모두가 장수하였다. 그리하여 일찍 죽어도 8, 90세, 장수하는 사람은 1백 4, 50세까지도 살았다. 조사를 해보니 일찍 죽지않는 원인은 국화의 즙 때문인 것으로 밝혀졌다.

이를 알게 된 하남성의 장관이 된 사람들은 모두 그 현의 관리에게 명하여 매월 이 곡천의 물을 40석씩 길어오게 하여 그것을 마셨다. 그로 인하여 하남성의 장관이 된 사람은 감기에도 걸리지 않았으며 중풍에 걸렸다 하여도 금새 나았다. 그러나 곡천의 부근에 살고 있는 사람들처럼 장수하지는 않았다고 한다.

—국화는 한방약의 일종이라고 하는데 특히 재미있는 것은 『침자동』(『枕慈童』)이라는 노래의 내용이 이 이야기를 소재로 삼고 있는 점이다. 원래 그 줄거리는 위(魏)의 문제(文帝)의 명령으로 곡천을 방문하는 것에서 이야기는 시작하고 있다. 국화주를 마시며 장수하기를 원하는 것은 이 이야기에 근거를 하고 있다.

56. 송진을 먹고서 삼백년을 살다 —복이(服餌), 송지(松脂)

(『抱朴子』卷十一. 『神仙傳』卷三, 趙瞿)

산서성(山西省)에서 태어난 한 남자가 문둥병(癩病)에 걸렸다. 그는 여러가지로 손을 썼으나 백약이 무효라서 남은 명이 얼마 남지 않았음을 알게 되었다. 이 모습을 본 어떤 사람이 그 남자의 가족에게 말하기를 「이 집에서 죽게되면 자손 대대로 그 독이 전해 내려갈 것입니다. 그렇게 되면 자손들이 불행해지지요. 그러니 아직 살아있는 동안 산에 내다 버리는 것이 좋을 것입니다」하고 권하는 것이었다.

가족도 달리 방도가 없었기 때문에 그렇게 하기로 작정을 하고 그를 산으로 데리고 가서 호랑이나 늑대 등의 산짐승의 먹이가 되지 않도록 굴 앞을 나무 울타리로 잘 막고 일년분의 식량을 놓아 두고서 돌아가 버렸다. 사람의 동네에서 멀리 떨어진 곳에 버려진 그 남자는 신세를 한탄하며 눈물로 세월을 보내는데 어느덧 백일이 지났다.

어느날 밤의 일이었다. 갑자기 굴 앞에 사람의 그림자가 나타나더니 그 남자에게 「어찌된 일인가?」 하고 묻는 것이었다. 혹시 선인일지도 모른다고 생각한 그 남자는 머리를 땅에 조아리며 실은 이러저러한 사정에 의하여 이처럼 불쌍한 처지에 있게 되었다고 신세를 한탄하며 전후 사정을 다 말하였다. 그러자 그 사람은 울타리 안으로 들어왔다. 그런데 그 들어오는 모습이 마치 구름에 달 가듯이 울타리에 조금도 거침이 없이 들어오는 것이었다. 선인임에 틀림없다고 판단한 그 남자는 「제발 도와 주십시오」하고 손이 발이 되도록 빌었다.

그랬더니 그 말이 그 사람의 마음을 움직였는지 그 사람은 「만약 병이 걸린 것이라면 약을 먹어야 할 터인데 약을 먹을 수 있겠는가?」하고 묻는 것이었다. 「저는 아무런 죄도 없는데도 이처럼 몹쓸 병에 걸려 버려진 몸이오며 목숨도 오늘 내일 하는 처지에 있는 사람이올시다. 지금 약이 된다고 하면 무엇이고 가릴 처지가 못되오니 걱정 마십시오」하고 답하였다. 그러자 송진과 솔방울을 각각 다섯되씩 주고서 그 먹는 방법을 가르쳐 주는 것이었다.

그가 약을 먹기 시작한지 백일이 지나자 부스럼이 다 없어지고 얼굴이나 몸도 말끔히 좋아졌다. 그러자 앞서의 선인이 다시 나타났는데 감사하다는 예를 수없이 하자 「이 송진을 계속하여 먹게 되면 장생하여 죽지 않게 된다」고 가르쳐 주었다. 기뻐한 그 남자는 남아 있는 약을 가지고 집으로 돌아갔다.

깜짝 놀란 그의 가족들은 처음에는 유령이 아닌가 하고 의심하였으나 상세한 이야기를 듣고 나서 놀람은 기쁨으로 변하였다. 그 남자는 오랫동안 송진을 먹는 동안 몸도 가벼워지고 아무리 험한 산길도 하루내내 걸어도 숨하나 차지 않았다. 170세가 되어서도 이빨도 빠지지 않았을 뿐만 아니라 머리도 조금도 흰색으로 변하지 않았다.

밤이 되면 방안에 조그만한 손거울만한 크기의 빛이 생겨 해가 짐에 따라서 점차 밝아지며 밤도 낮과 같이 되었기 때문에 책도 마음대로 읽을 수 있게 되었다. 어느날 그의 코 위에 작은 여인이 놀기 시작하더니 시간이 지남에 따라 커졌다. 그리하여 옆에서 지내게 되었다.

그는 인간계에 300년이나 살았는데 언제나 소년과 같은 안색이었다. 그 후 그는 산에 들어갔는데 행방을 아는 이가 아무도 없었다.

57. 전신에 털이 덮인 여인 —복이(服餌), 송실(松實)

(『抱朴子』卷十一)

전한(前漢)의 성제(成帝)때의 일이다. 여러명의 사냥꾼이 협서성(陜西省)의 종남산에 들어가 사냥을 하고 있는데 그들의 앞 저편에 몸 한 쪽이 검은 털을 지닌 원숭이 같은 것이 지나가는데 완전히 알몸으로 걷고 있는 것이었다. 진귀한 것이라 생각하여 사로 잡을 생각을 하고서 추적을 해 갔는데 그 달아나는 모습이 빠르다 빠르다 해도 그렇게 빠른 것은 생전 처음 보는 것 같아서 마치 나는 것 같았다. 골짜기를 건너서 산을 넘어서 가는 것이 어찌나 빠른지 그만 놓치고 말았다.

그리하여 여럿이서 상의를 하여 그 동물을 놓친 곳을 중심으로 멀리서 둥글게 포위하여 점점 좁혀가는 방법을 써서 마침내 그 동물을 사로 잡을 수가 있었다. 그런데 놀랍게도 그것은 한 사람의 여자였다.

깜짝 놀란 일동은 그 여인에게 연유를 묻자 여인은 다음과 같이 대답하는 것이었다.

「저는 원래 진(秦)나라의 궁중에 있던 궁녀입니다. 진의 시황제께서 돌아가신 후에 점점 세상이 어지러워지더니 마침내 항우(項羽)의 군대가 도읍의 근처까지 진격해 오므로 무서워진 나머지 목숨을 구하기 위해 궁전을 나와 도망치고 말았습니다. 여러 곳을 걸어서 유랑하는 동안 진의 천자께서는 전쟁에 패하여 세상을 떠나시고 도읍의 궁전도 모두 타버렸다는 소문을 듣게 되었으므로 두려운 나머지 종남산 산속으로 피신하여 왔습니다.

그리하여 생명은 건졌다고 한숨은 쉬었으나 이번에는 산속에 먹을 것이 없었습니다. 어찌할 도리가 없어 거의 굶어 죽을 위기에 처하게 되었습니다. 그 때에 한사람의 노인이 나타나 저에게 소나무 잎과 열매를 주고 먹는 방법을 가르쳐 주었습니다. 처음에 먹을 때는 무척 고역이어서 입에 넣는 것 조차도 어려웠습니다만 억지로 먹는 동안 괴로움도 차츰 덜해져서 배도 고프지 않고 목도 마르지 않게 되었습니다. 그런데 이상한 일은 겨울에도 춥지 않게 되고 여름에도 더위를 느끼지 않게 된 것입니다.」

사냥꾼들이 듣기에 그 이야기에 꾸밈은 있는 것 같지 않았다. 그렇다면 이 여인은 진의 시황제 무렵의 사람이므로 이미 200년 전의 인물인 것이다. 모두들 불가사의한 일로 생각하고 그 여인을 데리고 돌아와 친절하게 음식을 대접하였다.

처음에는 쌀이나 보리의 냄새도 맡지 못해서 애를 먹고 토하기도 하였으나 날이 감에 따라서 잘 적응할 수 있게 되었다.

이렇게 하여 2년가량 지나니 몸에 돋아 있던 검은 털은 깨끗이 빠져 버리고 보통 사람과 같이 되었다. 그런데 문제는 이제까지 젊어 보이던 모습이 보통 식사를 하게 되자 점차 나이를 먹은 형태가 나타나게 된 것이었다. 그리하여 얼마 가지 않아서 죽고 말았다. 그러자 많은 사람들은 만약 눈에 뜨여 사로 잡히지 않았더라면 신선이 되었을 터인데 하며 아쉬워 하였다.

58. 창포도 영약이다 ─복이(服餌), 창포(菖蒲)

(『神仙傳』卷三, 王興)

왕흥(王興)은 하남성(河南省)사람이었다. 그는 글자도 읽을 수가 없는 무식한 사람이었을 뿐만 아니라 하물며 도교 따위에는 흥미조차 없는 사람이었다. 그런데 우연한 기회에 장생의 행운을 잡게 된다. 전한(前漢)의 무제(武帝)가 어느날 오악(五岳)의 하나로 불리우는 숭산(嵩山)에 올라 도관을 세우고 재계하고는 동방삭(東方朔) 등과 더불어 신선이 내려오기만 기다리고 있었다. 그러자 어느날 밤 신장이 2장이 넘어보이는 신이 하나 나타났다. 무제가 정중하게 예를 하자 그는「나는 산신이온데 이 산에는 순이 1촌씩 아홉마디인 창포가 자라고 있습니다. 이를 채집하여 먹게 되면 장생할 수 있으므로 그것을 알려드리기 위하여 왔소이다.」하고 말하고는 홀연히 사라져 버리는 것이었다.

무제는 신이 자기에게 창포를 채취하여 먹으라는 가르침을 주기 위하여 나타난 것으로 믿고 동방삭 등에게 시켜 그것을 채취하여 오게 하여 그것을 2년간 먹었는데 그만 먹기에 물려서 그만두고 말았다.

그 때 무제를 따라간 신하 가운데 무제와 함께 창포를 먹은 사람이 있었는데 무제가 먹기를 그치자 그들도 먹기를 중단하여 버렸다. 이 이야기를 우연히 들은 왕흥은 그 창포를 얻어다가 계속 참고 먹고서 장생할 수가 있었다.

59. 장생하는 집안 －복이(服餌), 단사(丹砂)

(『搜神記』卷十三, 丹砂井. 『抱朴子』卷十一)

하남성(河南省)의 임원현(臨沅縣)에 료(寥)라고 하는 성을 쓰는 집안이 있었다. 이 집안 사람들은 대대로 장생을 하여 왔는데 어느날 그 때까지 살고 있던 집을 철거하고 다른 토지로 이사를 하였다. 그런데 어찌된 일인지 이제까지와는 달리 집안 식구들이 젊은 나이에 죽어 버리는 것이었다.

그런데 료씨가 살던 집에 이사하여 온 집안은 이사를 오고나서부터 대대로 장생을 하게 되었다. 그리하여 장생을 하는 이유는 그 집에 있다는 것 만은 알게 되었으나 왜 그런지에 대하여는 알 길이 없었다.

그런데 그 집의 샘물이 붉었다. 이를 이상하다고 생각한 사람들이 그 샘의 주변을 파 보니 옛날 사람이 묻어 놓은 단사(丹砂)가 수십가마니나 묻혀 있는 것을 발견하게 되었다. 그리하여 그 단사가 녹은 물이 샘물에 녹아 들어가서 그 물이 붉게 되었고 그 물을 마신 사람이 장생하게 된 것임을 알게 되었다.

－단사란 주사(朱砂)라고도 하며 유화수은(硫化水銀)을 말하는 것으로 불로장생의 약재로서 옛부터 귀히 알아 왔다. 이른 바 금단이라고 불리우는 불로장생약을 만들 때는 없어서는 안될 정도로 중요한 재료의 한가지로 알려져 왔다. 이 이야기는 그 효능을 이야기하고 있다.－

60. 뱃속의 벌레 —삼시(三尸)

(『歷世眞仙體道通鑑』卷三, 朱璜. 『雲笈七籤』卷八十二)

강소성(江蘇省)의 광릉현(廣陵縣)에 주(朱)아무개라는 사람이 살고 있었다. 그는 어린 시절부터 뱃속에 독이 든 이상한 병에 걸려 아무리 해도 낫지를 않았다. 그는 어떻게든 그 병을 낫고자 백방으로 수소문을 하였다.

그러다가 수산(睢山)이라고 하는 산에 살고 있는 원구(阮丘)라고 하는 도사가 병을 잘 낫게 한다는 소문을 듣고 그가 살고 있는 곳을 수소문하여 찾아갔다. 도사를 만난 주는 어찌하든지 자기의 병을 낫게 하여 달라고 졸랐다.

그러한 그가 불쌍하다고 생각한 도사는 「만약 그대가 그대의 뱃속에 있는 삼시(三尸)라고 하는 세마리의 벌레를 잡기만 하면 병이 나을 뿐만 아니라 선인이 되어 오랫동안 장생할 수 있는 방법까지 익힐 수 있을 것이다.」하고 답하였다. 그리고 원구라는 도사는 그에게 삼시에 대하여 자세히 설명하여 주었다.

(下尸彭蹻) (中尸彭躓) (上尸彭踞)

三尸圖〈抱朴子 卷八〉

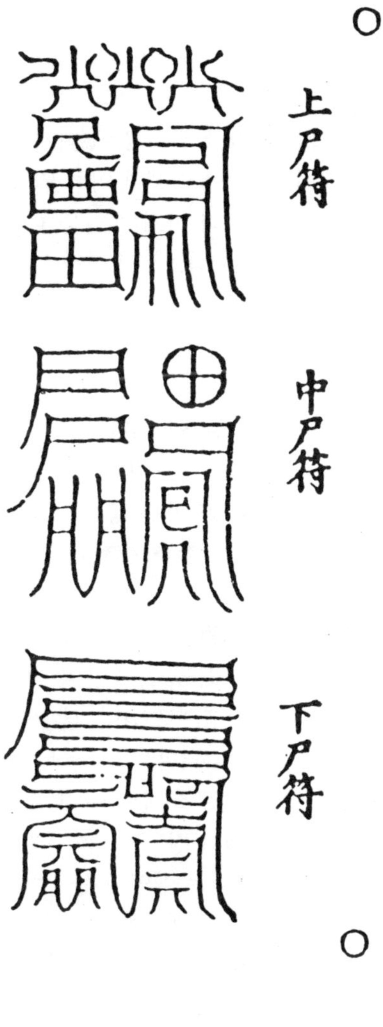

삼시충을 제거한다는 부적

그 세마리의 벌레는 벌레라고는 하지만 그 형태는 작은 어린이나 말과 흡사하게 생긴 것으로 길이는 2촌 가량이며 거기에 털까지 나 있다. 이상한 것은 인간이 태어나는 순간부터 삼시는 사람의 몸에 살고 있으며 언제나 경신(庚申)의 날이 되면 사람이 가장 깊은 잠에 빠져 있을 때에 그 체내에서 빠져 나와서 하늘에 올라가 그 사람이 행한 악한 일을 어떠한 작은 일도 모두 숨기지 않고 하늘의 신에게 고해 바치는 일을 한다. 그러므로 벌레라고는 하지만 단순한 벌레가 아닌 것이다.

그 보고를 받은 하늘의 신은 범한 죄가 큰 것이면 그 사람은 수명을 그에 따라 많이 감하고 작은 범죄인 경우에는 조금 감한다. 그러므로 나쁜 일을 거듭하면 할수록 큰 병에 걸리게 되고 일찍 죽게 되는 것이다.

그렇다면 자신이 범한 나쁜 일을 이 세마리의 벌레가 하늘의 신에게 고하지 못하도록 해야 하는데 그렇게 하는 방법으로 몇가지 방법이 있다.

그 첫째 방법은 경신날 밤에 잠을 자지 않는 것이다. 삼시의 벌레는 사람이 잠들면 그의 몸 을 빠져나가므로 잠을 자지 않음으로 해서 잠든 틈을 타서 몸을 빠져나가는 삼시가 나가지 못하 도록 하는 것이다. 두번째는 부적이나 약을 먹어서 벌레를 아예 체내에서 제거해 버리는 방법이다.

이러한 이야기를 도사로부터 들은 주는 「만약 이 병을 낫게 해 주시기만 한다면 30년 동안 도사님을 선생으로 삼아 곁에서 모시고 시중을 들겠습니다」하고 약속을 하며 부탁을 하였다.

그러자 도사는 일곱 종류의 원료를 합하여 만든 약을 주어 매일 아홉 알씩 먹게 하였다. 이렇게 하여 백일 정도 지나자 간의 즙과 같은 물을 다섯되나 토하고서 병이 나았다. 또한 수십일 동안 양 생에 전념하자 몸은 완전히 원기를 회복하고 기분도 매우 상쾌하여졌다.

이를 본 도사는 『황정경』(黃庭經)을 읽게 하고 「만약 이 책을 매일 세 차례씩 읽고 그 의미를 알게 되면 아마 선인이 될 것이다」하고 말하였다.

한동안 그렇게 하고서 도사는 주를 데리고 부양산(浮陽山)에 있는 옥녀사(玉女祠)로 데리고 가서 거기에서 80년 정도 머물렀는데 그 사이에 그는 백발이 모두 검어지고 수염도 삼척 정도 자라게 되었다.

—삼시를 쫓아내는 것이 선인이 되는 수업의 제 1단계라고 하는 이야기

는 『포박자』에도 보이고 있다. 그것을 쫓아내는 하나의 방법은 약을 먹는 것이다. 또한 삼시는 인간의 나쁜 일을 언제나 감시하고 있다고 하므로 이는 도교의 민중윤리와도 깊은 관계가 있다. —

61. 심호흡의 효능 —조식법(調息法)

(『抱朴子』 巻八)

선인이 되는 데는 여러가지 방법이 있으나 심호흡도 그 가운데 한가지 방법이다. 다만 심호흡이라 하여도 우리들이 쉽게 할 수 있는 심호흡과는 다른 것으로 호흡한 숨을 될 수 있는 대로 길게 가슴 속에 멈추어 두는 것이다. 그러므로 폐기(閉氣)라 할 수 있다.

그 원칙은 마치 어머니의 태내에 있는 태아의 호흡과 같은 요령으로 호흡하는 것으로 손을 악고(握固・아기가 잘하는 것처럼 엄지 손가락을 안에 쥐고 나머지 네 손가락으로 꼭 쥐는 형태) 하고서 하는 것이다.

호흡의 방법은 우선 코로 숨을 들이마셔 가슴으로 밀어넣어 숨을 멈추고, 심장이 뛰는 소리를 120회 듣고서 조용히 숨을 토한다. 마신다든지 내쉰다든지 할 때는 자기의 귀에 호흡하는 소리가 들리지 않을 정도로 조용히 하지 않으면 안된다. 급히 호흡을 하면 체내의 기를 손상할 우려가 있기 때문이다.

또한 마시기는 될 수 있는한 많이 하고 내쉬는 것은 될 수 있는대로 적게 할 필요가 있다. 여기에서 호흡을 될 수 있는대로 조용히 해야 할 필요가 있는데 어느 정도나 조용히 해야 할 것인가를 알기 위해서는 무척 가벼운 새의 깃털을 코 아래에 대어 보아서 조금도 흔들림이 없는 정도라야 한다. 숨을 들이 쉬고 내 쉴 때에 그 깃털이 조금이라도 흔들리면 그 호흡은 제대로 된 것이 아니다.

이처럼 연습을 거듭하여 점점 익숙하게 되면 이번에는 숨을 들이쉬고 멈추어있는 시간을 오래 가지도록 한다. 그리하여 심장의 소리가 천개를 셀 정도까지 되면 노인도 날이 갈수록 젊어지고 생명도 하루 하루 늘어지며 또한 그렇게 하기를 십년간 계속하면 선녀가 와서 좌우에서 모시게 된다.

내단 수련 과정중 陽神이 몸을 떠나는 것을(出神) 상징한 그림

〈道海玄微 卷二 P 176〉

내단 수련을 통해 인체내에 탁태된 성태(聖胎)의 모습

내단 수련이 성취된 후의 法身의 모습

〈道藏 卷四 PP 906～907〉

先天八卦圖(선천팔괘도):8괘와 5행의 상호 배치도

〈道藏 卷三 P 130〉

周廉溪의 太極圖說을 내단 수련에 의거하여 해석한 그림

〈道海玄微 卷二 P 162〉

이 방법은 오전 영시부터 정오까지 사이에 하지 않으면 안된다. 이 시간이 양(陽), 즉 생기(生氣)의 시간이기 때문이다. 음(陰), 즉 사기(死氣)의 때인 정오부터 한밤중까지에 하게 되면 아무 것도 얻는 것이 없게 된다. 또한 호흡의 수련을 하면서 폭식을 한다든지 화를 낸다든지 하는 것도 금기 사항이다.

이처럼 심호흡하는 것을 터득한 사람은 어떠한 병에 걸려도 나을 수가 있고 물 가운데 들어가도 살 수가 있다. 물 위를 걸을 수도 있는가 하면 굶주림이나 목마름 등에도 견딜 수가 있다. 출혈도 그치게 할 수 있으며 호랑이나 뱀의 피해로부터 자신을 지킬 수도 있다.

호흡을 통하여 힘을 얻은 사람이 흐르는 강물을 훅 불면 강은 역류하게 된다. 불을 불면 아무리 큰 불이라 할지라도 곧바로 꺼지게 되며 호랑이나 늑대를 향하여 불면 땅에 발을 대고 서 있을 수가 없게 된다. 뱀을 향하여 불면 동아리를 튼 채로 움직일 수가 없게 된다. 또한 칼로 벤 자리를 향하여 훅 불면 즉시로 출혈이 멈추게 된다. 만약 멀리 떨어진 곳에 있는 사람이 독충에 쏘였을 경우 그것을 낫게 하기 위해서는 일부러 그 사람에게 가까이 갈 필요조차 없다. 만약 그 사람이 남자라면 왼손을, 여자라면 오른손을 불면 상처나 통증이 씻은듯이 사라지게 된다.

—이 심호흡법은 태아와 같이 호흡을 하는 까닭에 태식(胎息)이라고 한다. 불교에서 말하는 수식관(數息觀)과도 통하는 방법인데 슈우겐도오(受驗道)에서는 지금까지도 호흡을 하는 코 아래에 종이를 갖다 댄다고 한다. 이 법에 정통한 도사가 야앗 하고 기합을 넣자 장자(障子)가 진동하였다고 하는 이야기를 연전에 대만에서 들은 적이 있다.—

62. 공기를 머금어 선인이 되다 — 조식(調息)

(『歷世眞仙體道通鑑』卷十四, 周義山)

주자양(周紫陽)이라는 사람이 있었는데 그의 집은 조부도 부친도 군의 장관을 역임한 명문가였다. 그도 또한 집안의 전통을 이어 어려서부터 『효경』이나 『논어』와 같은 유교의 책을 공부하였다.

어려서부터 과묵하였던 그는 화가 날 때에도 기쁠 때에도 결코 얼굴에 그 기색을 나타내지 않았다. 그리고 내심으로는 별로 유교를 좋아하지 않았으며 이 세상에 입신출세 하는 것 등에도 관심이 없고 세상의 부귀영화가 안중에 조차 없었으나 그러한 기색 또한 밖으로는 전혀 눈치를 보이지 않았다.

한가한 틈이 있으면 조용한 곳에 가서 혼자 앉아서 묵묵히 사색하기를 즐겼으며 매일 아침 동쪽으로 향하여 입을 가시고 침을 삼키는가 하면 몇백회씩이나 공기를 마시곤 하였다.

오랜 세월을 이렇게 계속하자 아무래도 부친에게 그러한 사실을 눈치 채이게 되었다. 엄한 부친의 힐문에 자기는 다만 태양을 대단히 존숭하고 있을 따름이라고 말하고 슬그머니 돌려대어 버렸다.

또한 그는 매월 1일이면 시장이나 생활이 어려운 사람들이 살고 있는 곳으로 가서 불쌍한 사람들을 위로하기도 하고 자신이 입고 있는 옷을 벗어주기도 하였다. 때로는 명산에 올라 현재 자신의 입장을 위로하기도 하고 석실에 들어가 조용히 지내면서 은둔과 수양에의 욕구를 달래기도 하였다.

이렇게 하여 세월을 보내는데 어느날 한 사람이 자기를 찾아왔다. 평소에 보통 사람들은 병을 핑계로 만나주지 않고 있는 처지였으나 그 날은 무엇인가 다른 느낌이 들어 그를 만나 보았다. 그러자 그 사람은 「나는 중악(中岳)의 선인인 수림(須林)인데 그대가 도의 깊은 뜻에 도달하고자 하는 열망이 가득하여 있음을 알고 일부러 찾아 왔다. 그대는 정(精)을 흩어버리지 않게 하는 방법과 도인(導引), 복기(服氣) 등의 흉내를 내어 왔으나 그러한 것으로는 선인이 되기에 어림도 없다. 본격적으로 수도를 하려면 우선 그대의 몸안에 있는 삼시(三尸)를 없애지 않으면 안된다」하고 말하며 삼시를 없애는 약을 가르쳐 주었다.

선인의 가르침을 받은 그는 고심하여 삼시를 없애는 약을 제조하였다. 그러는 사이에 그는 선인이 가르쳐 준 조식의 방법도 익히게 되었다. 그러자 점차로 그의 피부가 윤택해지기 시작하고 천리의 먼 길을 가서 보는 것과 같이 잘 보게 되는가 하면 하루에 5백리길도 걸을 수가 있게 되었다.

그로부터 그는 천하의 명산을 찾아다니며 여러 선인들을 만나서 그들과 교류하고 가르침을 받았다. 그는 선인들로부터 여러가지 부적이나 방술을 전수받고 많은 경전도 전해 받았다. 그렇지만 그는 아직 하늘에 오를 만한 도를 얻지는 못하였다. 그는 참된 마음을 가지고 수행을 거듭하고 선인들로부터 받은 많은 경을 공부하여 노력한 결과 마침내 황노군(黃老君)이라고 하는 신을 만날 수가 있었다. 황노군은 친절하게 웃으면서 그의 힘을 더하게 하고 승천하는 법을 전수하여 주었다. 그로부터 90년동안 그는 산 속에 있는 석실에서 재계하고 수행을 거듭한 결과 마침내 용의 등에 타고 하늘로 향하였다. 그리하여 천상의 자양궁(紫陽宮)이라고 하는 궁전의 주인이 되었다.

63. 선녀와 결혼하는 방법 -조식(調息)

(『聊齋志異』 卷五, 白于玉)

머리 좋고 아름다운 절세의 미인과 혼약을 맺게 된 오(吳)라고 하는 소년이 있었다. 기대에 부응하기 위하여 일심으로 공부하여 과거에 응시하였는데 그만 낙방하고 말았다. 그러나 그는 조금도 낙망하지 않고 다음번 과거에 다시 응시하기 위하여 더욱 열심히 공부하고 있었다. 그런데 달이 밝은 어느날 밤 전혀 알지 못하는 한 사람이 오소년을 찾아 왔다.

그의 이야기를 들어 보니 인품이 훌륭한 사람으로 자기와 같이 공부하고 있는 사람임을 알게 되었다. 두 사람은 바로 의기가 투합하게 되었는데 함께 열심히 공부하여 훌륭한 인물이 되자고 다짐하였다. 그는 오소년에게 공부방을 하나 빌려 달라고 하므로 자신의 집에 있는 방을 하나 비워 주었다. 그런데 그 남자가 가져온 책을 보니 자신이 읽고 있는 책과는 다른 종류의 책들이었다. 이상하게 생각한 오소년이 그 책들에 대하여 묻자 「뭐 취향에 따라 모아진 것들일 따름이오」 하고 말할 뿐 별다른 말을 하지 않는 것이었다.

그러던 어느날 그는 한권의 책을 오소년에게 건넸다. 그것은 조식(調息)의 책이었다. 그러나 오소년이 그 책을 읽어 보아도 내용을 잘 파악할 수가 없었다. 그래서 그냥 덮어 두고는 관심을 두지 않았다. 그런데 한동안 지난 어느날 「그 책은 도교의 근본이 쓰여진 책이며 선인이 되는 입문서요」하고 가르쳐 주는 것이었다.

그러자 오소년은 「듣자 하니 선인이 되려면 색을 버리지 않으면 안된다고 하니 나는 글렀소」하고 말하자 그 사람은 그 연유를 물었다. 오소년은 약혼의 사실을 자세히 말하였다. 그 사람은 빙긋빙긋 웃으면서 듣고 있었는데 다음날이 되자 급히 떠나겠다는 것이었다. 오소년이 가지 말라고 만류하려 하는데 창으로부터 매미 한마리가 날아오는 것이었다. 그러자 그 남자는 「탈 것이 왔소 편히 계시오」하고 말하고서는 매미등에 올라타고서 날아가 버렸나.

며칠이 지난 후 그 남자의 명을 받았다는 한사람의 시종이 왔다. 그리고는 오소년을 모시러 왔다는 것이었다. 오소년이 그를 따라 가보니 새의 등에 태우는 것이었다. 한참을 날아서 도착하여 보니 그곳은 장엄한 궁전이었다. 예전의 그 남자는 화려하고 좋은 옷을 입고 나와 몸소 오소년을 영접하더니 수하에게 명하여 큰 잔치를 열게 하였다. 그것은 이 세상에서는 들어보지도 못한 사치로운 잔치였다. 게다가 시중드는 여인들은 눈을 의심할 정도로 아름다웠다. 자기의 약혼자는 발끝도 미치지 못할 정도였다.

그 가운데에서도 한사람 빼어나게 아름다운 여인이 있어 오소년의 마음을 설레이게 하였다. 그 남자는 오소년의 기분을 알아 차리고 그녀로 하여금 시중을 들게 하였다. 밤을 지내는 그녀의 정은 넘치고 깊었다.

이대로 밤이 새지 않았으면 하고 바랐지만 무정한 아침은 오고야 말았다. 오소년은 그녀와 가슴아픈 이별을 하고서 현세로 돌아오지 않으면 안되었다. 그녀가 도저히 잊혀지지 않아 그는 도교를 공부하고자 뜻을 세우고 약혼을 파기하고자 하였으나 약혼녀는 전혀 말을 들어주지 않았다.

그러는 중에 여러달이 지나게 되었는데 예의 선녀가 오더니 「이것은 당신 자식입니다」하면서 어린아이를 데리고 와서 그에게 건네 주더니 한사코 붙드는 것도 뿌리치고 돌아가 버렸다.

약혼녀의 간청도 뿌리칠 수 없었던 오소년은 결혼하여 3년이 지났다. 그러는 중에 어머니의 상을 당하였다. 결혼생활에 별다른 뜻이 없었던 그는 그것을 계기로 하여 부인과 헤어져 어디론가 가 버렸다.

남은 부인은 혼자서 그 아들을 기르게 되었다. 어린아이는 매우 총명하여 15세에 과거에 급제하였다. 그 아들이 천자의 명을 받고서 남악(南岳)에 제사를 지내기 위하여 간 일이 있는데 그 곳에서 모르는 한 남자의 방문을 받게 되었다. 그가 바로 아들의 아버지인 오(吳)였다. 오는 자신이 그의 아버지라는 것을 알리지도 않고 아들로 하여금 자신의 부인에게 선물로서 한 알의 환약을 전해주도록 하였다. 그 환약을 먹은 부인은 언제까지나 늙지 않고 언제나 20세 전후의 젊음을 유지하였다.

64. 방중술(房中術)의 원조 —팽조(彭祖)

(『神仙傳』 卷一, 彭祖)

팽조(彭祖)는 젊은 시절부터 속세에서의 명예를 가벼이 여기고 사치를 싫어하여 말이나 수레, 그리고 복장 등을 화려하게 꾸미는 것도 싫어하였다. 그러므로 그의 사람됨에 대한 소문을 듣고 은(殷)나라 왕으로부터 대신으로 임명되었을 때에도 그는 언제나 병이라 핑계하고 벼슬에 나아가지 않았다.

그는 남몰래 방중술을 연구하고 운모(雲母)라든지 기타 약들을 먹으며 언제나 조식이나 도인을 실행하였기 때문에 은나라 말기 무렵에는 760세 이상의 나이가 되었지만 보기에는 언제나 청년의 모습이었다.

그는 본래 조용한 성격으로 자신의 방술(方術)을 자랑하는 일도 없고 더구나 도의 깊은 경지에 도달한 것 등은 전혀 밖으로 드러내는 일이 없이 조용히 생활을 하고 있었기 때문에 아무도 그에 대하여 눈치채는 일이 없었다. 여행을 할 때에는 말이나 수레에 타지 않고 홀로 걸어서 길을 나서곤 하였다. 그가 어디에 가는지 아무도 몰랐으나 식량도 가지고 가지 않으면서도 50일도 100일도 외출을 했다가 어느날 홀연히 돌아오곤 하였다.

피곤해지든지 몸의 상태가 좋지 않아지면 아침부터 낮까지 정좌하여 조식법을 한다든지 눈을 비빈다든지 몸을 구부린다든지 입술을 축여 침을 삼킨다든지 하는 도인법을 행하여 아무도 모르게 고쳐버렸다.

마침내 이것을 알게 된 은나라의 왕이 몸소 그의 집을 방문하였다. 그리하여 그에게 장생과 도인의 방법을 물었으나 그는 한마디도 알려주지 않았다.

그 무렵 양생법을 조금 터득하여 270세가 되었으면서도 5, 60세 정도로 밖에 보이지 않는 여자가 한사람 있었는데 궁중에서 벼슬을 하고 있었다. 왕은 그녀를 시켜 팽조가 사는 곳으로 가서 장생하는 방법을 배워오게 하였다.

그러자 팽조는 그녀에게 다음과 같이 말하였다.「선인이 되어 한낮에 하늘에 오르게 되기 위해서는 금단을 먹지 않으면 안되는데 그러한 방법은 왕에게 권할 것이 못된다. 정신을 수양하고 약을 먹으면 도깨비나 귀신을 마음대로 부릴 수는 없으나 장생하는 것은 가능하다. 그러나 그것도 남녀 교접의 방법을 알지 못하면 아무리 약을 먹어도 소용없다. 그것은 음양을 기르는 도리를 생각해 보면 알 수 있는 것으로 그것을 가르쳐 준다는 것 자체가 이상한 것이다. 나는 3세에 어머니가 죽었고 전란중에서 백년여동안을 여러 곳에 방랑생활을 하며 흘러 다니다가 그 사이에 49인의 처와 54인의 자식을 잃었다. 그러는 중에 신체의 기가 손상되어 선인이 되는 과정을 다 익히지 못하였다. 만약 장생의 방법을 꼭 듣고 싶거든 대완산(大宛山)에 있는 청정선생(青精先生)에게 가서 듣는 것이 좋을 것이다.」

그렇게 말했음에도 불구하고 그녀가 자꾸만 졸라대며 가르침을 원하므로 복기(服氣)의 방법과 도인(導引)의 방법 등을 가르쳐 준 뒤에 남녀 교접에 대하여 말하여 주었다. 그는 지금 세상에는 교접의 도를 금하는 사람도 있지만 남녀가 있는 것은 천지가 있는 것과 같은 것이므로 이를 금하는 것은 자연의 법에 위반하는 것으로 해가 있을 따름이라 하고 다만 그 방법을 알지 못하고 함부로 하게 되면 신체에 손상이 오게 된다고 말하였다.

65. 신체에 독이 되는 규방약 – 방중환(房中丸)

(『聊齋志異』卷十五, 藥僧)

어느 시골에 있는 절의 문밖에서 햇볕을 쬐면서 이를 잡고 있는 한 행각승이 있었다. 그런데 그 옆에 놓여 있는 지팡이에 호로박을 매달고 있는 것으로 보아서 아무래도 약을 팔고 있는 사람으로 보였다. 그러자 지나가던 한 남자가 「여보시오 스님네, 규방약도 팝니까」하고 물었다. 그러자 그 스님은 「물론 있지, 약한 것은 강하게, 가는 것은 굵게, 무엇이든지 가능하지」하고 대답하였다.

그 남자는 기뻐하며 그 자리에서 사자고 하자 옷자락을 들추고 수수알만한 환약 하나를 꺼내 주며 먹으라고 하였다. 그런데 약을 먹은지 30분도 지나지 않아서 남자의 물건이 원래의 3분의 1정도가 더 커지는 것이었다. 그 남자는 매우 기뻐하면서도 신기해 하였다. 그러나 약의 효능을 그 자리에서 확인한 그는 욕심이 생겨 스님이 잠깐 자리를 비운 사이에 다시 두세알의 환약을 집어 먹어 버렸다.

그런데 이번에는 그만 큰 일이 일어났다. 갑자기 피부가 찢어지는 것과 같은 통증이 전신을 누비더니 머리가 구부러져 곱사처럼 되어 버리고 그 물건은 점점 팽창하여 가는 것이었다. 그 남자는 크게 놀라고 당황하여 어찌해야 좋을지 몰라서 안절부절 하고 있는데 스님이 돌아와서 그 광경을 보게 되었다. 「어이 자네, 약을 더 먹었군 그래」 하고 말하고 급히 다른 환약을 한알 꺼내어 먹게 하였다.

그러자 통증은 금새 멎게 되었으나 그 물건은 양 다리 만하게 커져 버린 후였다. 그 남자는 비틀거리며 겨우 집에 돌아갔는데 그 후로 폐인처럼 되어 사람구실을 못하게 되자 집에서 쫓겨나 매일 길가에서 잠을 자는 신세가 되고 말았다.

–방중약에는 최음제와 같은 것이 있고 그 밖에 이와 같은 우스운 것도 있다.–

66. 암여우도 못당한 방중약 —방중약(房中藥)

(『聊齋志異』 卷二, 伏狐)

과거에 합격한 어떤 사람이 있었다. 벼슬길에 나아가 순탄한 길을 걸어가던 그가 어찌된 연유인지 암여우에 홀려서 동침한 일이 있었다. 그 후로 그 암여우는 떨어지지 않고 그를 괴롭혔다. 그는 마침내 병이 들 지경에 이르게 되었다. 부적을 사용하여 보기도 하고 주문을 외워보기도 하는 등 온갖 수단을 다 동원하여 보았지만 그 여우에게는 도무지 효과가 없었다.

벼슬을 그만두고 고향에 돌아가면 괜찮을까 하고 생각하여 귀향길에 올랐으나 암여우는 변함없이 쫓아오는 것이었다. 쫓아보내는 방법은 생각도 하지 못하고 질려 난처해져 버린 그는 어쩔 수 없이 길을 걷는 수 밖에 없었다.

길을 가던 중 어느 마을의 교외에서 하룻밤 묵게 되었는데 방울을 흔들며 걷고 있는 의사 한사람을 만났다. 그는 지푸라기라도 잡는 심경이 되어 그 의사에게 자신의 처지를 말하고 좋은 처방이 없겠느냐고 물었다. 그러자 그 의사는 여우따위를 퇴치하는 것은 문제도 없다고 말하는 것이었다. 제발 그 방법을 가르쳐 달라고 조르니 그는 약을 주었다.

그것은 방중약이었다. 그 약을 먹게 한 의사는 어서 암여우와 잠을 자라고 권하는 것이었다. 그는 무서워서 벌벌 떨면서도 의사가 시키는 대로 하지 않을 수 없었다.

잠자리에 들자 효과는 즉시에 나타났다. 평상시에는 도저히 상상할 수도 없는 엄청난 기세에 그 암여우도 질려서 「이제 용서하시고 그만 놓아 주세요」하고 울며 애원하였다. 됐다 하고 생각한 그는 암여우의 말은 들은 체도 하지 않고 점점 더 비술을 동원하여 진격하여 갔다. 암여우는 괴로워하여 도망치려 하였으나 도망갈 수도 없었다. 한참동안 괴로워 하다가 이윽고 몸부림을 그쳤다. 보니까 암여우는 죽어 있었다.

67. 선인이 되는 마음가짐 —방중술(房中術)

(『列仙全傳』卷七, 裵航)

배항(裵航)이라고 하는 사람이 있었다. 그는 과거를 위하여 수년동안 공부에 전념하였는데 마침내 과거날이 공표되었다. 그는 집을 떠나 과거를 보기 위하여 배를 타고 도읍으로 향했다. 배로 여러날 동안 여행하는 가운데 같은 배에 빼어난 미모의 부인이 타고 있다는 소문을 들었다. 그 소문에 호기심이 생긴 그는 그녀의 하녀를 만나 사랑의 시를 건넸다. 그 부인은 자신의 연정을 거절은 하였지만 답장의 시만은 보내어 왔다. 그런데 그 시 가운데 「운영(雲英)을 남교(藍橋)에서 만난다」고 하는 한 귀절이 있는 것을 보게 되었다.

배가 목적지에 닿았을 때 살짝 훔쳐 본 부인의 모습은 소문으로 들은 것 이상으로 대단한 미인이었다. 그녀를 한번이라도 만날까 하여 뒤를 밟았으나 그만 놓치고 말았다. 배항은 시의 귀절을 생각해 내고 급히 남교로 달려갔다. 그런데 그는 허겁지겁 달려왔기 때문에 목이 말라 견딜 수가 없었다. 그리하여 길가에 있는 조그만 집에 들어가서 물 한그릇을 청하였다.

그런데 그 집의 할머니가 「운영(雲英)아 물좀 떠다 드리렴」하고 말하는 것이 아닌가? 깜짝 놀란 그는 발 아래로 아름다운 손이 내미는 물그릇을 받아 물을 마신 후 그 그릇을 돌려주면서 발 사이로 그 안을 엿보았다. 그곳에서 그는 눈부시게 아름다운 여인이 서 있는 것을 보았다.

마음이 크게 움직인 그는 피곤하다는 핑계를 대고 그 집 마루에서 앉아 쉬게 되었다. 그리하여 그 집의 할머니와 이런 저런 이야기를 주고 받는 가운데 그 여인이 아직 결혼을 하지 않은 것을 알게 되었다. 그는 내심 기뻐하여 바로 청혼을 하였다.

그러자 그 할머니는 「어제 선인이 불사의 약을 주었는데 그것을 먹고 장생하고자 하오. 그런데 그러기 위해서는 약을 찧을 대리석 절구와 절구공이가 필요하오. 그것을 구해 가지고 오면 지참금없이 결혼을 허락하여 주겠소」하고 말하는 것이었다.

그는 백 일의 말미를 약속하고 그 집을 나서서 사방 팔방으로 수소문하여

裴航〈列仙全傳 卷七〉

마침내 그것이 있는 곳을 알아내고 그의 전대를 다 뒤져 물건을 손에 넣게 되었다. 급히 그 집에 가서 물건들을 건네니 기뻐한 할머니는 약을 찧어 제조하여 복용하고 나서는 그를 데리러 오겠다는 말을 남기고 딸을 데리고 산으로 들어가 버렸다.

여러 날이 지난 후 하인이 와서 그를 데리고 갔는데 그곳은 그야말로 천자의 궁전과 같은 화려한 어전이었다. 거기에서 여자의 친척들을 소개받았는데 그 가운데 어디선가 본듯한 절세의 미녀가 있었다. 알고 보니 그녀는 같은 배를 타고 여행하였던 부인으로 자기가 결혼할 여자의 언니였다.

성대한 결혼식을 마치고서 두 사람은 기쁘고 행복한 신혼생활에 들어갔다. 오곡을 먹지 않고 금단 만을 먹는 것으로 생활을 하였기 때문에 그도 어느 사이엔가 몸이 가볍게 되어 선인들의 틈에 끼는 것이 가능하게 되었다. 그리하여 그는 마침내 상선(上仙)이 되었다.

수년이 흐른 후 남교 가까이에서 배항은 옛 친구와 만나 선인이 된 과정을 말하고 대리석의 옥 50근과 한알의 금단을 주었다. 그 친구는 선인이 되는 데에 필요한 마음가짐을 묻자 「노자는 마음을 비우고서 배를 채우라고 말하였는데 오늘날의 사람들은 마음을 가득 채우고 있기 때문에 도저히 선인이 되지 못한다네. 또한 마음에 망상이 많고 흘려서는 아니되는 정액을 함부로 흘려 버리고 있기 때문에 불사의 비술이나 금단을 만드는 방법을 가르쳐 주어도 말짱 헛것이라네. 그렇지만 자네에게는 언젠가 가르쳐 주겠네」 하고 비술을 말하여 주고는 홀연히 자취를 감추고 말았다.

68. 단약의 원조 -좌자(左慈)

(『歷世眞仙體道通鑑』卷十五, 左慈)

유교를 공부하고 있던 좌자(左慈)는 후한(後漢)말 세상이 혼란하게 되자 이 세상이 덧없고 허황된 것임을 깨닫게 되었다. 그리하여 도교에 뜻을 두어 연마한 결과 도깨비나 귀신을 부리는 술법을 터득하게 되었다. 그는 다시 천주산(天柱山)에 들어가 수행을 하는 중에 석실 안에서 금단을 만드는 비방을 적은 책을 발견하게 된다. 그 책을 통하여 그는 도의 깊은 경지에 들게 되었다.

그러자 이름이 점차로 주변에 알려지기 시작하였다. 어느날 그의 이름을 듣게 된 위(魏)의 조조(曹操)는 그를 불러들여 주변에 두었다. 어느날 조조는 그의 방술을 시험할 요량으로 그를 한 방에 가두어 둔 채로 일년동안이나 먹을 것을 주지 아니하고 매일 두되씩의 물만을 마시게 하였다. 일년이 지나 그를 끌어내어 살펴보니 안색이 조금도 변하지 않고 원래와 같이 원기가 왕성하였다.

깜짝 놀란 조조는 「방술을 가르쳐 달라」고 협박하였으나 그는 들은 척도 하지 않는 것이었다. 조조는 화가 나서 그를 죽여야겠다고 생각하였다. 그러자 금새 좌자가 와서 「당분간 말미를 얻고자 합니다」하고 말하는 것이었다. 조조가 그 이유를 묻자 「나를 죽이려고 하는 자가 있기 때문입니다」하고 답하였다. 당황한 조조는 그런 일이 있을 리가 없다고 말하고 우물쭈물 그 자리를 모면하였다.

며칠 후에 연회가 열렸다. 손님들이 모이자 조조는 오늘은 진귀한 음식들을 준비하였으나 다만 송강(松江)에서 나는 농어를 준비하지 못하여 유감이라고 말하였다. 그 말을 들은 좌자는 물을 담은 구리대야를 가져오게 하여 즉석에서 큼직한 농어를 한마리 낚아내는 것이었다. 조조가 한마리로는 모두가 먹기에 부족하다고 말하자 이번에는 연달아 잡아내는 것이었다.

물고기가 가득 차자 조조는 이번에는 사천성의 생강이 있었으면 좋겠다고 말하였다. 그런데 이번에야말로 속아서는 안되겠다 싶었던 조조는 「차제에 전에 사천성에 비단을 팔러보낸 하인에게 20반을 더 팔아서 가지고 오라고 전해 주도록 하라」 하고 말하였다. 좌자는 「그렇게 하지요」 라고 대답하더니 옷자락에서 생강을 꺼내 놓았다. 일동은 깜딱 놀랐다. 의심이 많은 조조는 믿을 수가 없었지만 뒤에 하인이 20반의 비단을 더 팔아서 가지고 왔기 때문에 믿지 않을 수 없었다.

원래 죽이고 싶던 좌자에게 하는 일마다 코가 납작하게 되었으므로 더욱 울화가 쌓인 조조는 연회가 진행되는 틈을 살펴 그를 죽이려고 하자 좌자는 갑자기 일어서더니 벽 속으로 걸어 들어가 자취를 감추고 말았다.

더욱 화가 난 조조는 사람들을 풀어 그가 있는 곳을 알아내게 하였다. 후일에 부하들이 그가 있는 곳을 알아내어 그를 붙잡아 감옥에 가두고 고문을 하려고 하자 주위에 있는 사람들 모두가 좌자의 모습으로 보여버려 도저히 손을 쓸 수가 없었다. 이러한 연유로 하여 그를 죽인다는 것은 불가능하게 되었다.

그는 그 후에도 여러가지의 방술을 곳곳에서 보였는데 후에 곽산(霍山)이라고 하는 산에 들어가 구화단(九華丹)을 만들어 그것을 먹고 선인이 되어 하늘에 올라갔다.

—『포박자』는 금단, 즉 불로장생약은 선도의 극치로서 이를 먹고서도 선인이 되지 못한다고 하면 옛부터 선인은 없었던 것이라고 말하며 좌자를 이 丹藥의 원조로 칭송하고 있다.—

69. 장생약의 여러가지 —단약(丹藥)

(『抱朴子』卷四)

세상에는 양생에 대하여 다룬 책이 1천여종에 달하고 여러가지의 장생약들이 제시되어 있다. 그러한 약들은 크게 세가지로 분류되는데 병을 낫게 하는 하약(下藥)과 인간의 본성을 기르는 중약(中藥), 그리고 신체를 가볍게 만들어 생명을 연장시키고 신체에 깃털이 나게 하여 하늘을 나르고 귀신을 부릴 수 있는 상약(上藥) 등이다. 그 중에서도 상약 중의 상약이 단(丹) 또는 금단이라고 불리우는 환약으로 이를 먹으면 선인이 될 수 있다고 한다.

한마디로 금단이라고 말하기는 하나 그 종류는 무척 많고 그 효능도 가지가지이다. 금단 만드는 방법을 간단히 말한다면 금속이나 돌 등의 약의 재료를 찧어서 분말로 만들어 굽는다든지 삶는다든지 하여 그 정수를 뽑아 환약으로 만드는 것이다.

예를 들면 단화(丹華)라고 하는 제 1의 단을 만드는 데에는 우선 웅황(雄黃), 명반(明礬) 등의 10종의 재료를 각각 10근씩을 섞어 걸죽한 액체로 만들어 이를 36일동안 불을 때서 만들어진다. 이를 7일간 계속하여 먹게 되면 선인이 된다는 것이다. 단화를 현고(玄膏)라고 하는 약으로 싸서 강한 불을 가하면 바로 황금이 된다. 만약 황금이 되지 못하였다고 하면 아직 단화가 완성되지 못하였다는 증거이다.

제 2의 단은 신단(神丹) 또는 신부(神符)라고 하는 이름의 것이다. 이를 백일동안 계속하여 먹으면 선인이 된다. 이를 발밑에 붙이고 다니면 물위나 불위를 걸을 수가 있다. 이를 세알 먹으면 삼시(三尸)가 없어져 어떠한 병도 바로 낫게 된다.

마찬가지로 신단(神丹)이라고 불리우는 제 3의 단은 한알 먹으면 백일안에 선인이 된다. 이 단을 가축에게 먹이면 죽지 않게 된다. 또한 이떠한 무기로도 단을 먹은 사람은 상처를 입힐 수 없게 된다.

제 4의 단은 환단(還丹)으로, 한알 먹으면 선인이 될 수 있고 수은과 합하여 열을 가하면 바로 황금이 된다. 환단을 엽전돈에 칠해서 사용하면 그 돈이 바로 자기 수중으로 되돌아 온다. 그리고 그 환약을 눈두덩 위에 칠하면 어떠한 도깨비도 도망치고 접근할 수 없다.

제 5의 이단(餌丹)은 30일동안, 제 6의 연단(鍊丹)은 열흘동안 먹게 되면 선인이 되고, 제 7의 유단(柔丹)은 한알을 먹고 백일이 지나면 선인이 된다. 제 8의 복단(伏丹)은 이를 먹으면 금새 선인이 되고 이 단을 현관이나 출입문에 조금 개어서 표시를 해 두면 어떠한 도깨비류도 집안에 범접하지 못한다.

제 9의 한단(寒丹)은 한알을 먹고서 백일 째에 선인이 되고 공중을 나르는 데에 깃털따위가 필요없게 된다.

이러한 단은 자기 자신이 좋아하는 것을 한종류만 만들어도 되는 것으로 전 종류를 다 만들 필요는 없다. 또한 하늘에 올라도 좋고 땅에 사는 것도 자유이다.

-『포박자』 권 4에는 이 밖에도 수십가지 종류의 단의 이름과 만드는 방법이 쓰여 있다. 북경에 있는 약재상에 물어 보니 그 처방으로 조합하는 것은 가능하지만 아무래도 지나치게 강하기 때문에 먹게 되면 죽어버릴 것이라고 말하는 것이었다. -

70. 선인이 되지 못한 제자 —위백양(魏伯陽)

(『神仙傳』 卷一, 魏伯陽)

강소성(江蘇省)에 위백양(魏伯陽)이라고 하는 사람이 살고 있었다. 그는 명문의 집안에서 태어났음에도 불구하고 원래 방술을 좋아했기 때문에 집안의 전통인 유교의 공부 등은 조금도 하지 않고 오로지 방술의 연구에 열중하였다.

그러는 가운데 점차로 그의 연구가 상당히 진척되었으므로 그는 세사람의 제자를 데리고 산 속에 들어가서 숨어 금단(金丹)을 만들기 시작하였다. 그것이 완성된다면 그것을 먹고서 선인이 된다든지 하늘에 올라간다든지 할 수 있을 것이기 때문이었다. 그러나 단약을 만드는 데에는 많은 금기사항과 제약이 있었다. 그러므로 단약이 그리 쉽게 만들어질 리는 없었다. 그러다가 그들은 천신만고 끝에 마침내 단약을 완성하였다.

완성된 단약은 먹기만 하면 하늘에 오를 수 있는 훌륭한 것이었다. 그런데 위백양이 제자들의 눈치를 보니 그들은 아무리 해도 속세에 대한 생각을 다 끊은 것 같지가 않았다. 이러한 미심쩍은 생각이 들자 금단이 완성되었어도 그것을 바로 제자들에게 먹일 수가 없었다. 그리하여 마침내 위백양은 제자들을 시험해 보기로 하였다. 어느날 그는 제자들에게 다음과 같이 말하였다.

「금단이 만들어지기는 하였으나 그것이 제대로 만들어졌는지를 나도 알 수가 없다. 그러므로 그것을 먼저 개에게 먹여 보고 만약 개가 하늘로 올라간다면 우리도 안심하고 먹도록 하자. 만약 개가 죽는다면 그 때에 가서 그만두면 될 것 아닌가?」

그리하여 시험삼아 개에게 금단을 먹여 보았는데 개는 그만 그 자리에서 죽어버리는 것이었다. 이를 본 그는 「역시 아직 완전하지 못하였구나. 금단을 만드는 방법이 신의 마음에 들지 않았음에 틀림없다. 도대체 어디에 문제가 있었던 것일까?」하며 위백양은 탄식하며 제자들과 이야기를 나누었다.

제자들은 「선생님께서는 이제 어떻게 하시겠습니까?」하고 물었다. 그는

「나는 멋대로 집을 나와 산에 들어왔었다. 지금에 와서 선인도 되지 못하게 되고 보니 염체없이 돌아갈 수도 없다. 그러니 나는 죽는 것이 낫겠다.」하고 말하고는 금단을 입에 넣고 바로 죽어버렸다. 제자들은 당황하고 실망하였다. 제자들은 금단을 만들었던 것은 장생을 하기 위함이었다. 그러므로 스승처럼 이제 죽어버린다면 전혀 무의미한 일이라고 생각하고 앞일을 상의하였다.

그러나 제자중에서 한 사람만은 스승의 의도를 알고 따라서 죽겠다고 말하고 금단을 한알 삼키고는 죽어 버렸다. 남은 두 사람으로서는 금단을 먹지 않고서도 수십년은 더 살 수 있을 것인데 따라서 죽는 것은 억울한 일이었다. 그들은 하산을 결심하고 길을 떠났다. 마을에 당도한 그들은 죽은 사람들을 위한 관을 마련하여 목수를 올려 보냈다. 두 사람이 없어지자 위백양은 천천히 일어나 다른 금단을 제자와 개의 입에 넣었다. 이윽고 그들도 일어났으므로 그들을 데리고 하늘로 올라갔다. 그리고 그 전에 도중에서 만난 목수에게 두 사람의 제자와 고향의 사람들에게 보내는 편지를 전달케 하였다.

편지를 본 두 사람의 제자는 발을 동동 구르며 후회했으나 때는 이미 늦고 만 후였다.

－위백양은 역(易)의 원리를 빌어 금단을 만드는 이론을 쓴 『주역참동계』(『周易參同契』) 라고 하는 책의 저자로 알려져 있다. 금단을 만들어 장생을 구하는 도교의 일파를 특히 금단도(金丹道)라고 하는데 금단도는 당(唐)이후에 극히 인기를 끌었다.－

71. 죽은 사람을 살리는 환약 －동봉(董奉)

(『歷世眞仙體道通鑑』 卷十六, 董奉)

복건성(福建省)에 동봉(董奉)이라는 사람이 있었다. 때는 손권(孫權)이 오(吳)나라의 왕이었을 무렵이었는데 그 지방에 나이가 젊은 현지사가 부임하여 왔다. 그 때 동봉은 30세 전후였다. 그 때 그는 이미 도의 그윽한 뜻에 통달하여 있었다. 현지사는 동봉과 만나 교유하였다. 그러나 현지사가 동봉이 도에 통달한 사실을 알리는 만무하였다.

얼마 안있어 현지사는 다른 곳으로 전임하여 가고 그로부터 50년의 세월이 흘렀다. 그 현지사는 다른 지역의 지사로 부임하여 가는 길에 그 전의 임지에 오랫만에 들렀는데 현의 사람들도 옛일이 생각이 나기도 하여 모두 그 현지사를 만나기 위하여 모였다. 그 중에 동봉도 끼어 있었는데 그를 기억하고 있던 그 현지사는 깜짝 놀라는 것이었다. 「내가 이 곳의 현지사였을 때 당신은 나와 동년배의 나이였다. 이미 오십년의 세월이 흘러 나는 이렇게 백발이 되어 버렸는데 당신은 옛날과 조금도 변하지 않았구나. 무언가 선술이라도 터득했기 때문이 아닌가?」하고 물었다. 동봉은 시치미를 뚝 떼고 「아마 우연이겠지요」하고 웃어 넘기는 것이었다.

지금의 베트남 하노이 방면의 운남성(雲南省) 장관이 무엇인가에 중독이 되어 급사하였다. 죽은 뒤 사흘 후에 그 곳을 우연히 지나가고 있던 동봉이 홀연히 나타나서 장관의 입 속에 금단을 세알 머금게 한 후 그의 머리를 들어 올려 흔들게 하였다. 장관은 얼마 지나지 않아 눈을 뜨고 손발을 움직이더니 반나절이 지나자 일어나 앉게 되고 나흘 후에는 완전히 건강을 회복하게 되었다. 그리고는 다음과 같이 말하는 것이었다.

「내가 죽었을 때에는 의식이 몽롱하여 꿈을 꾸고 있는 듯한 기분이었다. 그런데 검은 옷을 입은 수십인의 사람들이 와서 나를 빈 수레에 태워서 어딘가로 데려가는 것이었다. 이상하다고 생각하는 찰라에 커다란 문을 통과하여 형무소와 같은 곳으로 가게 되었다. 그곳은 한사람이 간신히 들어갈 수 있는 독방들이 늘어져 있는 곳이었는데 내가 그 중의 한 방에 들어가자 그들은 곧 출입문을 닫고 밖에서 흙으로 입구를 막아버렸기 때문에 밖을 내다 볼 수도 없었다.

한동안 얼빠진듯 앉아 있었는데 밖에서 "태일(太一 도교의 신)님께서 사신을 보내와서 장관을 즉시 내보내라는 말씀이 계셨다"고 하는 소리가 들렸다. 그러더니 누군가 흙을 파내는 모양이었다. 잠시 후에 문이 열리고 관리가 나를 밖으로 끌어내는 것이었다. 밖에 나와 보니 붉은 지붕의 마차에 세사람이 타고 있는데 그 중의 한 사람이 명령서를 가지고 와서 나를 끌어 태웠다. 마차를 타고서 문에 다달았다고 생각했을 뿐인데 살아 돌아온 것이다」

장관은 동봉을 생명의 은인으로서 융숭히 대접했는데 그는 많은 음식가운데 마른고기와 대추 밖에는 먹지 않았다. 그러나 술 만은 따르는 대로 받아 마시는 것이었다. 그 후에 그가 떠나려 하므로 장관은 울면서 만류했지만 그는 듣지 않았다.

그가 돌아가는 데에는 뱃길이 편했으므로 장관이 배를 준비하려 하니 「배는 필요없으니 관을 하나 준비하여 주시오」하고 말하는 것이었다. 장관은 그가 희망하는 대로 준비할 수 밖에 없었다. 관이 준비된 다음 날 동봉은 그만 죽고 말았다. 사람들은 매우 슬퍼하며 그를 장사지냈는데 그런데 매장한지 7일 되는 날에 동봉을 만났다고 하는 사람이 있는지라 관을 파서 열어보니 한장의 수건과 부적만이 들어있을 뿐이었다.

－금단 중에는 죽은 사람을 살려내게 하는 힘을 가진 것도 있다고 믿어져 왔다.－

72. 선인실재론자 －갈홍(葛洪)

(『歷世眞仙體道通鑑』卷二十四, 葛洪)

소년시대부터 학문을 좋아했던 갈홍(葛洪)은 가정이 가난했기 때문에 산에 가서 나무를 해다가 그것을 판 돈으로 종이와 먹을 사고 밤이 되면 열심히 책을 베끼며 공부를 하였다. 그리하여 그는 점차 유학자로서 유명해졌다.

천성이 욕심이 없고 바둑이나 도박 등도 손을 대지 않고 명예라든지 이익 등에도 관심조차 두지 않았기 때문에 친구들과의 교제도 그다지 많지 않았다. 그러나 학문의 경우는 매우 열심이어서 배움을 구하기 위해서는 아무리 먼 곳이라도 마다하지 않고 가서 가르침을 받았다.

그러나 그가 마음속으로 진정으로 구하는 것은 유학이 아니고 실은 신선의 사상이었다. 그의 백부인 갈현(葛玄)은 단약을 만드는 이론에 대하여 대단히 중요한 저술을 하였으며 후에 선인이 된 사람인데 그의 비술은 제자 중의 한 사람인 정은(鄭隱)에게 자세하게 전해졌다. 그러한 인연으로 하여 갈홍은 정은에게로 가서 그의 비술을 남김없이 전수받을 수가 있었다.

그 후 갈홍은 진(晉)나라의 중신의 눈에 뜨여 관리가 되었는데 그가 대단한 학식을 가진 사람임이 알려져 대저술을 하도록 하는 임무를 다시 부여받았으나 그는 늙은 나이를 구실로 극구 사양하였다.

후에 그는 운남(雲南 지금의 베트남)지방에 단약을 만드는 원료인 좋은 질의 단사(丹砂)가 있다는 말을 듣고 그 지방의 관리로 전임되고 싶다고 천자에게 간청하여 마침내 허락을 얻어 내었다.

처자를 데리고 용기를 내어 운남을 향해 여행을 떠났던 그가 광동까지 왔을 때의 일이다. 미리부터 그의 이름을 듣고 있었던 그곳의 장관이 만류하며 그 지방에 머물 것을 간청하는 것이었다. 하는 수 없이 목적지에 가는 것을 단념하고 나부산(羅浮山)이라고 하는 산에 들어가 오랫동안 희망해 오던 단약을 만드는 데에 전념하는 한편 이 세상에 선인이 실제로 있었다고 하는 사실을 증거할 만한 책을 저술하는 데에 열중하였다. 그 책이 저 유명한 『포박자』이다.

『포박자』를 쓴 것은 세상의 유학자들이 주공(周公)이나 공자 등이 설하여 놓은 말씀만을 진실한 것이라 하고, 선인의 사상이나 선인이 되는 방법 등은 헛된 소리를 늘어놓은 것이라고 하여 신용하지 않을 뿐만 아니라 그것을 믿고 행하는 사람들을 모자란 사람이라고 헐뜯기 때문에 그들의 생각이 옳지 않다는 것을 입증하려고 했던 것이다.

어느날 장관이 있는 곳에 산 속에 있는 갈홍으로부터 편지가 왔다. 그것은 지금부터 스승을 찾아 먼 곳으로 여행을 떠나고 싶다는 내용의 편지였다. 갑자기 정신이 번쩍 든 장관이 급히 그가 있던 곳으로 달려갔다.

그러나 때는 이미 늦어 있었다. 그는 꼼짝 않고 앉아있는 채로 마치 눈을 감고 있는 듯이 죽어 있었다. 안색은 살아 있을 때와 조금도 다르지 않고 만져 보니 따뜻하고 부드러웠다. 그런데 관에 넣기 위하여 시체를 들어 올리자 놀랄 만큼 가벼웠다. 살펴 보니 시신은 간데 없고 옷만이 남아 있었다.

73. 훌륭한 신통력 –장진(章震)

(『歷世眞仙體道通鑑』 卷十, 玉子)

장진(章震)은 어린 시절부터 많은 책을 가까이 하여 학문에 통달하여 있었다. 그 때문에 주(周)의 유왕(幽王)으로부터 부름을 받을 만큼 유명한 학자가 되었다. 그러나 그는 유왕의 부름을 거절하고 곰곰히 생각하였다.

「인간이라고 하는 것은 태어날 때부터 날이 흐르면 흐를수록 그만큼 죽음에 가까워 갈 뿐이다. 그 점을 알아차리지 못하고 부나 명예만을 오직 추구하는 것은 바보일 따름일 것이다. 설사 왕이 된다하여도 산처럼 재화를 쌓아 둔다고 하여도 죽어 버리면 그것은 먼지와 같으니 아무런 쓸 데가 없다. 그보다는 세상사람들이 말하는 신선이 되어 천지와 더불어 유유히 살아가는 편이 보다 인간의 도로서는 훌륭한 길일 것이다.」

이와 같은 생각을 한 그는 곧 장상자(張桑子)라는 사람의 제자가 되어 도교에 관한 여러가지 가르침을 받고 수행을 거듭하였다. 그 결과 그는 일파의 방술을 창안해 내고 자기 스스로도 저작을 할 만큼 되었다. 그는 특히 오행(五行) 사상의 근본에 정통했는데 신통력 또한 매우 뛰어났다.

그에게 병을 치료한다든지 재앙을 멈추게 하는 것 등은 하루 아침거리도 되지 않았다. 큰 바람을 일으켜 집을 무너뜨리고 나무를 부러뜨릴 수도 있고 순식간에 천둥이나 비, 그리고 구름이나 안개 등도 불러 올 수가 있었다. 또한 풀이나 먼지, 기와나 돌 등을 소나 말 등의 가축이나 용, 또는 호랑이와 같은 동물로 보이는 일도 할 수 있었으며 자기 자신의 모습을 수없이 많은 숫자로 보이게 할 수도 있었다.

강이나 바다 위도 지상과 똑같이 걸을 수 있는가 하면 입에 머금은 물을 토해내서 모두 구슬로 변하게 할 수도 있었다. 한편 그가 조식(調息)을 하고 있을 때는 들어 올리려 하여도 누르거나 찔러도 조금도 움직이지 않았다. 구부리려 해도 늘이려 해도 아무리 해도 꿈쩍도 하지 않았다. 그러다가 그러한 모습으로 50일동안이나 있은 후에 쓱 일어서게 되면 금새 평상시의 자연스러운 상태대로 돌아가 언제 그랬는가 싶게 되어 버린다.

제자들과 함께 여행을 떠나려고 할 때에는 진흙을 둥글게 하여 말의 모양을 만들고 모두에게 잠시 눈을 감게 한다. 모두가 눈을 떴을 때는 진흙 말은 커다란 살아있는 말이 되어 그들 모두를 태워서 하루에 천리라도 거뜬히 싣고 간다. 그가 숨을 크게 내 뱉으면 순식간에 오색의 연기가 허공 높이 말아 오른다. 만약 날고 있는 새라도 가르키면 그 새는 화살을 맞은 듯이 땅에 떨어져 버린다. 부적을 물 속에 던져 넣으면 거기에 있는 물고기들은 이상하게도 언덕으로 올라가 버린다.

이처럼 여러가지 신통을 자유자재로 할 수 있던 그는 후일에 감숙성(甘肅省)의 공동산(崆峒山)이라고 하는 산에 들어가 단을 먹고서 하늘로 올라가 버렸다.

-어느 정도 방술에 뛰어난 바 있어도 금단을 먹지 않으면 하늘로 오르는 선인이 되기는 어렵다는 것을 말하는 이야기이다.-

74. 승려와 도사의 한판 씨름-성명쌍수(性命雙修)

(『歷世眞仙體道通鑑』 卷四九, 張用成)

장백단(張伯端)은 태생이 지식욕이 왕성한 사람이었다. 모든 학문에 흥미를 가지고 각지를 돌아 다니며 뛰어난 학자들의 가르침을 받았다. 나이가 들면서부터는 도교에 흥미를 가지게 되었으나 그 깊은 뜻을 좀처럼 깨달아 알기 어려웠다. 그 때문에 변함없이 좋은 스승을 찾아 각지를 돌아 다녔다.

우연히 북송(北宋)의 신종(神宗), 희녕(熙寧)2년(1069)에 그는 자신의 후원자였던 육공(陸公)이 익도(益都)의 장관이 되었기 때문에 사천지방에 가게 되었다. 거기에서 우연히 어떤 곳에서 선인인 유해섬(劉海蟾)을 만나게 되어서 환단을 만드는 비결을 배우게 되었다. 그가 오랫동안 바라던 바가 이루어지게 된 것이다. 그는 바로 이름과 호를 다시 새롭게 하고 단약을 지어 정(精)을 내어 마침내 환단을 만드는 데에 성공하였다. 그리하여 세상에서 저 유명한 『오진편』(『悟眞篇』)이라고 하는 금단도의 책을 썼다.

그 무렵에 불교의 기본적 수행이라고 할 계·정·혜의 삼학을 체득하여 선의 깊은 경지에 도달하였다고 자부한 한 사람의 승려가 있었다. 그는 선정에 들어 정신을 통일하면 마음의 본체가 잠깐 사이에 수백리나 떨어진 곳에도 갈 수가 있다고 하는 소문도 있었다.

스님의 탈속함이 마음에 들어 그와 친해진 장백단은 어느날 그에게 함께 먼 곳으로 여행을 가자고 말을 꺼냈다. 스님의 희망에 따라 그 곳에서 멀리 떨어진 양주(揚州)의 이름 높은 경화(瓊花)라는 꽃을 보러가기로 약속을 하고 두 사람이 함께 선정에 들었다. 그리하여 두 사람의 마음의 본체는 바로 육체를 떠나 양주를 향하여 날아갔다.

장백단이 당도해 보니 스님은 먼저 도착하여 꽃의 주위를 이미 세 바퀴나 돌고 있었다. 함께 꽃을 감상한 그들은 기념으로 꽃 한가지씩을 꺾어서 가지고 돌아오기로 하였다. 한참 뒤에 두 사람은 각각 하품을 하면서 눈을 뜨고 각자가 소매자락에서 가지를 꺼냈다.

그런데 스님이 가진 꽃가지에는 한송이의 꽃도 달려 있지 않았으나 장백단이 꺼낸 꽃가지에는 소담스럽게 피어 있는 꽃송이들이 그대로 달려 있었다. 오늘의 스님네들이나 도사들 사이에 우리들과 필적할 만한 사람은 아마 없겠지 하며 두사람은 크게 웃었다. 이렇듯 두사람 사이는 친하였다.

제자들이 장백단에게 스님과의 사이에는 어떤 차이가 있느냐고 묻자 「내가 닦고 있는 금단도는 성(本性)과 명(形)의 두 가지를 함께 아우르고 있으므로 모이게 되면 형상이 가능하게 되고 흩어지면 기가 되는 것이다. 그러므로 어디를 가더라도 성과 명을 함께 하게 된다. 이를 양신(陽神)이라고 한다. 그런데 저 스님이 닦고 있는 것은 다만 성 뿐으로 명이 함께 하지 못하고 있다. 거기에서 성을 행하여도 명이 함께하지를 못하기 때문에 형상을 이루는 것이 불가능한 것이다. 이를 음신(陰神)이라고 한다. 그러기 때문에 꽃을 그대로 가져오는 것은 불가능한 것이다. 그러므로 그대들도 성과 명 두 가지를 아울러 닦도록 노력하지 않으면 안된다는 사실을 명심하도록 하라.」하고 대답하였다.

—이 이야기의 골자는 금단도가 성명쌍수인 뜻을 설명하고 있는데 또한 암암리에 도교가 불교보다 뛰어나다는 것을 보여주고 있다.—

75. 신선이 안내하여 하늘에 오르다 —삼모군(三茅君)

(『列仙全傳』卷二, 芽盈)

모영(茅盈)은 어린 시절부터 보통의 어린이들과는 다른 바가 있었다. 그는 점점 장성함에 따라서 속세에서의 일상생활을 싫어하게 되어 그럭저럭 열 여덟살이 되었을 때 가출을 하게 된다. 집을 나온 그는 항산(恒山)에 들어가 창출(蒼朮)을 먹으면서 수행에 전념하였다. 그러는 중에 왕군(王君)에게서 도의 깊은 뜻을 전수받고 서왕모(西王母)에게서 한권의 비전을 전해 받았다.

공부를 마친 그는 49세때에 다시 고향에 돌아오게 되었다. 그런데 당시까지 건재하던 아버지는 그에 대하여 가출한 채 집에 돌아오지 않은 자식이라 하여 늘 섭섭하게 생각하고 있었다. 그의 아버지는 집에 돌아온 그를 보자 노여움이 폭발하여 지니고 있던 지팡이로 그를 때리려 하였다.

그는 열심히 불효했던 자신의 용서를 빌었다. 그리고 이제 자신은 선인의 한사람이 되었으므로 언제나 하늘의 병사가 호위하여 있는지라 만약 자기를 때리게 되면 아버지의 몸에 피해가 생기게 되어 다시 한번 불효를 하게 되므로 제발 그만두시라고 간절히 애원하였다.

그러나 노여움이 하늘 끝까지 달해 있던 아버지에게 그러한 말이 귀에 들어올리 만무하였다. 그는 들고 있던 지팡이를 힘껏 내리치고 말았다. 그런데 그 지팡이가 토막토막 부서저더니 그 부서진 조각들이 사방으로 날아가 집의 벽에 부딪치자 벽에 구멍을 내고 기둥에 맞자 그곳이 움푹 파이고 하는 것이었다. 기세등등하던 아버지도 그 모양을 보고는 놀라서 멈추었다.

집에서 그럭저럭 얼마간의 세월이 흘렀다. 그의 두 동생이 출세하여 각각 군의 장관이 되었기 때문에 주위의 사람들이 모두 모여 성대한 환송회를 거행하게 되었다. 그 자리에 참석해 있던 모영은 많은 사람들을 향하여 자기는 장관이 되지는 못하나 내년 4월 3일에 선인이 되어 하늘에 오르게 되므로 그 때는 오늘과 마찬가지로 성대한 연회를 열어서 환송해 주기를 바란다고 말하였다. 사람들은 한편으로는 놀라고 한편으로는 궁금하기도 하여 그

날이 오기를 기다렸다.

마침내 그 날이 왔다. 문전 일대가 자연히 말끔히 청소되고 수백인도 수용할 수 있는 푸른 비단 차일이 쳐지고 밑에는 하얀 융단이 잘 깔려 있었다. 그곳에서는 각처에서 많은 사람들이 모여 연회가 열리기 시작했다. 이상한 일은 그 연회에 시중드는 사람도 없는데 대리석으로 만든 술잔, 금으로 된 접시, 그리고 본 일도 없는 맛있는 요리, 향기 좋은 술 등이 눈앞에 나타나 쌓이는 것이었다. 묘하고 아름다운 음악도 들리고 좋은 향내가 사방 수십리까지 미쳐 갔다.

잔치가 한참 무르익을 무렵이었다. 수백명의 붉은 옷을 입은 천관들이 어마어마하게 무장한 많은 수의 천병들을 거느리고 하늘에서 아래로 내려왔다. 이를 본 모영은 가족들과 친구들에게 작별인사를 나누고 그를 태우러 온 수레에 올라 탔다. 그리고 천관과 천병이 전후를 호위하는 가운데 서서히 하늘로 올라가 버리고 말았다.

멀리에서 그 사실을 전해 들은 두 사람의 동생은 장관직을 사임해 버리고 집으로 돌아와서 어떻게 해서든지 형을 만나 하늘에 올랐으면 하고 바랐다. 얼마 되지 않아서 그들 앞에 나타난 형은 우선 불사의 법을 가르쳐 주고 이어서 구전(九轉)의 환단을 주었기 때문에 그들도 선인이 되어 모산(茅山)에 있게 되었다. 그래서 이들 세사람을 삼모군(三茅君)이라 한다.

—뒤에 소개할 상청파(上淸派) 또는 모산파(茅山派)라고 하는 도교의 한 종파의 개조가 이 모영 삼형제, 소위 삼모군이다.—

본 장에서는 복이(服餌)를 비롯한 양생법에 대한 이야기를 모았다. 이들 이야기에 의하면 풀이나 나무 등으로 만든 약을 먹게 되면 장생할 수 있고 다소의 방술도 가능하다고 한다. 그렇지만 선인이 되는 것은 아직 불가능하다. 조식을 하면 장생할 수 있으며 선인이 되는 것도 가능하다. 그러나 가장 간단하게 선인이 되는 방법은 단을 먹는 것이다. 다만 단을 만드는 데에는 복이, 조식, 방중 등의 모든 법을 다 배우고, 뒤에 다루게 되는 것처럼 몸을 재계하고 더러운 것을 물리친 연후에 하지 않으면 안된다는 것이다.

방중술은 원래는 양생술이었지만 시대가 지남에 따라서 규방의 비희(秘戲)나 최음제, 또는 미약(媚藥)을 만드는 방법이 되고 만 것은 여기에서 제시한 이야기 들에서 잘 알 수 있다. 결국 선인이 되는 데에는 단을 먹는 것이 가장 좋은 기본적 방법이 되는 것이며 다른 방법은 부차적인 수단, 또는 전제라고 해야 할 것같다. 그런 점에서 금단도가 상당히 손씀이 빨랐다고 할 것이다. 그러나 후세에 이르러서 그 불합리성을 알아차린 일부의 도사들이 금단도를 배제하려고 하였으나 기대한 정도의 효과를 가져오지는 못하였다.

단을 먹어서 선인이 된다고 하는 것은 실제로는 불가능하다. 단은 좀처럼 만들기 어려운 것일 뿐만이 아니라, 단을 만들 때에 주의해야 할 금기사항이 수없이 많은 것도 사실은 단이 되지 않았을 때에 빠져 나갈 구멍을 의미하는 것으로 보아야 할 것이기 때문이다. 아무튼 중국인들의 생명을 늘이는 데에 집착하는 모습을 여기에서 충분히 볼 수 있다.

V. 도교의 윤리

76. 인간의 과오를 감시하는 신－사과신(司過神)

(『抱朴子』卷六,『太上感應篇』)

이 천지의 사이에는 실로 많은 신들이 있는데 그 중에는 인간이 날마다 행한 것을 자세히 감시하는 역할을 맡고 있는 신들이 있다. 그러한 신들을 사과(司過)의 신이라고 하고 있다.

사과의 신은 인간이 행한 것을 하나하나 자세하게 기록하고 그 죄과의 경중에 따라 인간의 생명을 늘이거나 줄이거나 한다고 한다. 중한 죄일 경우는 기(紀), 즉 3백일, 경한 죄일 경우는 산(算), 즉 3일의 생명을 각각 감한다. 인간의 수명은 태어나서부터 120세로 정해져 있기 때문에 자주 나쁜 일을 범하게 되면 수명이 크게 감해져서 일찍 죽어버린다고 한다.

사과의 신으로는 일주(一柱)라는 신을 비롯하여 하늘에 있는 신으로서는 삼태(三台), 북두(北斗), 현천상제(玄天上帝)등이 있다고 한다. 이들은 모두가 별을 신으로 하고 있는 것이다. 삼태는 상·중·하로 나뉘는데 상태(上台)는 수명을 관장하고 중태(中台)는 공훈을, 하태(下台)는 복록을 관장한다고 한다. 북두는 북두칠성을, 현천상제는 이른 바 28숙이라고 하는 별 가운데 북방의 7숙을 신격화한 것으로서 현무(玄武), 또는 진무대제(眞武大帝)라고도 한다.

이러한 신들은 하늘에 있을 뿐만이 아니라 때로 지상에 내려와서 자신의 눈으로 인간들의 행동을 살핀다. 예를 들면 북두칠성은 매월 3일과 7일에 해당하는 날과 경신(庚申)과 갑자(甲子)의 날에 지상에 내려오고, 현천상제는 매월 3일과 27일에 지상에 내려온다는 설이 있다.

明의 成祖 영락 11년(서기 1413) 8. 17에 나타난
현천상제(玄天上帝:북극대제)의 모습
〈道藏 卷一九 P 638〉

그러나 사과의 신은 천상에만 있는 것이 아니라 지상에도 있다. 집안에 있는 부뚜막신이나 인간의 몸 안에 있는 삼시(三尸)등이 그것이다. 부뚜막의 신은 매월 그믐날이 되면 하늘에 올라가 인간의 죄상을 사뢰고, 삼시는 경신(庚申)의 날에 인간이 잠든 틈을 타서 그가 행한 바를 고하러 간다고 한다. 그 중에서도 삼시는 인간이 죽으면 바로 그 몸에서 벗어 나와 귀신이 되어 이곳 저곳을 날아 다니면서 제사를 받아 먹고 다니기 때문에 되도록이면 빨리 인간을 죽이려고 생각하고 있다는 무서운 신이다. 그러므로 경신날에는 정성스럽게 몸을 재계하고 삼시가 몸에서 출입할 수 없도록 철야로 잠을 자서는 안된다.

하늘에 인간의 죄나 나쁜 일을 보고하러 가는 것이 또 하나 있다. 몸 가운데 에 있는 삼혼(三魂)과 칠백(七魄)도 그 매개체이다. 그러므로 이러한 것들이 보고하러 가지 못하도록 제사를 잘 지내 준다든지 주문을 외우는 등의 방법으로 이러한 것들을 달래지 않으면 안된다. 아니 그것보다는 평소에 악한 행동을 하지 말고 좋은 행을 하도록 마음을 쓰는 것이 가장 좋은 방법일 것이다.

—본서의 제 1장에서 말한 바와 같이 중국인은 신이나 악귀에 사로잡혀서 생활하고 있는 것 같다. 그 때문에 아무리 몰래 나쁜 일을 하려고 하여도 신들의 감시를 벗어 날 수가 없다고 생각한다. 그 점을 이용하여, 신들이 보고 있으므로 사람들로 하여금 나쁜 일을 하지않고 선행이나 덕을 쌓도록 권하고 있는 것이다.—

77. 장생의 대 전제 —적덕(積德)

(『抱朴子』卷六)

장생을 하는 방법은 오곡을 먹지 않는 벽곡법(辟穀法)과 여러가지 약을 먹는 복이법(服餌法) 등을 비롯하여 조식, 도인, 방중 등의 다양한 방법들이 있으나 그러한 것들을 아무리 열심히 해 보아도 완벽한 장생법이 될 수는 없다. 그 전에 하지 않으면 안되는 것이 있다. 그 전제라고 할 수 있는 것이 선을 행하고 덕을 쌓는 일이다.

그 선이라든가 덕이라고 하는 것은 예를 들면 자비의 마음을 가지는 것, 자신에게 하는 것과 같이 다른 사람에게 해 주는 것 등으로, 물론 인간만을 대상으로 하는 것이 아니고 벌레에 이르기까지도 마찬가지로 해 주지 않으면 안된다. 그러므로 다른 사람이 괴로움이나 슬픔 그리고 어려운 일을 당하였을 때에는 진실로 그 사람의 마음이 되어 그러한 근심거리의 원인을 제거하도록 노력하는 것이다.

또한 다른 사람이 얻은 물건은 내 자신이 얻은 것처럼 기뻐하고 다른 사람이 잃은 물건은 자신이 잃은 것처럼 슬퍼하는 마음을 가져야 한다. 엘리트의식을 가져서도 절대 안되고 나보다 뛰어난 사람에 대하여 시기하는 마음이나 중상하는 생각을 지녀서도 안된다. 이렇게 하면 스스로 덕이 쌓이게 되고 하늘의 신들로부터 행복을 부여받아, 하는 일은 어느 것이나 성공하게 되고 선인이 되고자 생각하면 선인이 될 수도 있다.

반대로 살생을 좋아하고, 마음에 있는 것과 달리 말한다든지, 도와주지 않으면 안될 손 아래 사람을 업신여긴다든지, 손 위의 사람들을 속이고 배은망덕하는 행위, 재물을 챙기고, 잘못된 것을 좋다고 하고 바르고 잘된 것은 인정하지 않는 것, 사리사욕만을 좇고 죄없는 사람들에게 엄한 형벌을 주는 것 등은 몹시 좋지 않은 것이다.

남의 가정을 파괴한다든지 그 보물을 훔치는 사람, 겉 영리한 사람, 선인이나 성인들을 비방하고 도사에게 상처주는 사람, 투항하여 오는 사람이나 날아온 새 등을 죽이는 사람, 태아나 알의 생명을 해치고 다른 사람의 선행을 감추고 거꾸로 다른 사람을 모함하는 사람, 다른 사람에게 일을 시키고 자신이 선행을 했다고 남에게 알리는 사람, 다른 사람이 아끼는 재보 등을 빼앗거나 다른 사람을 부끄럽게 만들고 자신은 잘난체하는 사람 등은 선인이 될 수 없는 것은 물론 이 세상에서 오래 사는 것도 어렵다.

이러한 나쁜 행위가 단 한번이라도 있으면 그것은 곧 죄가 된다. 지선(地仙)이 되기 위해서는 300가지의 선을, 천선(天仙)이 되기 위해서는 1200가지 선을 행해야 하는데 앞서 말한 나쁜 일 가운데 단 하나라도 범하게 되면 그때까지 쌓은 선은 모두 물거품이 되고 만다. 그러므로 장생하려고 생각한다면 언제나 선을 행하려는 마음을 챙기지 않으면 안된다.

—기본적인 인간사회의 윤리나 도덕을 장생과 관계지어 설한 것에 유교 등과는 다른 생각이 바탕하고 있다. 이 사고가 다음에 설명할 『功過格』을 출현하게 만든 것이다.—

78. 불사의 묘약을 제조하는 마음가짐 －금기사항

(『抱朴子』 卷四)

황제(黃帝)가 만든 『구정신단경』(『九鼎神丹經』)이라고 하는 책에는 조식이나 도인, 또는 복이 등의 방법은 생명을 연장하는 것은 가능하지만 불사에 이르는 것은 불가능하다고 쓰여 있다. 그리고 단을 먹으면 생명이 천지와 같이 길어지고, 구름에 오른다든지 용을 탄다든지 하여 선계를 왕복하는 것이 가능하다고 하며 자신도 단약을 먹어 하늘에 오를 수 있었다고 쓰고 있다.

황제는 그 단약을 만드는 법을 현자(玄子)라고 하는 제자에게 가르쳤는데 그 때에 다음과 같은 주의사항도 함께 주었다.

단약을 만드는 법은 매우 중요한 극비로 전해지는 것이므로 함부로 다른 사람에게 전해서는 안된다. 아주 자세히 그 사람을 관찰하고서 전할 필요가 있다. 우선 어진사람이어야 한다. 아무리 가르쳐 달라고 울며 애원을 해도 합당한 사람이 아니면 절대로 가르쳐 주어서는 안된다. 그 방법이 손상되어 버리기 때문이다.

단약을 만드는 법을 전수할 때에는, 제자가 황금으로 만든 고기와 사람의 형상을 동쪽에서 흘러오는 맑은 시내에 던져 놓고서 스승과 제자 두 사람이서 피를 나누어 마시며 서약을 하지 않으면 안된다.

단약을 만들 때는 그 장소는 반드시 명산을 택하지 않으면 안된다. 또한 그 주위에 사람이 있을 만한 장소가 있어서도 안된다. 만드는 사람은 세사람을 넘어서서도 안된다.

장소와 사람이 정해지거든 우선 100일동안 재계하고 다섯 종류의 향을 넣은 물로 목욕을 하고 몸도 마음도 아주 맑게 하지 않으면 안된다. 그러므로 만들고 있는 동안에는 더러운 것을 가까이하는 것은 물론 속인과 왕래하는 것도 금해야 한다. 속인이 단을 만드는 장소를 본다든지 듣는다든지 하는 경우에는 신들이 노하여 도와주지 않으며 그 대신 사기가 침범하기 때문에 단약은 절대로 만들어지지 않는다.

또한 선도를 믿지 않는 사람에게 단약을 만들고 있는 것을 알아차리게 하는 것도 안된다. 그들은 틀림없이 헐뜯을 것이기 때문이다. 헐뜯음을 당하게 되면 절대로 단약은 만들어지지 않는다. 요컨대 단약을 모르는 사람에게는 절대로 알게하지 않아야 한다는 것이다.

또 한가지, 단약을 만들기 전에 신들에게 제사를 드리지 않으면 안된다. 신들에게 제사를 지내면 태일원군(太一元君)·태상로군(太上老君)·현녀(玄女) 등의 신들이 만드는 장소에 내려 와서 언제나 그 주위에서 지켜주기 때문에 약이 만들어지지 않을 수가 없다.

만드는 동안에는 비린내나는 것이나 부추 마늘 등의 오신채(五辛菜)를 입에 대서는 안되는 것은 말할 것도 없다. 만약 여성이나 어린이, 개, 닭 등에 단을 만드는 것을 보이게 되면 보통약과 마찬가지의 것이 되어 효과가 없어진다.

—이처럼 계율을 사소한 것까지 말하는 것은 금단이 만들기 어려운 것이라는 증거일 것이다.—

79. 선인시험 —계(戒)

(『神仙傳』 卷四, 張道陵)

오두미도(五斗米道)를 개창한 장릉(張陵)은 황제(黃帝)가 먹었던 단약을 만드는 법을 터득하였기 때문에 수제자인 왕장(王長)에게 그 방법을 가르쳐 주었다. 그리고는 돌아오는 정월 7일 한낮 무렵에 동쪽에서 한 사람의 남자가 여기에 올 것인데 그 남자에게도 단약을 만드는 방법을 전수하여 주려고 생각하고 있다고 말하였다. 그리고 그 남자의 신장에서부터 얼굴 생김새까지 상세하게 왕장에게 설명해 주었다.

장릉이 말한 그 날 한낮무렵이 되자 과연 조승(趙昇)이라고 하는 남자가 동쪽으로부터 장릉을 찾아왔다. 그를 살펴 보니 앞서 장릉이 말한 것과 완전히 일치하는 모습으로서 얼굴이나 생김새가 조금도 틀림이 없었다. 왕장은 깜짝 놀라 장릉의 신통력에 다시 한번 감탄하였다. 장릉은 조승의 인물됨을 일곱차례에 걸쳐 시험하였는데 모든 시험에 합격하였기 때문에 예정

했던 대로 단약 만드는 법을 전수하였다. 그 시험은 다음과 같았다.

조승이 문 입구에 닿았을 때에 문지기는 그가 아무리 애원을 하여도 들여보내주지 않았다. 그러나 그는 그러한 것에 굴복하지 않고 부근에서 야숙을 하면서 40일 동안을 계속하여 졸라 대었다. 그리하여 마침내 그 문을 통과하게 되었는데 이것이 첫번째 관문이다.

조승은 장릉과 만나게 되어 이제 제자로 받아들여지게 되었는가 하고 생각했는데 단을 만드는 것과는 전혀 관계가 없는 보물을 털러 오는 동물을 쫓아 버리도록 하는 임무를 부여 받게되었다.

저녁이 되자 이 세상의 사람이라고는 생각이 되지 않을 정도로 아름다운 미녀가 찾아왔다. 그리하여 먼 길을 여행하여 왔는데 길도 모르고 날은 저물었는데 묵을 곳도 없으니 좀 재워 달라고 사정을 하는 것이었다. 그는 그의 방으로 안내하여 함께 하룻밤을 지내었다. 다음날이 되자 발이 부르트고 아파서 도저히 걸을 수가 없으므로 하룻밤을 더 머물게 해 달라고 애원을 하는 것이었다. 그리하여 그럭저럭 여러날을 머물게 되었는데 그녀는 그러는 중에 온갖 수단과 방법을 동원하여 그를 유혹하려 하였다. 그러나 그는 조금도 흔들리지 않고 그 유혹을 받아들이지 않았다. 이것이 두번째의 시험이었다.

세번째는 큰 금덩어리를 길에 떨어뜨려 놓고서 줍는지 줍지 않는지를 시험하고, 네번째는 호랑이에게 먹힐 뻔하게 하는 시험을 하고, 이러한 시험에 모두 통과하자 다섯번째는 다른 사람으로 하여금 꾸며낸 말로 억지 트집을 잡게 하였으나 그는 그것이 진실이 아니라는 생각을 하고 조금도 대꾸하거나 싸우지 않았다.

여섯번째는 모든 사람이 질색을 하는 문둥이 걸인을 만나게 하는 시험이 있었는데 조승은 그를 불쌍히 여겨 자기의 옷을 벗어 감싸주고 몸을 아끼지 않고 도와 주었다.

일곱번째는 발을 헛디디면 절벽 아래로 떨어져 죽을 곳에 열려 있는 복숭아의 열매를 따 오라는 시험이었다. 그는 죽을 것을 결심하고 절벽 아래로 몸을 던져 그 열매를 땄다. 그 순간 장릉은 손을 뻗쳐 조승을 받아 안았다.

이와 같은 일곱가지의 시험에 합격한 조승은 장릉의 지도를 받아 깊은 진라를 깨닫고 선인이 되었다.

—이 이야기는 조승의 시험을 예로 하여 선도수행자가 지녀야 할 자세를 설명하고 있는 것인데 이는 어떤 의미에서 다음에 말할 도사의 수행과 마음가짐에 대한 이야기와도 연결된다.—

80. 선인세계에서의 연애는 금기사항—색계(色戒)

(『歷世眞仙體道通鑑 後集』卷五.『列仙全傳』卷四, 吳彩鸞)

강서성(江西省)의 서주(瑞州)에 있는 숭원관(崇元觀)은 선인이 된 정의(丁義)의 누이인 수영(秀英)이 단약을 만들었다고 하는 도관으로서 유명하였다. 정의의 제자로서 또한 선인이 된 오맹(吳猛)이라는 사람에게는 채란(彩鸞)이라고 하는 누이가 있었는데 그녀도 신비한 행적과 아울러서 숭원관에서 수행하여 도의 깊은 뜻을 터득하고 선녀가 되었다는 이야기가 있다. 이는 삼국시대의 일이었다.

시대는 아래로 내려가서 당나라 문종(文宗)의 태화(太和)년간의 무렵에 온화한 성품을 지녔으며 깨끗한 풍모를 지닌 문소(文簫)라고 하는 선비가 있었다. 젊은 시절에 천하의 모든 것을 둘러보고 싶었기 때문에 향리를 떠나서 여기 저기를 걸어서 여행을 하였다. 그러던 어느날 강서성의 종릉(鐘陵)이라고 하는 고을에 닿았다. 그곳에 있는 자극궁(紫極宮)이라고 하는 도관에는 그가 우연히 알게 된 도사가 있었기 때문에 그 인연으로 거기에서 액개(厄介)라는 직책을 맡아 있게 되었다.

고을의 서쪽에 있는 산에는 허선인(許仙人)이 살고 있었다는 도관이 있는데 허선인이 하늘에 올라갔다고 전해지는 9월무렵이면 매년 각지에서 많은 사람들이 참배를 하러 와서 크게 붐볐다. 문소도 어느 해인가 많은 사람들이 모여 있는 곳에 구경하러 갔다. 어느 쪽을 보아도 수레나 말이 도로를 메우고 있었고 사람들이 운집하여 거리가 거의 걸을 수 없을 정도로 복잡하였다.

그 가운데에서 한무리의 여인들이 노래를 하면서 춤을 추고 있는 것이었다. 문소는 노래에 이끌려서 그들 가까이로 갔다. 그 중에서 한 사람 빼어나게 아름다운 처녀가 눈에 뜨였는데 그녀의 노래가 어쩐지 귀에 이상하게 들리는 것이었다. 귀를 기울여 잘 들어 보니 가사 가운데 자기의 이름이 들어 있는 것이 아닌가? 깜짝 놀란 그는 눈을 들어 그녀를 바라 보았다. 그러자 그녀는 그에게 찡끗 눈짓을 하는 것이었다. 그는 황홀하여 그만 발이 대지에 박힌 것처럼 그 자리에서 움직일 수가 없었다.

노래가 끝나자 그녀는 무리를 빠져 나와 어디론가 가는 것이었다. 그리하여 작은 숲속길로 들어가는 것이었다. 그는 꿈속처럼 넋이 나간 채로 그녀의 뒤를 밟았다. 한참 가나가 그녀가 돌아서서 미소를 지으며 「문 선비님이시지요」하고 말하며 그의 손을 잡고 산의 정상을 향해 올라갔다. 그곳에는 훌륭한 석실이 있었는데 그곳에 안내되어 환대를 받으면서 서로 정이 통하게 되어 꿈과 같은 하룻밤을 보냈다.

그런데 돌연히 우뢰가 들이치면서 폭풍우가 일어나고 침대의 커튼이 찢어지고 책상이 뒤집히는 등 소란이 일어났다. 그리고서는 공중에서 「오채란! 너는 자신의 정욕을 못이겨 하늘의 기밀을 누설하였구나. 그 벌로서 12년동안 인간계에 머물도록 하라」하는 소리가 들렸다. 채란은 하늘의 선인이었던 모양이었으나 이로 인하여 인간계에서 머물 수 밖에 없게 되었다.

두 사람은 허둥지둥 산을 내려왔다. 그리하여 두 사람만의 보금자리를 꾸미기는 하였으나 문소는 특별한 재주도 없었으므로 가난하여 그날 그날의 생활을 하는 것도 어려웠다. 어쩔 수 없이 채란이 필경사 노릇을 하여 그날 그날의 생활을 해나가는 수 밖에 없었다. 그러기를 10년, 점차 세상에 그녀의 이름이 알려지기 시작하였다.

후에 호랑이의 등에 걸터타고 높은 산에 오르는 부부의 모습을 본 사람이 있었다고 한다.

—원래 선계는 색욕을 넘어선 세계라고 한다. 이는 색계를 지키지 않으면 선인이라도 벌을 받게 된다는 이야기로 색욕을 특히 엄하게 경계하는 이야기라 하겠다.—

81. 색욕을 끊어서 선인이 되다 -색계(色戒)

(『歷世眞仙體道通鑑』卷十三, 馬明生)

산동성(山東省)에서 태어난 화군실(和君實)은 어린 시절부터 집이 가난하였기 때문에 현(縣)의 말단 관리가 되었다. 어느날 그는 상관의 명령을 따라 도적을 잡으러 출동을 하였는데 산속에서 도적들과 전투가 벌어져 오히려 도적의 칼에 찔려서 길가에 넘어지게 되었다. 아무도 없는 외진 산길에서 깊은 상처를 입고 피흘리며 신음하고 있던 그는 삶의 희망을 잃어가고 있었다.

그런데 그곳을 지나게 된 것이 서왕모의 막내 동생으로 동악태산(東岳泰山)에 살고 있는 선녀 태진부인(太眞夫人)이었다. 부인은 중상을 입고 빈사상태에서 괴로워하고 있는 그를 보자 가엾은 생각이 나서 그를 도와 주어야겠다고 생각하고 그에게 다가갔다.

그러한 사정은 꿈에도 알지 못한 그는 자신에게 가까이 오고 있는 16, 7세 가량의 절세의 미녀를 보고 괴로운 숨을 몰아 쉬면서 제발 도와 달라고 일심으로 원하였다. 미녀는 옷자락에서 하나의 통을 꺼내더니 그 속에 있던 환약을 꺼내 작은 콩 만한 크기의 환약을 한알 그에게 먹였다. 그런데 이상하게도 그 환약을 먹자마자 흐르던 피가 멎고 상처가 아물고 통증도 가셔지는 것이었다.

깜짝 놀란 그는 일어서서 기쁨을 이기지 못하고 머리를 땅에 대고 절을 하였다. 그리고는「저는 실은 몹시 가난하여 예를 차려 은혜를 갚을 만하지 못합니다. 그러므로 대신 몸으로 노동하여 그 은혜를 갚고자 합니다」하고 말하자 그녀는 그것을 허락하여 그를 데리고 그녀의 집으로 돌아갔다. 그는 마명생(馬明生)이라고 이름을 고치고 즐거운 마음으로 그 미녀의 뒤를 따라갔다.

험난한 산길을 돌고 바위를 넘어서 마침내 그 미녀가 사는 태산의 석실에 당도하였다. 그곳은 전혀 인간의 행적을 찾아볼 수 없는 곳이었다. 석실 안에 들어간 그는 다시한번 놀랐다. 그곳은 황금으로 만든 침상을 비롯하여 훌륭한 가구로 치장이 되어 있었던 것이다.

처음에는 상처를 치료하는 약을 만드는 방법이라도 배워볼까 하고 생각했던 그는 비로소 그 미녀가 선녀라는 사실을 알아채리고 불사의 방법을 배울 것을 생각하여 몸이 부서져라 하고 그녀를 위하여 일을 하였다.

그녀는 그를 신선의 공부를 시킬 수 있는 사람인가를 시험하기로 하였다. 우선 도깨비를 동원하여 그를 놀라게 만들고 호랑이나 여우를 동원하여 죽일듯이 덤비게도 만들었다. 그러나 그는 전혀 놀라지 않았다. 어떤 때는 그를 다른 장소로 데려가서 아름다운 아가씨와 같은 침상에서 자도록 해 보았지만 그는 손도 뻗치지 않았다. 이번에는 자기와 같은 방에서 침식을 같이 하도록 하였다. 아무도 없는 쓸쓸한 석실에 두 남녀 만이 있게 되었지만 그는 조금도 흐트러진 행동을 하지 않았다. 또한 석실 가운데에 온갖 보물을 함부로 놓아 두었어도 그는 거들떠도 보지 않았다.

이렇게 하여 5년이 흘렀을 때 그 미녀는 비로소 자신의 신분을 밝히고 「너는 색욕도 일으키지 않고 게으름도 피우지 않고 물욕을 발하지도 않았다. 그야말로 도의 그윽한 뜻을 전수하는 데에 적합한 인물이다」라고 인정하고 장생의 방법을 가르쳐 주었다. 그리고 선인 안기생(安期生)에게 부탁하여 환단을 만드는 법을 배우게 하였다.

—물욕이나 색욕을 일으키지 않고 또한 죽음도 두려워하지 않으면 선인이 될 수 있다고 한다. 선인이 되기 위한 비결이나 장생의 방법이 모두 이러한 윤리를 바탕으로 하여 설해지고 있는 것이 특색이다.—

82. 술과 여자는 금물 —음주계(飮酒戒)와 색계(色戒)

(『歷世眞仙體道通鑑 續篇』卷一, 馬鈺,『丹陽眞人語錄』)

마단양(馬丹陽)은 산동성 (山東省) 모평현(牟平縣)의 한 대지주의 집안에서 태어났다. 그는 과거에 응시하고자 뜻을 세우고 어린 시절부터 열심히 공부하였으나 아무리해도 급제하지 못했다. 마침내 출세할 것을 포기한 그는 그날로부터 가까운 친구들을 모아 잔치를 벌이고 술을 마신다든지 시를 짓는다든지 하며 놀며 세상을 살았다.

어느해 10월경에 여느때처럼 함께 모여서 술을 마시고 있는데 남루한 의복을 입고 대나무로 만든 우산을 쓴 떡 벌어진 체격을 갖춘 남자가 홀연히 그 자리에 나타났다. 서로 이야기가 통하게 되어 여러가지로 물어 보는 가운데 무엇이든지 답을 잘하는데, 자기가 이전에 지은 시의 한 귀절을 알아 맞추는 것이 아닌가?

깜짝 놀란 그는 「노자가 말하는 도란 무엇인가?」하고 물으니 「부모가 생하기 전의 의미이다」하고 선문답같은 말로 답하는 것이었다. 완전히 감동한 그는 그 남자를 돌봐주기로 하였다. 실은 이 남자는 전진교(全眞教)라고 하는 도교 일파를 빛낸 왕중양(王重陽)이라고 하는 도사였다.

왕중양과 함께 지내는 중에 점점 그의 뛰어난 인품과 식견에 감복한 마단양은 마침내 처자의 인연을 끊고 왕중양의 제자가 되었다. 왕중양은 그를 데리고 부근의 산으로 데려가 그를 가르치는 데에 정성을 다 하였다. 그런데 한 때 그는 심한 두통에 시달리게 되었기 때문에 왕중양은 그를 집으로 돌아가 정양케 하였다.

어느날 한 제자가 왕중양에게 와서 마단양은 가르침을 등지고 있다고 말하였다. 왜 그러느냐고 물으니 그는 어제 술을 마셨다는 것이었다. 그런데 그 자리에 마단양의 하인이 황급히 와서 마선생이 죽게 되었다고 전하는 것이었다. 그러자 왕중양은 그것은 내가 그를 경계하기 위해서 그렇게 한 것이라고 전하게 하였다.

후일에 왕중양이 있는 곳으로 돌아온 마단양에게 왕중양은 「앞으로 절대로 술을 입에 대서는 안된다」하고 단단히 주의를 주고 서약을 하게 하였다.

그 후로 왕중양의 가르침을 가슴에 새기고 일심으로 수행한 마단양은 훌륭한 도사가 되었다. 그는 왕중양이 죽은 후에 스승의 뒤를 이어서 전진교 교단의 제 일인자로서 활약하여 후에 교단이 크게 왕성하는 기초를 만들었으며 대정(大定) 23년(1183)에 61세로 죽었다.

마단양은 한 때 제자들을 향하여 다음과 같이 말하였다.「술은 인간의 본성을 어지럽게 하고 기를 흐트는 것이며 고기는 인간의 생명을 손상시키는 것이다. 그러므로 그것을 금하는 것이 좋다. 그러나 술이나 고기는 오히려 낫다.
여색은 가장 큰 죄로서 이를 범한 사람은 죽음에 이르게 된다. 이렇게 말하는 것은 여색이 인간의 정신을 파괴시키며 신체를 파멸시키기 때문이다. 그러므로 도의 수행을 하는 사람들로서는 가장 경계해야 할 것이다.」

—전진교는 도교의 종파 가운데 가장 계율이 엄한 종파이며 그 점이 커다란 특색이다. 그 중에서도 술, 여자, 물욕들을 엄금하고 있다.—

馬丹陽
〈金蓮正宗仙源像傳〉

83. 술을 마셔서는 안된다 —음주계(飮酒戒)

(『列仙全傳』卷二, 太陽子)

옥자(玉子)라고 하는 선인이 있었다. 그에게는 선인이 되기 전의 친구 가운데 이명(離明)이라고 하는 사람이 있었다. 이명은 옥자가 선인이 되었다고 하는 소문을 듣고 바로 그를 찾아가서 제자가 되기를 원하고 입문한 후에는 그 가르침에 따라 조금도 게으름을 피우지 않고 수행을 하였다. 예전의 정리도 있었으므로 옥자도 일심으로 이명을 가르쳤다.

그런데 이명에게는 하나의 커다란 결점이 있었다. 그것은 술을 좋아하는 것이었나. 그는 조금 틈만 나면 술을 마셨다. 아니 아침부터 거의 취해 있는 적도 있었다.

수행을 계속한 결과 오행(五行)의 도에 밝아져서 피부는 생기가 흐르고 윤택해지고 안색도 몹시 좋아서 300세를 넘었는데도 보기에는 청년같았다. 그러나 머리털만은 희끗희끗하였다.

옥자는 그가 취해 있는 것을 볼 때마다 언제나 문귀를 말하여 주고 질책을 하여 주었으나 아무리 하여도 고쳐지지 않았다. 결국 안되겠다고 생각한 옥자는 어느날 이명을 불러 다음과 같이 말하였다.

「그대가 일심으로 수행을 하고 있는 것은 나도 충분히 인정한다. 그러나 그대는 자신의 몸을 닦고 본성을 잘 길러 방술을 수행하는 많은 사람들이나 선인들의 거울이 되지 않으면 안되는 사람임에도 불구하고, 내가 언제나 주의를 주던 것은 듣지도 않고 오히려 아침부터 술을 먹고 늘 취해 있는 날이 많구나. 그러한 태도로는 아무리 세월이 흘러도 수행의 효과도 나타나지 않을 뿐만 아니라 그대가 목적으로 하고 있는 불로불사의 약을 구할 수가 없을 것이다. 술은 이처럼 수행하는 데에는 참으로 좋지 않은 것이다. 언제까지고 습관을 고치지 못하고 이러한 모습대로라고 한다면 그대는 지금까지 수행하여 얻은 힘으로 예를 들어 천년의 생명을 유지하는 것이 가능하다 하여도 죽음은 면하기 어렵다. 그대는 아직 300세가량 밖에는 되지 않았는데도 아마 곧 죽게 될지도 모르겠다. 이러한 것은 아무리 머리가 돌아가지 않는 사람이라도 알 수 있는 것이어늘 하물며 그대와 같은 뛰어난 사람이 어찌 모르겠는가」

머리를 한대 맞은 것 같은 느낌을 얻은 이명은 그로부터 단연코 술을 끊고 수행에 힘썼다. 이윽고 그는 도의 그윽한 뜻을 깨닫고 단약을 먹어 선인이 될 수가 있었다. 그는 그 후에 5백년간이나 인간세상에 있었는데 얼굴색은 조금도 변치 않아서 청년과 같았다. 그러나 이미 술을 너무 먹었었기 때문에 머리털이나 수염은 새하얀 상태였다. 태양자라고 하는 선인은 이 이명을 일컫는 말이다.

－여기서는 술이 선인이 되는 가장 나쁜 것인양 다루어지고 있는데 실제로 송대 이전에는 금주가 그다지 심하게 강조되지 않았다.－

84. 천존(天尊)의 훈계 －십계(十戒)

(『雲笈七籤』卷四十八, 說十戒)

그 옛날 도교의 최고신인 원시천존(元始天尊)이 신들과 선인들을 많이 거느리고 각지를 돌아 다니며 순시를 하는 중에 마지막으로 기현세계(棄賢世界)에 간 일이 있었다. 그 나라의 왕은 국민들을 위하여 선정을 베풀었기 때문에 나라 안은 언제나 화평하였다. 백성들에 대하여 국왕은 다음과 같이 포고하였다.

「지금 천하가 태평하고 화재도 일어나지 않으며 전쟁도 없고 언제나 풍년이 계속되는 것은 오직 도교의 신들의 덕택이다. 그러므로 그 한없는 은혜에 보답하기 위해서는 신들에게 마음을 다하여 정성스럽게 공양하고 도관을 지어 향화를 올려 아침저녁으로 예배하고 재계하여 성실치 못함이 없도록 하여 신들의 더욱 큰 가호와 행복이 오도록 기원하지 않으면 안된다」

이를 본 원시천존은 거령선인(巨靈仙人)을 국왕에게 보내어 다음과 같이 말하게 하였다.

「그대는 천하제일의 국왕인 동시에 정법으로 나라를 다스리고 있도다. 그 소식은 하늘에까지 알려졌다. 그러므로 그대는 이제 새삼스럽게 도의 그윽한 뜻을 구할 필요는 없다. 그러나 그대의 국민들을 위하여 쉽게 도에 이르는 법을 알려 주겠노라. 그윽한 뜻 그 자체는 좀처럼 얻기 어려운데 그 제 1단계는 자선(慈善)이라고 하는 것이다. 자선의 법이라고 하는 것은 다른 것이 아니라 계율을 잘 지키는 것이다. 계율은 상등의 인간에게는 필요하지 않은 것이나 중등의 인간에게는 5계 10계를 받을 필요가 있다. 하등의 인간은 악심(惡心)이 많아 곤란하기 때문에 300계나 1천 2백의 위의(威儀)가 필요하다. 그 아래 단계의 인간은 말할 필요조차 없다. 이제 그대들에게 10종의 계를 가르쳐 주려 하니 어떠한가?」

이를 들은 국왕과 많은 사람들은 몹시 기뻐하여 땅에 엎드려 조아리면서 가르쳐 주기를 원하였다. 원시천존은 다음과 같이 전하게 하였다.

제 1계는 양친이나 선생, 그리고 손 위의 사람을 등지지 말고 불효를 하지 말 것.

제 2계는 살생을 한다든지 모든 살아있는 것의 생명을 빼앗는 행위를 하지 말 것.

제 3계는 군주에 등을 돌린다든지 국가를 손상케 하지 말 것.

제 4계는 친척의 여인 뿐만이 아니라 다른 가정의 여인과도 간음하지 말 것.

제 5계는 도교를 나쁘게 말한다든지 경을 가벼이 다른 사람에게 주지·말 것.

제 6계는 제단을 더럽힌다든지 그 앞에서 옷을 벗는다든지 하지 말 것.

제 7계는 고아나 가난한 사람을 속인다든지 타인의 재산을 빼앗지 말 것.

제 8계는 술을 마신다든지 나쁜 말, 또는 한 입으로 두 말 하지 말 것.

제 9계는 태양 달 별이 비치는 곳에서 맨몸이 된다든지 또는 노인이나 병든 사람을 버리지 말 것.

제 10계는 흉악한 일을 한다든지 자신이 잘난척 한다든지 자신만의 이익을 추구하지 말 것.

그리하여 이 10계는 일생동안 지키지 않으면 안된다고 말하였다.

—『운급칠첨』은 북송(北宋)초기, 11세기 초엽에 만들어진 것이다. 이를 통해서 그 이전의 도교에도 이미 이러한 모습의 계율이 있었음을 알 수 있다.—

85. 나쁜 짓은 장생에 방해된다 —오계십선(五戒十善)

(『太上寶筏圖說』.『雲笈七籤』卷三十七)

두 사람의 도사가 장생의 방법을 배우려고 서로 의기가 투합하여 협서성(陝西省)의 종남산(終南山)에 들어갔다. 산을 점점 올라감에 따라 사람의 그림자가 끊어지고 호랑이나 여우의 소리 밖에는 들리지 않게 되었다. 그렇지만 그들은 조금도 두려워하지 않고 오르기를 계속하여 어느 봉우리에 도달하게 되었다. 주위를 잘 살펴보니 사람이 조금 다닌 듯한 흔적이 있는 곳에 바위굴이 있고 거기에 당도하니 사람이 살고 있었다. 가까이 가 보니 그 사람은 바짝 마른 고목과 같이 깡마른 노인이었다.

낯선 사람을 본 노인은 놀라서 왜 이러한 궁벽한 곳에 왔느냐고 물었다. 두 사람이 온 까닭을 말하자 「그런 것이라면 고생하여 이곳에 올 필요조차 없소. 마음가짐을 제대로 하기만 한다면 수행은 마을 가운데에서도 가능하오」하고 말하는 것이었다.

그리하여 수행의 마음가짐을 묻자 노인은 우선 잘못을 고치고 나쁜 일을 하지 않도록 하면 이는 한편으로는 선을 행하는 것이 된다고 한다. 과거의 잘못을 두번 다시 반복하지 않도록 하고 매일 나쁜 일을 범하지 않도록 마음가짐을 챙기면 저절로 장생하는 것이 가능하다는 것이다. 자기는 그렇게 하여 장생을 하고 있으므로 두 사람도 이런 곳에 머무르지 말고 바로 돌아가라고 말하는 것이었다. 두사람은 예를 올리고 산을 내려왔는데 후일에 과연 장생을 하였다고 한다.

인간사회에서 살면서 해야 할 것이나 하지 말아야 할 것이 상당히 많지만 그 기본적인 것은 오계(五戒)와 십선(十善)으로 요약될 수 있다.

도교의 오계란 살생을 하지 말 것, 술을 마시지 말 것, 속으로 생각하고 있는 것과 반대되는 말을 하지 말 것 즉 거짓말을 하지 말 것, 도둑질하지 말 것, 그리고 색의 도를 세울 것 등의 다섯가지이다.

십선이란 부모에 효행하고, 이르는 말을 잘 들을 것, 군주나 선생에게 충의를 다하고 복종할 것, 모든 것에 대하여 자비가 깊은 마음을 지닐 것, 잘 참아서 다른 사람의 실수를 용서할 것, 싸움을 말리고 타인의 나쁜 일을 충고할 것, 자신을 희생하여 다른 사람의 어려움을 구할 것, 동식물을 중히 여기고 우물을 파고 다리를 놓고 나무를 심을 것, 다른 사람에게 이익이 되는 것을 하며 해를 미치지 않도록 할 것, 경을 잘 읽으며 향화를 올려 공양할 것 등이다.

이 오계와 십선을 행하는 사람은 하늘의 신들이 언제나 지켜주기 때문에 재앙이 일어나지 않고 오랫동안 행복한 생활을 계속할 수가 있다. 오직 굳은 마음으로 계를 지키고 좋은 행동을 하는 것이 필요하다.

－도교의 계율로서는 이 오계 외에 다른 종류의 오계가 있다. 북쪽으로 향하여 머리를 빗는다든지 옷을 벗는다든지 침을 뱉는다든지 해서는 안된다는 계도 있다. 계의 종류는 8계, 10계, 화호경(化胡經)12계, 노군(老君)27계, 노군 180계, 초진(初眞)10계, 영보계(靈寶戒), 여청율계(女青律戒) 등 상당히 많다. 계가 제시되어 있는 경도 여러가지로서 그 사이에 통일이 되지 않았기 때문에 쉽게 설명하기에는 어려움이 있다. 그러나 대체로 말하면 불교의 계율에 바탕하여 그것에 중국적인 요소를 가하였다고 할 수가 있을 것이다. 주로 노군이 설하였다고 말하고 있는 점도 석가가 설하였다고 하는 불교에 전범을 두고 있음을 짐작할 수 있다.－

86. 도사의 규범 －진대도교(眞大道教)

(『宋學士文集』卷五十五, 書劉眞人事)

산동성에 유덕인(劉德仁)이라고 하는 사람이 있었다. 그가 태어날 때에 빛이 산실에 가득하였다고 한다. 태생이 책을 좋아하였기 때문에 유학을 공부하기 시작하여 마침내 한사람의 어엿한 학자가 되었다.

그런데 유감스럽게도 북방민족이 세운 금나라와 중국(당시 北宋 왕조) 사이에 전쟁이 벌어져 마침내 북송이 멸망해 버리고 말았기 때문에 고향을 버리고 북쪽으로 가서 염산(鹽山)이라고 하는 마을로 피하여 가서 우울한 나날을 보냈다.

그러한 생활을 하던 중에 어느덧 세월은 흘러 황통(皇統)2년(1143)이 되었다. 그 해 11월의 어느날의 일이었다. 이른 아침 홀연히 소 수레에 탄 백발의 노인을 만나게 되었다. 노인은 그에게 한자루의 붓과 『도덕경요언』(『道德經要言』)이라는 책을 주면서 「이 책을 잘 읽고 연구하여 보게나. 혹시 이 책을 충분히 이해할 수가 있게 될 때에는 그대의 몸을 지키는 것도 가능할 뿐만 아니라 사람들을 교화할 수도 있을 것이네」라고 말하고는 어디론가 사라져 버렸다.

꿈도 같고 생시 같기도 하여 이상한 기분에 사로잡혀 집에 돌아온 그는 여러가지로 생각을 한 끝에 노인의 말에 따라 그 책을 일심으로 공부하기로 하였다. 책의 내용은 도교의 그것이었다.

처음에는 좀처럼 이해하기가 쉽지 않았으나 날이 감에 따라 조금씩 알게 되어갔다. 그 뿐만 아니라 그 노인의 말대로 그의 이름이 점차로 원근에 알려져서 그의 문하에 점차 제자가 들어와서 숫자가 늘어나기 시작하였다. 그리하여 마침내 그는 진대도교라는 도교의 일파를 열게 되었다.

그는 『도덕경요언』의 내용을 알기 쉽게 정리하여 제자들에게 다음과 같이 가르쳤다.

1. 다른 사람도 자신과 동일하게 생각하여 타인을 향하여 비정한 마음이나 잔인한 마음이 일어나지 않도록 할 것.

2. 임금께 충성하고 어버이에 효도하며 다른 사람에게는 정성스럽게 대하여 나쁜 말이나 꾸미는 말을 사용하지 말 것.

3. 음란함을 버리고 언제나 맑은 상태가 되도록 마음을 유지할 것.

4. 권세나 이익을 버리고 빈한을 달게 여기며 자기 스스로 밭을 갈고 수입에 맞추어서 지출을 할 것.

5. 도박을 한다든지 다른 사람의 물건을 훔치지 말 것.

6. 술을 마신다든지 비린내나는 음식을 먹어서는 안되며, 화려하고 비싼 것을 수용하지 않는 동시에 신분에 상응하는 의식에 만족할 것.

7. 마음을 지켜서 나를 드러내지 않도록 하며 지혜를 감추고서 사람들과 만날 것.

8. 힘을 자랑해서는 아니되며 언제나 겸손하게 행동을 할 것.

9. 만족함을 알면 부끄러울 것이 없고 그칠 줄을 알면 위태롭지 않다.

－진대도교는 12세기 후반에 전진교 등과 전후하여 일어난 새로운 도교 교단의 하나로서 유불도 삼교의 사상을 융합한 특징을 가지고 있는데 13세기에 끊기고 말았다.－

87. 도관 내에서의 생활규칙 －청규(清規)

(『全眞清規』)

협서성의 함양(咸陽)근처에서 지주의 삼남으로 태어난 왕중양(王重陽)은 어린시절부터 유학을 공부하였다. 그러나 사소한 사고로 인하여 과거를 볼 수 없게 되었기 때문에 이번에는 군인이 되기 위한 응시를 하였다. 그는 그 시험에 수석으로 합격을 하였으나 작은 자리밖에 얻지 못하였다. 사직해 버리고 술로 세월을 보내게 되었다.

그러한 생활을 한동안 하고 있는 중에 어느날 여순양(呂純陽)의 화신으로부터 어떤 구전의 비결을 받게 되었다. 그로부터 그는 일심으로 수행을 계속하여 12세기 중반에 전진교라고 하는 새로운 도교교단을 일으켰다. 그런데 그가 일시적으로 불교를 신앙한 일이 있었던 때문인지 전진교는 특히 선종과 많이 닮은 데가 있다. 좌선을 하는가 하면 탁발도 하고 계율도 상당히 엄중하다. 선인이 된다고 하는 등의 비합리적인 것은 그다지 강조하지 않고 오직 선종에서 말하고 있는 것과 같은 경지에 도달하는 것을 목적으로 하고 있다.

그러므로 전진교의 도사들은 가족들과 인연을 끊고 도관 안에서 생활을 하고 수행삼매의 생활을 하지 않으면 안되었다. 이러한 것으로 인하여 전진교관계의 커다란 도관은 각지에서 모인 많은 도사들의 공동생활과 공동수행의 장이 되었다.

이와 같이 많은 수의 도사들이 모여 공동생활을 하게 되면 당연히 그 생활을 규제하는 규칙이 있지 않으면 안된다. 거기에서 왕중양은 다음과 같은 규칙과 그에 합당한 벌칙을 만들었다.

1. 국법을 어긴 자는 도관에서 추방한다.

2. 돈이나 물건을 도둑질 한다든지 손 위의 사람에게 뇌물을 주는 사람은 옷과 소지품을 태워버리고 도관에서 추방한다.

3. 교의에 대하여 이렇게 저렇게 논박한다든지 다른 도사를 불온하게 한다든지 하여 질서나 통제를 위반한 자는 대나무 몽둥이로 때린 후에 추방한다.

4. 술(酒), 색(色), 재(財), 비린내나는 것을 먹는 것 중 하나라도 범한 자는 추방한다.
5. 교활한 자, 게으름뱅이, 거짓말장이, 다른 사람을 질투하는 자는 추방한다.
6. 미친사람과 같은 흉내를 낸다든지, 사치하고 뽐내고 다닌다든지, 대중들이 말하는 것을 듣지 않는 자는 일정기간 식사를 금한다.
7. 큰소리로 떠든다든지 난폭한 행동을 하는 자는 벌로서 향을 공출케 한다.
8. 수상한 일을 한다든지 장난으로 말을 한다든지 허가를 받지 않고 외출하는 자는 기름을 공출케 한다.
9. 맡은 책임을 이행하지 않고 게으른 자는 차(茶)를 공출케 한다.
10. 가벼운 나쁜 짓을 범하는 자는 모두 일정기간 동안 예배를 시킨다.

—청규라고 하는 규칙은 불교에서 수용한 것으로 지금은 더욱 상세하게 정리되어 있다.—

88. 수면은 수행에 방해된다 —소음마(消陰魔)

(『淸和眞人北遊語錄』卷一)

전진교를 개창한 왕중양에게는 일곱사람의 훌륭한 제자가 있었다. 그 일곱사람 가운데 가장 나이가 어렸던 구장춘(丘長春)은 왕중양이 죽은 후에 협서성의 용문산(龍門山)이라고 하는 산에 들어가 일심으로 수행하여 훌륭한 도사가 되었다. 그리하여 다른 여섯사람의 제자들이 죽은 뒤에는 교단의 통솔자로서의 입장에 서게 되었다.

그의 이름을 들은 징기스칸은 인도원정의 바쁜 틈 속에서 그를 불러 자신의 휘하에 두고 장생의 방법을 배우고자 하였다. 그런데 장생의 방법은 이 세상에는 없고 다만 위생법은 있을 것이라고 하는 구장춘의 답에 감탄하여 징기스칸은 그를 중국의 도교의 최고 권위자로써 삼은 위에 여러가지 보호정책을 펴준 덕택으로 전진교는 그로부터 비약적으로 세력을 신장하게 되었다.

구장춘의 인도여행때에 따라간 18인의 제자 가운데 윤지평(尹志平)이라고 하는 도사가 있었다. 그는 구장춘에게 인도에 가서 징기스칸을 만나 이야기할 수 있도록 추진한 공로자였다. 인물도 덕행도 빼어난 자였기 때문에 크게 인망을 받았다. 그 때문에 구장춘이 죽은 후에는 그 뒤를 이어서 전진교 교단의 통솔자가 되어 각지에 전진교의 도관을 세운다든지 많은 사람들을 교도로 만드는 데에 큰 역할을 하였다.

전진교는 구장춘이 인도에서부터 돌아온 후 다시 세력을 신장시켰다고 하지만 구장춘은 귀국한 후 삼년도 못되어 죽었기 때문에 실제로는 윤지평이 통솔한 시대에 세력이 크게 늘어난 것으로 보아야 하겠다. 윤지평은 제자들을 모아서 전진교의 교리를 자세하게 설하고 열심히 가르침을 폈다. 어느날 그는 이러한 말을 하였다.

「선과 악 가운데 선을 좋아하고 악을 미워하는 마음은 누구나 가지고 있다. 그러므로 마음에 생각하는 바를 따라서 실행하면 누구나 선인이 되며, 또한 그것을 입에 내어서 설명하면 듣고 있는 사람을 위한 공덕도 된다. 만약 그와 같이 하지 않으면 언젠가 악의 길에 들어서고 만다. 수행은 대단히 중요하다. 수행에 방해가 되는 것은 먹는 것과 수면과 색의 세가지가 가장 큰 것이다. 먹는 것을 즐기게 되면 자연히 졸리게 된다. 이 졸리는 것이 수행에 가장 큰 마장이다. 또한 이는 정욕의 근원이므로 도를 배우기 위해서는 가장 주의하지 않으면 안된다. 그러므로 만약 욕심을 끊고자 하면 우선 낮잠을 금하지 않으면 안된다. 이와 같이 하여 매일 힘써 닦으면 자연히 탁한 기운이 없어지게 되어 맑은 기분이 된다. 그리하여 마침내는 훌륭한 도사가 되는 것이다. 모두는 이 말을 명심하여 노력하여 주기를 바란다」

또한 밤에도 누워서 잠을 자면 안된다고 하여 구장춘은 그것을 7년동안이나 지켰다고 한다. 수면의 금지를 소음마(消陰魔)라고 부른다.

—불교에서도 수면을 금하는 수행이 있다고 하므로 그 점에서 도교와 공통점이 있다 하겠다. 또는 도교가 불교로부터 그러한 것에 영향을 받았는지

도 모르는 일이다. –

89. 중국인의 생활윤리 –공과격(功過格)

(『太微仙君純陽呂祖師功過格』)

세계가 넓다 하여도 윤리나 도덕을 설하는 데에 그 실천을 장생과 연결시키고 선행과 악행을 점수로 나타내어 그 점수의 다소에 의하여 수명이 길고 짧아진다는 생각을 하고 경중을 나타내고 있는 곳은 중국 외에 아마 없을 것이다. 그 점을 단적으로 보여 주는 것이 바로 『공과격』(『功過格』)이다.

『공과격』은 여러가지의 행위를 좋은 행위(功格)과 나쁜 행위(過律)로 나누어 각각에 플러스와 마이너스의 점수를 주고 있다. 사람들이 하루동안 행한 것을 그 항목에 비추어서 기입란에 써 넣어 반성을 하고 선한 행위를 하도록 유도한다. 플러스의 점수가 많아지면 많아질수록 장생하는 것이 가능하기 때문이다. 그러므로 매일 기입하기를 계속하여 한달에 소계를 내고 일년에 총계를 낸다. 여기에서 그 항목을 조금 소개하고자 한다. 여기에서 중국인들의 윤리나 도덕관이 잘 나타나 있다.

* 어버이의 이름을 드러냄.	오십공(五十功, 功은 플러스)
* 도락을 하여 병이 든다든지 어버이에게 근심을 끼침.	백과(百過, 過는 마이너스)
* 처나 자녀만을 중시하고 양친을 소홀히 함.	십과
* 형제에게 좋은 일을 권하여 하게 함.	백공
* 주위의 사람에게 형제의 흉을 봄.	일과
* 부귀를 누리게 되자 처를 버림.	백과
* 첩을 귀여워하여 처를 울림.	백과
* 부부 사이가 좋지 않음.	일과
* 하녀나 첩을 학대함.	삼십과
* 선배를 받들고 좋은 벗과 사이좋게 지냄.	하루에 일공

* 벗의 어려움을 구함.	백공
* 선생이나 손위의 사람을 비방함.	십과
* 낙태를 만류함.	이십공
* 한 사람을 살인함.	백과
* 다른 사람의 결혼을 훼방함.	백과
* 의사가 이익을 추구하여 인명을 손상함.	백과
* 독약을 만듦.	백과
* 사람을 공갈 협박함.	삼과
* 일년간 소나 개의 고기를 먹지 않음.	오공
* 일년간 동물을 죽이지 않음.	이십공
* 다른 사람을 권하여 하나의 나쁜일을 금하게 함.	일공
* 한권의 삿된 책을 불태워 버림.	십공
* 다른 사람의 가정 불화를 그치게 함.	오십공
* 다른 사람을 꼬여 도락을 하게 함.	백과
* 한권의 삿된 책을 출판함.	오십과
* 이혼장을 한통 대필함.	오십과
* 아무도 보지않는 곳에서도 나쁜일을 하지 않음.	하루에 일공
* 경이나 책을 읽으면서 잡념을 일으킴.	한시간에 일과
* 공과 사를 혼동함.	십과
* 나쁜 일인줄 알면서도 함.	삼과
* 말을 삼가함.	하루에 일공
* 다른 사람의 실패를 이루도록 함.	오십공
* 한 입으로 두 말을 하여 사이를 이간함.	삼십과
* 장난으로 놀려서 상대방을 상처 줌.	삼과
* 글씨가 쓰여 있는 종이가 구겨져 버려져 있을 때에 주워 태움.	일공
* 경전을 출판하여 세상에 폄.	백공

* 하늘의 신이나 조상을 모독함.	이십과
* 북쪽을 향하여 나쁜 말을 한다든지 침을 뱉는다든지 소변을 봄.	삼과
* 밤에 벌거 벗고 일어나 있음.	일과
* 술주정을 함.	오과
* 되질이나 저울질을 공평하게 함.	십공
* 사람에게 도박을 하도록 권함.	일회에 십과
* 하루밤낮동안 음란한 마음을 일으키지 않음.	일공
* 아름다운 여자를 보고서도 꼬시지 않음.	오공
* 한사람의 하녀의 정조를 지키게 함.	백공
* 일생 중에 두사람의 여자를 접하지 않음.	천공
* 처녀, 미망인, 비구니나 여도사를 범함.	삼백과
* 타인의 처를 범함.	백과
* 최음제를 제조함.	오십과

『공과격』은 신탁(神託)에 바탕하여 12세기 전반에 처음 만들어졌는데 그것은 오직 도사를 대상으로 한 것이었다. 14세기가 되면서 빈번히 만들어졌는데 그것은 점차 일반인을 상대로 한 것이었다. 이들을 비교하여 보면 공과격사상의 일반인들에 대한 보급과 시대에 따른 윤리관의 변천을 잘 알 수가 있다.

여기에서는 금기나 계율, 윤리 등을 나타내고 있는 항목들을 모아 보았다. 이들 항목들에 의하여 도교에서 설한 윤리의 성격과 내용을 거의 살펴볼 수가 있을 것이다. 장생의 전제와 신의 감시라고 하는 것이 연결되어 윤리의 실천을 권하고 있음은 아마도 도교의 하나의 특징이라고 할 수 있을 것이다.

계율이나 청규에는 특히 불교의 영향이 짙은 것을 알 수 있는데 『포박자』에는 이미 충·효·신 등의 유교의 윤리가 보이고 있는 것을 생각해 본다면 도교의 윤리사상에는 일찍부터 불교나 유교의 윤리가 들어가 있는 것을 알 수 있다.

이처럼 도교의 계율이나 청규 등의 윤리가 있지만 그 중에서도 도교의 윤리를 드러내주는 것으로 가장 주목되는 것은 이 『공과격』이다. 선악의 행위를 장생과 연결시켜서 점수로서 나타내고 있는 것은 아마도 다른 나라에서는 좀처럼 발견하기 어려운 특징으로 생각된다. 그리고 그 항목으로서 제시되고 있는 것은 중국사회에서 일반적으로 행해지고 있는 것이다. 그러므로 그것은 필연적으로 중국의 사회윤리를 나타내고 있는 것이 된다.

그 항목에는 불교적인 것이 들어 있는가 하면 유교적인 것도 있다. 그러므로 이를 도교의 고유한 것이라고는 말 할 수 없다는 사람도 있을지 모른다. 그러나 처음 만들어진 『공과격』은 도교 교단 내의 전용의 것이었으나 14세기 이후의 공과격사상은 도교적인 사고가 일반사회에 매몰된 것이라 할 수 있으므로 이는 한편으로 중국적 사유의 나타남이라 하겠다. 그러므로 그 점수의 많고 적음을 살펴 보면 중국 사회의 윤리관이 드러나게 될 것이다.

Ⅵ. 도교의 변천

1. 도교의 종파

앞서에서도 말한 바와 같이 도교에도 불교와 같이 여러 종파가 있으나 그러한 하나 하나의 종파가 지금까지 말한 것과 같은 내용을 모두 갖추고 있다고 말할 수는 없다. 어떤 종파는 윤리의 면이 더 잘 갖추어져 있고 또한 어떤 종파는 부적이나 주문을 중요시하지 않는 종파도 있어서 종파들 사이에 다소의 차이가 있다.

또한 그러한 종파 자체내에도 여러가지의 변천과정이 있어 최초의 도교적인 종교집단이라고 할 수 있는 태평도(太平道)나 12세기에 성립한 진대도교(眞大道教)와 태일교(太一教)등은 그 법계가 그다지 길게 지속되지 못하고 현재에도 남아있지 못하다. 그러므로 종파의 소멸에 따라 그 시대가 안고 있는 도교의 내용도 알지 못하게 되고 만 것은 틀림없는 사실이다.

이러한 점은 신앙의 대상인 신이나 선인 등에도 나타나 옛날부터 오늘날까지 조금도 변치않는 인기를 누리고 있는 신도 있는가 하면 얼마 가지 못해서 금새 잊혀져 버린 신도 있고 언제인지도 모르게 사라져 버린 신도 있다.

그래서 이러한 점들을 주의하면서 도교의 종파를 중심으로 극히 간단히 도교의 역사를 다루어 보려 한다.

태평도(太平道)

산동성(山東省)에서 태어나 오행사상(五行思想)과 의술 등에 뛰어난 우길(于吉)은 어느날 신으로부터 『태평청령서』(太平清領書)라고 하는 경전을 받게 되었는데 이 책의 이름을 본따서 태평도라고 하는 종교집단을 만들었다.

그는 오늘날의 강소성(江蘇省)과 절강성(浙江省)의 방면에 정사(精舍道場)를 짓고서 사람들을 모아서 향을 사르게 한다든지 『태평청령서』를 읽게 한다든지 하는 동시에 부적을 태운 물을 마시게 하여 병자를 치료하였다. 그런데 그 효과가 놀랄만큼 좋았기 때문에 얼마가지 않아서 많은 사람들이 그 문하에 모여들게 되었다. 당시의 사회적 불안도 사람들을 그의 문하에 모이도록 하는 원인의 하나가 되게 하였을 것이다. 이는 2세기 전반의 일이었다.

우길의 제자는 태평도가 공인되게 하기 위하여 두번이나 『태평청령서』를 후한의 조정에 바쳤으나 받아들여지지 않았다. 그러는 사이에 장각(張角)이 그 교주가 되어 조직을 정비하였다. 그는 병든 사람이 자신의 지은 죄를 참회 반성하여 새롭게 한 연후에 부적 태운 물을 마시게 하고 다시 아홉마디의 지팡이를 써서 제사를 지내어 병을 낫게 하였다. 그리하여 병이 나은 사람에게는 "당신은 신앙심이 열렬하여 병이 나았소"라고 말하고 병이 낫지 않는 사람에게는 신심이 돈독하지 못하여 그런다고 말하였다.

이러한 방법을 취한 것은 『태평청령서』를 보면 하늘의 신이 사람들의 선악의 행위를 귀신들에게 감시시켜 그 결과에 의하여 생명을 늘이기도 하고 줄이기도 하기 때문에 병을 낫게 하여 장생케 하기 위해서는 과거의 죄를 반성하고 선을 행하도록 하여 신의 생각을 돌리도록 하지 않으면 안된다고 쓰여있기 때문이다. 그러므로 이 무렵부터 이미 사과(司過)의 신에 대한 신앙이 있었음을 알 수 있다. 그러나 그러한 신의 구체적 이름은 분명치 않았다.

이러한 것에서 태평도는 우주의 지배자의 힘에 의한 인과관, 주술에 대한 신앙, 안으로 성찰함에 의한 병의 치료 등을 중심으로 하여 그 무렵의 사회적 혼란이나 불안을 교묘하게 이용하여 하나의 종교집단으로서 성립하는 것이 가능하게 되었던 것이다.

그런데 이상한 일은 그러한 것으로 하여 병자들이 신도가 되는 일이 엄청나게 많아졌던 것이다. 그 결과로서 커다란 세력을 가지게 되었다. 그리하여 그들 세력은 당시 사회에 대한 불만세력을 흡수하게 되어 종교적 반란이 일어나게 되었다.

장각은 수십만의 신자를 동원하여 후한(後漢)에 반대하여 「창천은 이미 죽고 황천은 바야흐로 오는 도다. 해는 갑자년이며 천하는 대길하리라」 하는 슬로건을 내걸고 무기를 들고 나섰다. 그들은 황색의 수건을 몸에 걸치고 다녔기 때문에 황건적이라고도 불리웠다. 한 때 그들은 조정에서까지 대책에 부심할 정도로 대단한 세력을 가졌으나 장각 형제들이 전사한 후부터 급속히 쇠퇴하여 일년여 만에 평정되고 말았다. 그 후에도 남은 세력들이 각지에서 작은 난을 일으켰으나 얼마 후에 사라져 버리게 되었다. 일부는 비슷한 성격을 지닌 오두미도(五斗米道)에 흡수되어 버리게 되는데 대부분의 사람들은 후일에 위(魏)나라 조조(曹操)의 군대에 가담하게 된다.

오두미도(五斗米道)를 창시한 장릉(張陵)

지금까지 도교의 비롯이라고 해 왔던 오두미도는 태평도보다 약간 늦게 일어났던 종교집단이다. 오두미도를 처음 창시한 장릉(장도릉(張道陵) 이라고도 불리우나 도(道)자는 후일에 덧붙여진 것이다)에 대해서는 다음과 같은 이야기가 전해지고 있다.

원래 태학(太學)의 학생으로 유학에 정통했던 장릉은 만년에 이르러 유학은 장생에 어떠한 도움도 되지 못한다는 사실을 깨닫고 장생의 비법을 배우고자 뜻을 세워 황제(皇帝)의 구정단법(九鼎丹法)을 익히게 된다.

그러나 가정이 가난하여 약재를 살 돈이 없었기 때문에 단약을 만들 수가 없었다. 그러던 중 사천지방의 사람들이 순박하여 교화하기가 쉽고 명산이 많다는 소문을 들었기 때문에 사천의 학명산(鶴鳴山)에 가서 24부의 도서(道書)를 정비하는 한편 수행에 힘을 썼다.

그 때에 돌연 「주하의 사」(柱下의 史 · 노자를 가리킴) 등의 많은 신들이 하늘로부터 내려와서 신출정일명위(新出正一明威)의 술법을 알려 주었다. 그것에 의하여 그는 사람들의 병을 잘 치료하였기 때문에 휘하에 수많은 신도들이 모여 들어 얼마가지 않아 그 수는 수만을 헤아리게 되었다. 그러자 교단으로서 통제할 필요가 생겼으므로 규칙을 만들어 신도들로부터 쌀과 비단을 거두어 들임과 동시에 신도들을 통어할 계급을 부여하게 되었다.

후일에 그는 단약을 만드는 일에 성공하여 그 절반을 먹고서 사방을 주유하였는데 마침내는 두 사람의 제자와 더불어 하늘에 올라가 버리고 말았다(『神仙傳』卷四. 張道陵).

그런데 불교측의 자료에 의하면 삼림 속에서 병을 낫기 위해 정양하던 중 주문을 외우는 방법을 알게 된 장릉은 부적이나 도서를 만들어 사람들을 모았는데 후일에 이무기에게 잡아 먹히고 말았다는 이야기도 있다.

『신선전』에 나오는 이야기는 후일에 만들어진 전설일 가능성이 많으며 불교측의 설도 신빙성이 많지는 않다. 결국 장릉은 사천성에서 산에 들어가 도서를 만들고 그것에 의하여 사람들의 병을 낫게 하였으므로 사람들이 모이게 되고 그로 인하여 그러한 사람들을 종교집단과 같은 형태로 조직한 인물이라고 하는 정도 밖에는 확실치 않다.

장로(張魯)와 오두미도

장릉의 확실한 전기는 이처럼 잘 알려져 있지 않으나 그의 가르침과 조직은 그의 손자인 장로(張魯)에 의하여 완성되었다. 장로는 교단으로서 발전하기 위해서는 경전이 필요한 것을 깨닫고 『도덕경』을 신도들에게 읽혔다.

그리고 병자들에게는 우선 조용한 방에 들여보내 자신이 지은 잘못을 반성하게 하고 참회하게 하였다. 그리하여 마음을 깨끗하게 한 후에 자신의 성명과 잘못한 사실을 세 통 작성하게 하여 한 통은 하늘의 신(天神)에게 제사올리기 위하여 산 위에 놓고, 한 통은 땅에 묻어 지신(地神)에 고하고, 나머지 한 통은 강에 던져 수신(水神)에 고하여 각각 알리게 하였다. 이처럼 천·지·수(天地水)의 삼관(三官)에게 고하여 알렸기 때문에 이를 「삼관수서」(三官手書)라고도 한다. 그 다음에 부적태운 물을 마시게 하고 기도를 하게 하여 병을 치료하였다.

이러한 방법은 태평도와 마찬가지로 당시 사람들의 심리에 잘 맞았음인지 신도들이 무척 많게 되어 장로는 귀졸(鬼卒)·귀사(鬼史)·제주(祭

酒) 등의 계급을 만들어 신도들을 다스렸다.

귀졸은 처음 입도한 신도를 이름이고, 귀사는 주로 병을 낫도록 기도하는 사람이며, 제주는 주로 『도덕경』을 읽는 임무를 맡은 사람들을 가리키는 직책이었다. 그리고 신도 한 사람에게서 다섯 말의 쌀을 거두어 들였는데 그 밖에 그들은 의사(義舍)라고 하는 무료숙박소를 만들어 쌀이나 고기를 무료로 제공하게 한 것을 비롯하여 여러가지의 사회시설을 만들어 자선사업을 하기도 하였다.

또한 각지에 포교의 중심이 되는 「치」(治)를 스물여덟 곳을 만들었는데 거의가 산과 관계가 있는 장소에 설치한 점이 주의를 끈다. 그것은 산악신앙과 관련이 있는 것으로 보이기 때문이다. 이처럼 오두미도는 조직화된 종교집단을 이루게 된다.

장릉의 전기로 미루어 상상해 보면 그는 산에 대한 신앙과 주술을 하나로 하여 일파의 가르침을 형성했던 것으로 보인다. 거기에 당시의 현지 소수민족의 신앙이 들어가 있는 것이 주목된다. 장로는 이 밖에 삼관(三官)의 신앙이나 태평도의 설을 취하고 계율과 같은 것도 첨가하여 조직화한 것이다. 이러한 것은 봄과 여름에는 살생을 금하고 또한 술을 마시는 것도 금하게 하였다는 점에서도 알 수 있다. 의사(義舍)에 놓아 둔 쌀이나 고기를 필요 이상으로 취하여 갔을 때 배가 아팠다고 하는 설도 있는 것을 보면 천신의 감시를 전제로 하고 있음을 알 수 있으므로 오두미도에 사과신(司過神)에 대한 신앙이 있었음은 틀림없다.

부적을 사용하였던 것은 틀림없었을 것이나 그 밖에 방술이나 황제(黃帝)의 신앙, 산신 등에 관한 자료는 거의 보이지 않기 때문에 우선 그들과는 관계가 없다고 말해도 좋을 것이다. 「삼관수서」가운데 한 통을 산 위에 놓아두게 한 것에서 산신설과의 관계가 있는 것으로 추정할 수 있으나 그보다는 오히려 산악신앙과 관계가 있는 것으로 보는 것이 좋지 않을까 한다. 노자와의 관계는 『도덕경』을 읽혔던 점 외에는 없는데 이로 보아서 사상적인 연관관계가 없었을 것으로 보는 것이 온당할 것이다. 『도덕경』의 내용과 연관된 가르침이 보이지 않기 때문이다.

또한 오두미도이건 태평도이건 불사(不死)보다는 연명(延命) 또는 치병

(治病)에 중점이 있는 것으로 보여지기 때문에 단약을 만드는 것 등은 문제가 되지 않았던 것으로 보인다.

이러한 내용의 종교집단을 거느린 장로는 스스로 사군(師君)이라 칭하고 사천성 방면에서 약 20년간에 걸쳐 종교왕국을 방불케 하는 조직을 만들어 마치 왕후(王候)와 같은 힘을 누렸다. 그 때는 바야흐로 후한이 멸망하기 직전이었는데 그는 그 무렵의 군웅, 그 가운데에서도 촉(蜀)의 유비(劉備)라든지 오(吳)의 손권(孫權)등과 어깨를 나란히 할 만한 실력자의 한 사람으로서 세상의 주목을 끌었다.

예를 들면 제갈공명은 유비가 설한 유명한 「천하삼분의 계획」중에서 장로의 힘을 크게 평가하고 있고 손권도 그를 칠 것을 강조하고 있다. 그러므로 그의 문하에 제갈공명과 같은 뛰어난 참모장이 있었다면, 혹시 후일의 중국 역사가 크게 변하였을지도 모르는 일이다.

오두미도의 변천

그러나 장로는 건안(建安)20년(215)에 위(魏)의 조조에게 항복하고 만다. 그 후 세째아들인 장성(張盛)은 부친의 유언에 따라 강서성(江西省)의 용호산(龍虎山)에 주처를 옮겨 교단을 지켰다고 전해지나 장로 이전과 장성 이후의 사이에 단절이 있었을지도 모른다는 설이 최근에 대두하고 있다.

또한 장로는 조부인 장릉을 천사(天師)라 부르고 부친인 장형(張衡)을 사사(嗣師), 자신을 계사(系師)라고 불렀기 때문에 이 세사람을 삼장(三張)이라 하고 그 가르침을 삼장의 법이라고 하였으며 또한 천사도(天師道)라고도 불렀다. 세간에서는 신도들에게 쌀을 바치게 하였으므로 쌀도적(米賊)이라고도 불렀다 한다.

용호산을 본산으로 하게 되면서부터 오두미도는 장로의 시절과 비교하여 그 세력이 현저하게 줄어지게 되었다. 한동안은 교단의 세력이 거의 없다시피하게 되었다. 그러나 삼국시대의 다음 진(晉)나라 무렵에는 산동지방에서 세력이 늘어나게 되었다. 난을 일으켰던 손은(孫恩)이나 서도의 대가로서 이름이 높은 왕희지(王羲之)일족과 그의 처족 등이 모두 천사도의 신자였다고 하므로 진나라 무렵에는 상당한 인테리까지도 신자층이 넓혀졌던 사실을 알 수 있다. 또한 6세기 초엽에는 각지에 천사당이 세워져 사람들의 귀의를 모았다.

그런데 4세기말 무렵에 난을 일으켰던 손은은 자신들의 일당을 장생인이라 부르고 수년간에 걸쳐 강소(江蘇)와 절강(浙江)지방을 휩쓸었는데 그 사람의 숫자는 수십만에 이르렀다고 한다. 그런데 마침내는 쫓기는 몸이 되어 바다에 몸을 던져 죽고 말았다 한다.

이러한 것으로 알 수 있는 바와 같이 4세기의 말엽에는 천사도에 신선설이 합하여지고 있는데 신선의 실재와 신선이 되는 방법을 구체적으로 설한 갈홍(葛洪)의 『포박자』가 쓰여진 것이 4세기 초엽의 일이므로 그것과 연관성이 있다고 하지 않을 수 없다. 이리하여 천사도의 성격은 처음과는 상당히 달라지게 되고 말았던 것이다. 또한 『포박자』 권19에는 많은 도서의 이름이 제시되고 있는 점으로 미루어 아마도 3세기무렵부터 점차적으로 도교관계의 서적이 만들어졌음에 틀림없다. 그러한 서적들에 의하여 후에는 분명하게 도교 교학의 기초가 세워졌음을 알 수 있다.

상청파(上清派)

분명한 시기는 알기 어려우나 3세기말엽에서 4세기에 걸쳐서 또 하나의 도교 종파가 발생하였다. 이것이 강소성(江蘇省)의 모산(茅山 九曲山이라고도 함)에 본산을 둔 모산파(茅山派), 또는 상청파(上淸派)라 불리우는 것이다. 이 파의 개조는 보통 모산을 연 삼모군(三茅君)이라고 하는데 『모산지』(茅山志)에는 진(晋)의 관리인 위서(魏舒)의 딸인 위화존(魏華存)이 제 1대라고 쓰여져 있다. 그 위화존에 대하여 다음과 같이 쓰여져 있다.

> 위화존은 24세때에 부모에 의해 억지로 어떤 남자에게 시집보내졌는데 그와의 사이에서 두 사람의 아들을 얻게 되었다. 남편이 하남성의 현지사가 되었기 때문에 임지에 동행하였으나 그녀는 남편과는 다른 방을 사용하며 부부의 교합을 금지하고 재계하고서 어린시절부터 가까이 하였던 도교의 책을 읽으며 참깨와 다른 약초를 먹곤 하였다. 그러던 중 태강(太康) 9년(288) 12월 16일 한밤

중에 돌연히 태극진인(太極眞人) 등의 선인들이 하늘로부터 내려와서 31권의 도서를 주었다. 그녀는 81세가 되어 하늘에 올라 갔는데 거기에서 서왕모(西王母)의 영접을 받아 자허원군(紫虛元君)이라고 하는 선녀의 위를 얻었다(『茅山志』 卷十, 上淸第一代太師).

어느쪽이 진짜인지 알 수는 없으나 아무튼 3세기 말엽에 조직화된 것만은 틀림없다. 이 파의 성격도 확실치는 않으나 대대로 내려오는 조사의 이름을 보아서 남북조시대로 부터 당대(唐代)에 걸쳐 불교와의 논쟁에 활약한 것은 이 파의 도사들이었던 것같다. 따라서 도교의 교학을 형성한 면으로 보면 상당한 공헌을 한 것 같다. 그렇지만 교단으로서의 힘은 그다지 크지 않았던 것으로 보인다. 천사도가 천사의 대처(帶妻)를 허용한 데에 대하여 이 파는 대처를 허용하지 않았던 것으로 미루어 엄격한 계율이 있는 종파였던 것으로 보인다.

신천사도(新天師道)

후한(後漢)무렵에 중국에 전해진 불교는 점차로 방술적인 성격을 탈피하고 도교의 사상에 의하여 가르침을 해석하는 격의 불교시대를 거쳐 본래의 자세로 돌아가기 시작하였다. 그것은 당시의 지식인들이 힘을 확장하여 가는 동시에 도교의 비합리성에 대한 공격을 매섭게 가하던 시대적 흐름과도 관계가 있었다. 도교 내부에서도 그러한 흐름에 대항하기 위해서 개혁의 필요를 느끼게 되었던 것이다. 이러한 필요에 응하여 일어난 것이 북위(北魏)의 구겸지(寇謙之)가 제창한 신천사도(新天師道)였다.

신천사도는 그 이름에서 알 수 있는 바와 같이 천사도의 개혁파였는데 그 성립의 과정에는 다음과 같은 사정이 있었다.

성공흥(成公興)이 죽은 후에도 구겸지는 숭산(嵩山)에서 수행을 계속하고 있었는데 신서(神瑞) 2년(415) 10월에 구름에 싸인 용을 타고서 많은 선인과 선녀를 거느린 태상로군(太上老君)이 아래로 와서 구겸지에게 다음과 같이 고하였다.

「신해(辛亥)의 해(411)에 숭악진령집선궁주(嵩岳鎭靈集仙宮主)인 천사 장릉이 세상을 떠나고서부터는 천사의 위치에 걸맞는 인물이 없었기 때문에 오랫동안 공위(空位)로 있어 왔다.

그런데 지금 숭산에서 수행하고 있는 도사 구겸지는 행함이 자연에 부합되고 사람들의 모범이 될 만한 재능을 갖추고 있을 뿐만 아니라 진리를 체득하고 있어 천사에 어울리는 인물이라고 상주(上奏)하여 왔기 때문에 나 자신이 주의깊게 보아 왔다. 내가 관찰하여 보니 과연 상주한 대로 이므로 이제 막 세상에 나설 운이 돌아온 『운중음송신과지계』(『雲中音誦新科之誡』) 20권을 주어 천사에 임명한다.

원래 대도는 청허(淸虛)한 것이므로 이 경을 세상에 펴서, 있어서는 아니될 삼장(三張)의 거짓 법(僞法)과 쌀이나 돈을 거두는 일(租米錢稅), 또는 남녀 교합의 술(房中術)등을 제거하고 도교를 청정케 하라. 또한 대도를 밟아 행하기 위해서는 오직 예도(禮度)를 제일로 삼고 그 위에 복식(服食)이나 복기(服氣)를 더하라」

태상노군은 이와 같이 고하며 따라온 12인의 선인들에게 다시 명하여 복기(服氣) 도인(導引) 구결(口訣) 등의 법을 가르쳐 주게 하였다.

이리하여 그는 벽곡의 법을 얻어 장생술을 체득하고 체내의 기가 왕성하게 되며 신체도 가볍게 되고 안색도 매우 좋아져 청년과 같이 되었다. 동시에 제자 10여명도 함께 장생술을 터득하게 되었다.

이어서 구겸지는 많은 사람들에게 도의 그윽한 뜻을 전한 공적을 인정받아, 태상(泰常) 8년(423) 10월에 내려 온 노군(老君)의 현손(玄孫)이라 칭하는 선인 이보문(李譜文)으로부터 「구주진사」(「九州眞師」)이하의 법록(法籙)과 역신(役神)의 부적, 예배(禮拜)·의관(衣冠)·의식(儀式)·단(壇)의 종류가 쓰여진 도서(道書)와 금단(金丹)을 만드는 방법 등의 처방을 전해 받았다. 이보문은 또한 지상에는 말겁(末劫)의 시대가 도래하여 있으므로 가르침을 실행하는 것이 어려우나 단을 세워 예배를 시키고 몸을 삼가하게 하며 약을 먹으면 노군(老君)의 종민(種民)이 될 수가 있다고 가르쳐 주었다. 또한 천지의 사이에는 36천이 있고 각각의 궁전에는 무극지존(無極至尊)을 최고의 궁주로 하는 신이 있다고 하며 또한 천궁정륜(天宮靜輪)의 법으로 건축을 하면 진선(眞

仙)이 될 수 있다는 것 등도 말하여 주었다.

또한 구겸지에게 함께 따라온 적송자(赤松子)와 왕자교(王子喬) 등의 선인과 친구가 되도록 하여 주었다. 그리하여 그가 선인들에게 내세나 현세의 알 수 없는 것을 물으면 하나하나 자세하게 가르쳐 주었다(『魏書』「釋老志」, 또한 이 책 제 22화 참조).

이 이야기는 구겸지 등이 만들어낸 이야기일 것으로 생각되나 당시는 역사적 사실로서 사람들이 믿었을 것임이 틀림없다. 그것은 그렇다고 하더라도 이 이야기에 의하면 구겸지가 천사도를 개혁하고 그 무렵 극히 칭송되던 신선설을 중심으로 여러가지 방술이나 장생법, 의례, 세계관, 또는 신의 계열을 정비하고 유학이나 도가, 그리고 불교의 교의를 끌어들여 교단적인 조직과 체제를 확실히 하려 하였던 것을 알 수 있다. 이리하여 도교는 구겸지의 손에 의하여 집대성되었던 것을 짐작할 수 있다.

구겸지가 가르침을 널리 펴고자 하여 태무제(太武帝)에게 도서(道書)를 헌상하자 태무제는 우선 그를 도교의 수장격인 선인박사(仙人博士)의 집에 머물게 하고 신하들과 상의하였다. 반신반의하는 가운데 도교적 분위기의 가정에서 자라고 당시 실각중이던 대부분의 신하들이 대신 최호(崔浩)가 유일하게 그를 믿고 그에게 제자가 되기를 청하는 한편 태무제에게 그를 적극 추천하였다.

태무제는 그 말에 움직여 구겸지의 가르침을 믿게 되고 40인의 제자들을 도읍에 맞아들여 그 가르침을 천하에 펴게 하였다. 제자들이 도읍에 당도하여 천사도장을 세우고 매일 제사와 기도를 행하였는데 후에는 태무제가 스스로를 태평진군(太平眞君)이라 칭하는 한편 연호도 마찬가지로 태평진군으로 바꾸어(440년) 스스로 천사도량의 도단(道壇)에 나아가 부적을 받기까지 하였다. 이처럼 도교는 북위(北魏)시대에 국가적 종교가 되었던 것이다.

도불 2교의 관계

태무제의 도교신앙은 그 후에 점차로 깊어져 각지에 행가할 때는 도교의 색인 청색의 기나 수레를 사용하도록까지 하는 데에 이르렀다. 그러한 것들을 준비하는 데에 진두지휘한 구겸지는 정륜궁(靜輪宮)이라고 하는 5층의 건물을 세우고 신선과 교류하고자 하였으나 오랜 세월이 지나도 그것은 가능치 못하였다. 그러는 사이에도 태무제의 신앙심은 더욱 높아져가서 이윽고 불교를 금지하는 데에까지 이르게 되었다.

이 사건이 중국불교의 역사상 삼무일종의 법란(三武一宗의 法難・北魏 太武帝, 北周 武帝, 唐 武宗, 後周 世宗 때에 일어난 廢佛의 사건)이라 불리우는 불교탄압중 첫번째의 것이었다. 그러나 구겸지나 태무제가 죽자 곧 워상으로 돌아가게 되어 그 뒤를 이은 문성제(文成帝)는 그 죄를 씻기 위하여 유명한 운강(雲岡)의 석불을 조성하였기 때문에 이로 미루어 볼 때 도교와 불교 사이의 쟁투는 상당히 격렬하였음을 알 수 있다.

이러한 폐불사건이 계기가 되었음인지 그 사이에 불교의 중과 도사들 사이에 심한 논쟁이 벌어졌다. 그러나 아이러니컬하게도 그것에 의하여 불교는 중국적인 불교로, 도교는 하나의 완성된 종교로 각각 훌륭하게 발전하게 되었기 때문에 이는 대단히 중요한 의미를 가진다고 말할 수 있겠다.

또한 양자의 논쟁은 일부의 전문가들 사이에서만 이루어진 것이기 때문에 표면상으로 보아서는 격렬한 것 같았으나 실제로는 그다지 커다란 것은 아니었다. 그러나 도・불 2교의 논쟁은 2교가 서로 다른 쪽의 특색을 취하여 자신들의 교학체계를 이루게 하는 데에 결정적인 계기를 제공하였으므로 오히려 이들 논쟁은 도・불 2교의 교학적 융합을 촉진하는 방법이 되었다고 하는 것이 옳을지도 모르겠다.

당의 왕실은 성이 노자와 같은 이(李)씨였기 때문에 도교를 그들 일족의 종교로 보아 불교 이상으로 보호하였다. 그 때문에 도교의 세력이 확장되었지만 내용면으로는 새로운 발전도 없고 새로운 종파도 일어나지 않았다. 단약(丹藥)을 만드는 것이 널리 믿어져서 여섯명의 황제가 도사의 권하는 단약을 먹고 장생이 아니라 오히려 목숨을 잃었다. 또한 주문을 외우는 일이나 부적도 성행하여 재초(齋醮)라고 하는 제사도 줄곧 유지되었다. 왕실과 특히 가깝게 맺어졌던 것은 모산파(茅山派)였다.

신교단의 성립

북송에 이르러서도 도교에 새로운 발전도 없고 새로운 종파도 일어나지 않은 것은 당의 시대와 같은 흐름이었는데 당시 제후나 사찰의 대토지 소유의 경향에 편승하여 도관이나 도사도 대지주의 입장이 된다. 재정에 쪼들리던 정부는 그 타개책의 하나로 부가 축적되어 있던 중이나 도사들에게 면허장(度牒)이나 대사(大師)의 칭호를 내주고 돈을 받았다. 이로 인하여 도사의 질이 떨어지게 되고 교단은 세상의 귀찮은 존재로 전락하게 되었다.

이러한 대 개혁의 필요에 직면하여 있을 때에 출현한 것이 화북(華北)지방에서 금대(金代)를 전후로 하여 일어난 전진교(全眞教)·진대도교(眞大道教)·태일교(太一教)의 3파였다. 또한 북송(北宋)시대에는 조현단(趙玄壇)이라고 하는 도교의 신이 신앙되기도 하였다.

금(金)의 정륭(正隆)4년(1159)에 어느 은사(隱士)로부터 금단도(金丹道)의 구결을 전해받고서 도사가 된 왕중양(王重陽)은 앞서 귀의한 바 있던 불교나 어려서부터 익혀온 유학의 지식을 합하여 대정(大定)2년(1162)에 전진교라고 하는 일파를 열었다. 처음에는 제자가 되고자 하는 사람이 거의 없었으나 산동반도 북부의 연안지방에 가서 마단양(馬丹陽)이하 일곱사람의 뛰어난 제자를 얻고부터는 점차로 사람들이 모이기 시작하였다.

왕중양이 대정 10년(1170)에 죽자 마단양이 노력하여 교단의 기초를 다졌는데 그 바탕 위에 구장춘(丘長春)이 정치적 수완을 발휘하여 교세를 급격히 신장시켰다. 전진교가 가장 왕성했던 것은 원(元)의 초엽이었는데 그 가운데에서도 남쪽의 정일교(正一教 天師道의 改稱)와 도교계를 양분할 정도로 세력을 과시하였다. 이의 세력은 인민공화국 성립 직전에까지 이어지고 있다.

전진교의 특징은 유불도의 삼교가 같은 근원이라는 설인데 좌선 운수(雲水) 청규(淸規) 불립문자(不立文字) 계율 등을 강조하는 등 특히 선종적(禪宗的) 경향이 강하다. 전진교의 가르침은 도의 깊은 경지를 체득하는 것을 목적으로 하나 그것은 선(禪)에서 말하는 깨달음의 경지로서 거기에 도달한 사람을 신선이라고 한다.

이제까지 도교의 목표였던 육체적 장생을 정신적 장생으로 고치고, 단은 본성을 의미하는 것이라 풀이하였다. 자신의 수행(불교의 自利)을 진공(眞功)이라 하며 다른 사람을 구하는 것(利他)을 진행(眞行)이라고 하여 공행양전(功行兩全)의 사람을 진인(得道者)이라 한 것 등은 모두 그러한 예이다. 왕중양은 또한 사람들에게 『효경』·『반야심경』·『도덕경』을 읽혔는데 이는 삼교융합을 극명하게 보여주는 예라 할 것이다.

이 파에서는 불교의 『대장경』에 해당하는 『도장』(『道藏』)을 편집하였기 때문에 지금까지도 이 파와 관련이 있는 자료가 많이 남아 있다. 또한 13세기 중엽에 산서성의 용산(龍山)과 산동성의 한동산(寒同山)에 석굴을 파기도 하였는데 도교의 석굴은 그 이전에도 그 후에도 없어서 이 두 곳 뿐이다. 전자는 일단 조사가 되었으나 후자는 극히 최근까지도 조사되지 않았다. 북경의 백운관(白雲觀)이 본산으로 이 책의 서문에서 말한 영락궁(永樂宮)도 이 파의 도관이다.

진대도교에서도 마찬가지로 삼교융합의 사상을 가지면서도 대체로 유교적인 색채가 강하였다(제 86화 참조). 이 파는 전진교보다 20년정도 일찍 일어났는데 금나라 조정과 바로 연관을 맺고 세력을 신장시켰으며 원대(元代)에는 하남성을 중심으로 사람들의 귀의를 모았는데, 후에 조사의 지위를 둘러싸고 쟁투가 벌어져 14세기의 초엽에 그 법계가 끊어지고 말았다. 그 때문에 내용을 자세하게 알기는 어려우나 대체로 선술(仙術)이나 방술(方術)을 멀리하고 실천도덕을 중히 여겨 계율이 무척 엄하였다.

태일교는 진대도교와 같은 무렵에 하남성의 급현(汲縣)에서 일어난 종파로서 개조는 숙포진(蕭抱珍)이다. 신흥3파 가운데에서는 구파인 정일교와 상청파에 가장 가깝고 단(丹)이나 부적을 중시하였다. 그렇지만 중도를 부르짖고, 술이나 비린내나는 음식, 대처 등을 금지하고 있었기 때문에 구파와 동일하지는 않다. 이 파도 상당히 사람들의 인기를 끌어 각지에 도관을 세운다든지 왕실로부터 보호를 받는다든지 하였으나 13세기경에 법손이 끊어지고 말았다. 아마도 진대도교와 마찬가지로 전진교나 정일교에 흡수되었을 것으로 보인다.

화북(華北)에서 전진교가 인기를 모으고 있을 무렵 강남에서는 정일교와 상청파가 이전과 거의 비슷한 성격을 가지고 전도를 계속하고 있었는데 계속 사람들의 귀의가 늘어가고 있었다. 이러한 형세는 명이나 청을 거쳐 중화민국의 시대에 까지도 거의 변화하지 않았다. 다만 명 이후에는 전진교에 금단도(金丹道)가 들어왔기 때문에 그 경향이 다소 변화하였다. 그리하여 도사는 중과 더불어 권위를 지니게 되었다.

또한 명 이후에는 토지신이나 낭랑신(娘娘神) 등 사람들과 가까이 있는 신들의 인기가 삼모군(三茅君) 등의 신앙을 압도하였다. 또한 원나라 시대에는 정명충효도(淨明忠孝道)라고 하는 상당히 유교적인 경향이 강한 종파가 성립하고 이는 인민공화국이 성립할 무렵까지 존속하였다. 이 파는 허손(許遜)을 교조로 하고 있다.

2. 도교신앙의 현상

중국대륙에 있어서 도교 신앙

이미 청조 중엽부터 고정화된 데다가 인테리의 관심을 잃어버린 도교교단은 중화민국시대에 들어선 이래 점점 더 그러한 경향이 강하게 되었다. 그러므로 민국(民國) 2년(1913)에 도교의 진흥을 목적으로 중국전국도교총회가 결성되었으나 실질적인 효과는 거두지 못하였다. 그러한 상태에서 더욱 타격을 입게 된 것은 민국 8년(1919년) 5월 4일에 일어난 이른 바 5·4운동이었다.

5·4운동이 일어난 것은 일본의 침략적 태도에 기인한 것이었으나 다음의 목적중의 하나가 중국의 오랜 전통을 타파하는 것이어서 관제(關帝)나 여조(呂祖), 그리고 그 밖의 도교적 신앙도 타파의 대상이 되었다.

그렇지만 정작 도교측에서는 아무런 대책도 세우지 못하였기 때문에 점점 더 인테리 계급으로부터 경원시 당하게 되었다. 이러한 경향은 중일 전쟁에서 제 2차 세계대전으로 이어지는 와중에서도 계속되어 조금도 호전되지 않았다. 민국 31년(1943)에 필자가 하북, 산서, 산동성 등지에 있는 도관을 가 본 일이 있는데 그 도관들은 기능을 거의 하지 못하고 있었다.

도관의 대부분은 공장이나 작업장, 그리고 학교 등으로 전용되어 사용되고 있었으며 일부는 경찰서나 창고, 또는 개인의 주택으로 사용되고 있는 경우도 있었다. 그 중에서도 상점이나 조합의 사무소 등으로 변신한 경우도 눈에 뜨였다. 지금은 훌륭하게 수복되어 있는 태산의 남천문(南天門)께의 관제묘(關帝廟)는 당시는 보기 민망할 만큼 부서져 있었다. 도사도 찾아볼 수 없었으며 거미줄이 가득한 도관이 있었는가 하면 신상도 부서져 내리기까지 수리를 하지 않는 경우가 태반이었다.

그러한 가운데에서도 겨우 도관다운 면모를 갖추고 대강 기능을 수행하던 것들은 심양(瀋陽)의 태청궁(太淸宮)과 북경의 백운관(白雲觀) 정도였다. 이들 두 도관에는 많은 도사들이 있어서 정해진 규칙에 따라 생활을 하고 수행을 하고 있었다. 다만 경제적으로 궁핍하여 자급자족의 생활을 하고 있었기 때문에 도복 등도 자신이 꿰메어 입지 않으면 안되었다. 특히 백운관은 전등도 없어서 등잔을 사용하고 있었기 때문에 밤에 독서하는 일이 곤란하였다.

식사는 일반 도사는 밤으로 만든 죽에 일즙일채 만으로 때우고 있었기 때문에 용케도 영양실조에 걸리지 않고 사는구나 하고 감격한 일이 있었다. 식사는 형편이 없는 것이었음에도 불구하고 식사 때의 질서정연함과 엄숙함에 감탄하였다.

또한 태산 정상의 벽하원군묘(碧霞元君廟)는 훌륭히 지어져 등산하는 사람들이 모두 참배하고 있었다. 태산의 신인 동악대제(東岳大帝)의 누이라고 일컬어지는 벽하원군에 대해서는 다음과 같은 내역이 전해지고 있다.

옛날 여래불께서 태산의 정상에 목어(木魚)를 묻고서 태산을 자기의 것이라고 선언하였다. 그 뒤에 온 벽하원군은 목어 밑에 자기의 신발을 살짝 묻어 두고서 여래불에게 자신이 옛날부터 와 있었기 때문에 태산은 자신의 것이라고 주장하였다. 이 논쟁을 한 후 태산의 정상을 파 보니 과연 목어 밑에 벽하원군의 신발이 나오는지라 태산은 그녀의 소유가 되고 말았다. 여래불은 크게 노하여 근처의 나무를 모두 말라 죽게 만들고 말았기 때문에 지금까지도 태산에는 큰 나무가 없다(태산의 산록에 있는 여관의 늙은 주인의 이야기).

이렇게 전해지는데 그 여관의 주인은 「그러니까 벽하원군은 간교한 지혜만 있지요」하고 덧붙였다. 그리고 다음의 이야기가 있다.

> 신통력이 있는 백세랑(白世郞)은 각지를 돌아다니며 신선을 보면 잡아다가 가지고 있는 호로병 속에 넣어 버렸다. 그러다가 하루는 벽하원군을 잡기 위하여 태산에 오게 되었다. 그가 오는 것을 먼저 안 벽하원군은 태산에 있는 모든 물을 마르게 하여 두고서 자신은 시골 처녀로 변신하여 물을 넣은 호로병을 가지고 도중에 기다리고 있었다. 물이 마시고 싶었지만 전혀 한방울도 마시지 못한 백세랑은 물을 마시고 싶은 일념에 시골처녀가 제안하는 대로 자기의 호로병과 물이 든 호로병을 바꾸고 만다. 벽하원군은 백세랑이 가지고 있던 호로병을 계곡 저 멀리로 던져 깨 버렸다. 지금 산중의 각처에 있는 많은 묘는 그 때에 호로병으로부터 도망쳐 나온 신선들을 제사 지내기 위한 것이라 한다(濟南 사는 한 일본인의 이야기).

사람들이 벽하원군묘에 참배하는 이유 가운데 하나는 그 지혜를 본받기 위한 것이 아닌지도 모르겠다. 마조(媽祖)를 모시는 청도(青島)의 천후궁(天后宮)도 커다란 규모인데 특히 여성 참배자가 많았다. 이러한 모습들로 미루어 일반사람들 사이에는 아직 도교의 신앙이 살아 있구나 하는 생각을 하였다.

그러나 그렇다고 하여도 교단의 경제적 기반이 약하고, 뛰어난 도사도 출현하지 않았기 때문에 전체적으로 도교는 무력화하고 있다는 인상이 강하였다.

원래부터 도교의 신앙을 미신이라고 받아들였던 중국 공산당은 전쟁때에 실물교육을 실시하였다. 즉 일본군이 공격하여 올 때 그들이 물러갈 것을 신에게 기원을 하였어도 효과가 없었던 사실을 들어 모두들 믿고 있는 신들이란게 실은 있지 않다고 하여 그러한 신앙을 그만 두도록 권하였다. 이리하여 소위 미신박멸정책은 점차로 효과를 거두었던 것같다.

중화인민공화국이 성립하고 특히 한국전쟁이 일어나면서 소유지의 해방, 건물의 전용이 종용되고 종교자가 생산노동에 종사하는 것이 권장되면서 교리의 연구나 수행 포교 등의 종교활동은 실제로 불가능하게 되었다. 그 결과 정부의 방침에 따라서 농사짓는 일로 돌아가거나 다른 직업을 가지게 되어 환속하는 승려나 도사가 많아졌다고 한다.

소유지의 대부분이 해방됨에 따라, 상당히 많았던 백운관 주재 도사들도 대부분이 환속하고 남아있는 도사들도 도복을 벗고서 농사일을 하였던 것은 그러한 사정들을 잘 알게 하는 단면들이다.

한국전쟁이 끝난 그 다음해 중국불교협회를 만든 정부는 4년이 지난 1957년(민국 46)에는 중국도교협의회를 설립하여 본부를 북경의 백운관에 두는 한편 정부의 방침에 협력하는 도사의 생활을 보증하고 유서있는 저명한 도관은 문화유산으로 지정하여 수리하고 복구하고 보호하게 되었다. 「머리말」에서 다룬 바와 같이 산서성 예성현(芮城縣)에 옮겨 축조된 영락궁의 수복이나 같은 성의 태원(太原)에 있는 용산(龍山)의 도교석굴의 보수 등은 그 한 예이다.

그렇지만 문화대혁명이 일어나고 홍위병이 어린 얼굴로 활동을 개시하자 사정은 일변하였다. 각지의 도관은 병사(兵舍)나 그 밖의 것으로 전용되고 신상은 부숴져 내려지고 도사들의 존재도 인정되지 않게 되었다. 바야흐로 도교의 운명은 풍전등화의 상태가 되고 만 것이었다.

자세한 것은 알 수 없지만 오늘날 흔적도 없게 되어버린 소도관들이 유적만이 남아 있고 돌비석이 깨어져 있고 석탑이 돌계단이나 깔림돌 대신으로 쓰여지고 있어서, 이전에 도관이 있었다는 것은 전설 뿐으로 우리들의 눈으로 볼 때에는 너무나도 큰 문화재 파괴가 행해졌다는 유감이 가득할 뿐이다.

다행히도 4인방의 타도 이후에 사정은 다시 호전되었다. 어떠한 이유에서였는지는 알 수 없으나 정부는 종교를 보호육성하려는 방침으로 다시 전회한 것이었다. 그 때문에 다른 종교와 더불어 도교도 부흥의 길을 다시 걷게 된 것이다.

그렇지만 저 무시무시한 문화혁명의 거센 바람이 불어 오는 가운데에서도 사람들은 자신들의 신앙을 지켜왔다고 하는 말을 듣고 그 뿌리깊은 신앙심에 감탄하였다. 산동성 위해시(威海市)부근에 있는 마을에서는 문화혁명 중에도 문을 걸어 잠그고 집안에서 부뚜막신에게 기도하고 제사지냈다고 한다. 사천성의 성도시(成都市)근처의 마을에서도 비밀리에 제사지내는 것을 계속하였다 한다.

위해시로부터 상당히 떨어진 어촌에서는 어부들이 국민학교로 전용되고 어구창고로 쓰이고 있는 구 용왕당에 매년 섣달 그믐날 밤에 반드시 향을 가지고 와서 기원을 올리고 고기잡이에 나갔다 한다. 일시적으로는 상부로부터의 무력에 의하여 억압되더라도, 결코 없어질 수 없는 신앙의 강렬함을 보여 주는 좋은 예라고 생각된다.

그것은 도관이나 묘에 참지할 때 경건 그 자체라고 할 태도로 향을 지니고 올리는 사람들의 진지한 모습을 본 십수년전의 홍콩 황대선묘(黃大仙廟)의 제사일(祭日)에서도 충분히 짐작할 수 있다. 지금도, 피가 나오지 않나 할 정도로 콘크리트 바닥에 몇번이고 이마를 찧으며 고두(叩頭)의 예를 반복해서 하던 노파의 모습을 잊을 수가 없다.

다음에 1983년(민국 72) 이후의 도교의 모습에 대하여 필자가 본 범위내에서 소개하고자 한다.

문화혁명 중에 병사(兵舍)가 된 북경의 백운관은 1981년(민국 70)당시는 아직 각 당의 신상이 파괴되고 경전류도 다 흩어져 문혁의 자취가 생생하게 남아 있었는데 83년에 이르러서는 관내가 깨끗이 정돈되고 각 당의 신상도 훌륭하게 수복되어 있었다.

그 경비는 모두 국비로 충당되었는데 이전에 비하여 경내는 상당히 축소되었으며 일부의 신상과 경내를 몇개의 지구로 나눈 벽과 대문을 들어서는 위치에 있던 반지(泮池・예전에 國學의 남문에 있던 못, 백운관에서는 물은 없고 제사날에는 거기에 걸려 있던 泮橋 밑에 도사가 앉아 있었다.)는 없어지고 말았다. 그곳에 주재하던 도사는 앞으로 이전과 마찬가지의 상태로 복원할 것이라고 말하였는데 실제로 점차로 그렇게 해 가고 있다.

산동・협서・사천・복건・귀주・운남 등의 각 성에서도 거의 마찬가지의 경향으로 제사날에 참지(參詣)하는 사람이 많고 도관의 주변 도로상에는 많은 노점이 늘어져 있어 참지에 필요한 향이나 지전 등을 비롯한 여러 물품이나 먹을 것을 팔고 있었다. 그 모습은 1942년 이전의 소위 묘회(廟

會)를 연상케 하고 있다. 아마도 그 모습은 전국이 마찬가지라고 생각된다.

토지신을 섬기는 작은 토지묘는 각지에 속속 재건되고 있다. 그러한 묘나 도관의 신앞에는 뽀에라 불리우는 신의 뜻을 묻는 점치는 도구가 대만 등과 마찬가지로 몇묶음이 놓여져 있다. 제비뽑는 도구가 놓여져 있는 경우도 적지 않다.

운남성 곤명시(昆明市)내의 삼청각(三淸閣)·태화궁(太和宮)·용천관(龍泉觀) 등에는 관광객을 끌기 위해서인지 묘족(苗族)등 소수민족의 단체가 몇 무리 참배를 와 있었다. 용천관의 앞에 있는 흑룡담을 주위로 하여 여순양(呂純陽)관세의 빈화가 전해지고 있었는데 내용의 소개는 생략한다.

또한 소주(蘇州)의 원〈현〉묘관(圓〈玄〉妙關)의 본당에는 좌우의 양측이 의류나 기타의 물품을 파는 상점으로 화하고 중앙에는 삼청(三淸)의 커다란 신상이 안치되어 있다. 사람들은 삼청을 참배하고 나서 상점을 벌이고서 물건을 팔고 있었는데 지금도 그러한지 모르겠다.

일반적으로 현존하는 종파는 전진교와 정일교(天師道)의 양 파 뿐으로 1942년 당시에 있었던 정명충효도(淨明忠孝道)나 상청파(上淸〈茅山〉派), 그리고 무당도(武當道) 등의 각 파는 모두 정일교에 흡수되어 버리고 말았다고 한다. 또한 양자강 이북은 전진교, 이남은 정일교라고 양 파의 분포를 분명히 가르는 사람도 있지만 홍콩의 신계지구에 전진교의 대도관이 있는 것으로 미루어 지역을 따라 확실하게 경계를 나눌 수는 없다고 생각된다. 그러나 전반적으로 보아 북방에 전진교가 성했던 것만은 분명하다.

백운관에는 1942년 당시에 88인의 도사가 있었으나 지금은 1, 20명 정도 밖에는 없는 듯하다. 그 의식에 드는 비용은 일체가 국비라고 말하지만 다른 도관도 마찬가지인지 어떤지는 알 수 없다. 연령은 대체로 5, 60세 이상의 연배에 이른 도사가 대다수였다고 생각되지만 지금까지 본 바로는 젊은 도사들도 적지 않았다. 따라서 문화혁명 후에 도사가 된 사람이 있는 것은 분명하다.

그런데 놀랄만한 것은 백운관에서는 교육반을 설치하여 전국으로부터 모여든 30여인의 도사들에게 7개월 단위의 교육을 시키고 있다는 점이다. 이른 바 후계자의 양성이다. 한 때는 미신으로 낙인 찍혀 말살 직전에까지 갔던 도교에 후계자의 양성을 인정한 정부의 의도는 전혀 알 수 없으나 어쨌든 지금의 방침이 바뀌지 않는한 도교는 장래에도 존속하게 될 것이다.

후계자의 양성은 1982년 11월부터 개시되어 지금은 제 4기에 이르고 있다. 이번은 전원이 곤도(坤道), 즉 여성의 도사라고 한다. 교육의 내용은 도교에 관한 기본 지식으로 구체적으로는 『도덕경』 등의 경전과 도교의 역사, 그리고 장릉 구겸지・임영소(林靈素)・왕중양・마단양(馬丹陽)・구장춘(丘長春) 등 도교역사상의 유명한 도사들의 전기, 그리고 의례를 행하는 법 등이다.

백운관 이외의 도관에서도 교육이 행해지고 있는지는 알 수 없지만 자세한 것은 알 수 없다. 다만 상해의 백운관에서는 도교음악의 교육을 실시하고 있다고 들은 적이 있다.

북경의 백운관에서는 이전에 비하면 수월해졌다고 하면서도 관내에서의 생활에 규칙이 있어 실행되고 있었다. 그래서 그들 나름의 규율이 지켜지고 있다. 규칙에 어긋나면 처벌이 있기 때문이다. 전진교의 도사는 이전부터 관내에서 생활하는 것이 원칙이며 대처는 금지되어 있다. 이 점은 지금도 굳게 지켜지고 있다.

또한 뛰어난 스승을 찾아서 각지로 찾아 다니는 것이 수행의 하나로 되어 있는데 이 점도 지켜야 할 것으로 제시되고 있는 듯하다. 아마도 다른 전진교 계통의 도관에 있는 도사들도 실행하고 있지 않을까 싶다.

도사들이 식사하는 모습은 볼 수가 없어서 잘 알 수는 없지만 쌀죽을 주로 먹는 듯하다.

백운관에서의 근행은 1942년 당시와는 달리 도관에 있는 대부분의 도사가 참가하여 매일 아침과 저녁, 『조〈만〉단공과경』(早〈晩〉壇功過經』)을 음악을 연주하면서 독송하고 있다. 각지의 도관에서도 내가 보는 바로는 신전의 단상에는 베로 싼 경문이 놓여져 있는 것으로 미루어 아침 저녁으로 근행을 행하고 있음은 틀림없다.

초(醮)라고 불리우는 제사는 세가지가 있다고 하는데 의뢰를 받으면 죽은 이를 위한 추선공양(追善供養)도 이루어지고 있는 것처럼 보인다. 근행이나 초를 행하는 방법을 정일교와 비교하여 보면 전진교는 화려하지 않다.

특히 필자의 주의를 끌었던 것은 이전과 비교하여 도교의 연구가 활발하게 되고 있던 점이다. 북경이나 상해의 사회과학원에는 종교연구실이 설치되어 각각의 연구자가 개인의 연구 테마를 가지는 한편 한 팀을 이루어 연구를 진행하고 있기도 하다. 그 연구 성과는 단행본 또는 기관지에 논문으로서 발표되고 있었는데 그 숫자는 상당한 양에 달하였다. 연구자들은 일본인의 성과에 주의를 하는 동시에 일본과 학술교류를 열망하고 있었다. 다른 지방의 사회과학원에서도 도교의 연구자가 있다고 들었다.

북경대학에서는 종교학의 전문과정을 두고 대학원생에게 도교연구를 시킬 예정이라고 들었는데 다른 대학에서도 마찬가지의 계획을 가지고 있는 것 같았다. 또한 일본의 연구자를 초청하여 도교관계의 강의를 의뢰하는 예도 적지 않다. 이러한 모습을 통해서 가까운 장래에 중국의 도교연구는 크게 진전하리라고 믿는다. 그에 따라서 도교도 그 존재가 다시 평가되어 다시 성해질 것으로 추측된다.

도교와 민간신앙과의 관계도 연구 테마의 하나가 되고 있는데 그 성과는 아직 그다지 발표되지 않고 있다. 다만 기공(氣功)에 대해서는 전반적으로 관심이 높아서 관계되는 책도 다수 출판되고 있을 뿐만 아니라 실제로 하는 사람의 숫자도 대단히 많다. 흑룡강대학의 학장과 부학장도 그 실효를 믿고 있었다. 또한 성도(成都)의 청양궁(青羊宮)에서 도사가 경신대(庚申待)를 하고 있다는 말을 듣고 깜짝 놀랐다. 경신신앙 등은 먼 옛날에 소멸되어 끊어졌을 것으로 생각했기 때문이었다. 다만 그 구체적인 실행방법이나 지역적인 분포는 알지 못한다.

청양궁에서는 도사들도 일반사람들과 마찬가지로 부뚜막 신앙을 하고 있다고 들었다. 성도부근의 시골에서는 남녀, 특히 여성이 열심히 부뚜막의 신을 섬기고 있었는데 그것은 복건성의 천주시(泉州市)내와 마찬가지였다. 천주시내의 한 민가에서는 신상위에 토지신의 위패를 놓고 모시고 있었다. 그러므로 널리 조사하면 도교의 신들은 아직도 많은 사람들에 의하여 신앙되고 있음을 알게 될 것이다.

대만에 있어서의 도교신앙

다음에 대만에 있어서의 모습을 소개하여 보기로 한다.

중국 공산당에 의하여 그 본산인 강서성 귀계현(貴溪縣)에 있는 용호산(龍虎山)으로부터 쫓겨난 천사도의 제 63대 천사 장은부(張恩溥)는 상해 시내에 의탁하고 있었으나 중화인민공화국의 성립 직전에 홍콩을 경유하여 대만으로 건너가 타이페이 시내에 살고 있다. 대만의 도사는 천사도의 계열이 태반이라고 하지만 천사가 왔기 때문에 교세가 특히 크게 진흥된 것이라고 할 수는 없을 것 같다. 말하자면 그의 영향력이 그다지 크지는 않았다고 말할 수 있겠다. 타이페이에서 살던 그가 1969년(민국 58)에 죽고 난 후 후계자를 둘러 싼 약간의 잡음이 있었다. 그러나 지금은 그의 조카인 장원선(張源先)이 제 64대 천사가 되어 있다. 그렇지만 통제력은 현저히 약화되었다.

또한 제 63대 천사가 죽고 난 후 본토의 용호산은 꽤 황폐되어 본당인 상청궁(上淸宮)도 쳐다볼 수 없을 정도로 황폐되고 말았다고 한다. 그러나 지금은 훌륭하게 수복되어 장은부의 둘째 아들이 제 64대 천사의 지위를 잇고 있다고 한다. 그러므로 이 세상에는 두사람의 천사가 존재하는 셈이다.

대만에서의 도교는 또한 사람들로부터 열렬히 신앙되고 있다. 각지에 많은 묘가 건립되고 있고 작은 촌이나 부락들까지도 반드시 묘나 작은 사당이 한두개 쯤은 보이게 마련이다. 도시나 큰 거리에는 크고 작은 여러 종류의 묘가 수없이 세워져 있고 한편으로는 신축되고 증축되는 공사가 이루어지며, 장식도 해를 거듭할수록 화려해져 가고 있다.

그렇지만 대륙과 비교하면 묘의 규모는 작고 도관에 필적할 만한 내용이나 성격도 갖추고 있는 것은 없다. 관이라 이름할 만한 건물로는 창화현(彰化縣)에 한 곳이 있으나 이것도 실질적으로는 묘의 규모에 지나지 않는다. 사람들의 신앙은 매우 성하여 신의 탄생일이나 연말 연시, 그 중에서도 원하는 것이 있을 때나 원이 성취되었을 때의 예를 올릴 때에는 반드시 묘에 참지하여 뽀에를 던지고 제비를 뽑고 금은지(金銀紙) 등을 태운다. 그 중에는 매일아침 묘에 와서 경을 읽어 올리는 사람들도 있다. 그러므로 언제 어느 묘에 가더라도 참지자가 한사람도 없을 때는 없다. 어떻게 본다면 묘는 사람들의 정신적인 휴식처가 되고 있는 것이다. 그러므로 제례가 있는 날에는 묘의 안팎이 매우 혼잡하다.

다만 대륙과는 달리 묘는 관리위원회에 의해서 관리 운영되고 도사는 거의 그 운영에 관계가 없다. 그들은 가족과 함께 자택에서 살며 따로 직업을 가진다. 그리고 의뢰된 제례의 의식이나 의례를 행할 때만 응할 따름으로 오직 도사직만에 전념하는 사람은 적다. 복장은 우리들과 같은 복장을 입고 머리 모양도 같기 때문에 거리에서 만나더라도 상대방이 도사인지 어쩐지 전혀 분간을 하기 어렵다. 술도 먹는가 하면 비린것도 먹는다. 다만 자택의 한 방에 도단(道壇)을 설치하고 신을 모시고 있다. 그들은 중화도교회에 입회하여 있는 사람이 많고 묘는 중화민국불교회에 가입하여 있는 경우가 많다.

도교가 처음 대만에 전해진 것은 1590년(萬曆18)으로 종파는 삼내파(三奶派)였다고 한다. 그 후에 모산(茅山)·정일(正一)·청미파(淸微派)가 차례로 전해졌으나 전진교만은 전해지지 않았다. 드물게 전진교라고 자칭하는 도사도 있는 모양이지만 실제로는 전진교와 관계가 없다. 종래에 대만의 도사는 죽은 자의 의례도 행하는 오두도사(烏頭道士)와, 죽음에 전혀 관계하지 않는 홍두도사(紅頭道士)의 두 종류로 분류되어 왔다. 잘 알지는 못하지만 후자는 의례의 범위가 전자에 미치지 않는 것으로 생각된다.

후계자의 양성은 조직적으로는 행해지지 못하고 도사의 직을 아들에게 상속하는 예가 태반이다.

대만사람들의 도교에 대한 신앙이 성하기 때문에 도사들은 몹시 바쁘다. 추선공양(追善供養)·보도(普渡)·공덕(功德)·중원(中元) 등의 소규모적인 의례가 자주 행해진다. 그런데 초(醮)라고 불리우는 대규모의 의례는 경비관계인지 그다지 많이 행해지지는 않고 있다.

깊이 신앙을 하고 있는 신으로서는 옥황상제·마조(媽祖)·관제(關帝)·토지신·여조(呂祖)·부뚜막신·주생랑랑(註生娘娘) 등을 들 수 있다. 묘나 집에 들어가는 입구에는 옥황의 심볼인 천공로(天公爐)가 놓여져 있어 사람들은 우선 여기에 절을 한다.

마조묘의 숫자는 전체적으로 가장 많을 것이다. 관제·여조·부뚜막신은 삼은주(三恩主)라고 한다. 특히 상인은 매월 2일과 16일에 장사의 번창을 위하여 토지신에게 제사를 지내는데 이를 주아(做牙)라고 한다. 주아는 천주(泉州)에서도 현행되고 있다. 그리고 연말인 12월 16일에는 거래선에서부터 자기네 말단 직원에 이르기까지 모두를 불러서 성대한 연회를 베푼다. 그런데 그 연회석상에서 그 해까지만 근무하고 그만두었으면 하는 직원의 자리쪽으로 요리에 내는 경단과 함께 요리된 닭의 머리를 향하여 놓는다. 그러면 그 직원은 주인의 의사를 알고 말없이 직장을 그만두는 것이 관습으로 행해져 왔다.

이 관습은 대만에서는 꽤 오래전에 없어졌기 때문에 볼 수 없으나 말레이지아의 일부에서는 지금도 실행되고 있다고 한다.

주생랑랑은 해산의 신이기 때문에 이전에는 임신한 여성은 반드시 관계있는 묘에 가서 참지해야 하곤 하였다. 랑랑에게는 어린이의 눈병을 낫게 하는 안광랑랑(眼光娘娘) 등 여러 종류가 있다. 서왕모에 대하여서는 설명은 생략하겠으나 주로 왕모랑랑(王母娘娘)으로 불리우고 있다. 특히 최근에 서왕모를 중심으로 하는 신종교가 생겼다고 하는 소문이 있다.

동남아시아의 도교신앙

홍콩, 싱가포르, 말레이지아 등에서는 이전에 장천사가 방문하였던 관계도 있고해서 사람들 사이에 도교신앙이 상당히 퍼져 있다. 이들 지역에 사는 화교의 출신지가 대부분 대만인들과 마찬가지로 복건 광동 해남도(海南島) 등이기 때문에 신앙의 내용이나 성격도 대만과 흡사하다. 종파는 대체로 정일교에 한정되고 도사도 대만의 도사들과 거의 같은 생활을 하고 있다. 사람들은 묘에 참지하여 신들의 가호를 빌고 있는데 열렬한 신앙을 받고 있는 신으로는 마조 토지공(土地公) 옥황상제 등이 있다.

마조는 이주할 때에 해상에서 안전을 맡고 있고, 태백공(太伯公)이라 불리우는 토지공은 매매가 번창하는 것을 주관하는 신이다. 출입구에 천공로(天公爐)를 놓아 두고 있는 묘나 집도 많다. 다만 중국의 토지공과 말레이지아의 고유한 일종의 정령이라고 해도 좋을 「다투」와 결합한 「나독」(拿督)이라고 하는 신에 대한 신앙은 극히 주목할 만하다. 그것은 완고하리만치 자신들의 고유의 신 밖에는 신앙하지 않는 중국인이 이주해 간 땅의 신과 융합시켜 만든 유일한 신앙대상이기 때문이다.

일본에의 전래와 영향

후한의 비장방(費長房)은 어느날 제자인 환경(桓景)에게 「금년 9월 9일에는 너의 집에 커다란 재난이 닥쳐올 것이다. 그러므로 어서 가족들에게 붉은 자루를 만들게 하여 그 속에 수유(茱萸)를 가득 넣어 두고 당일에 그것을 가지고 산에 올라서 국화주를 먹어라. 그렇게 하면 재난을 피할 수가 있을 것이다.」하고 말하였다. 그러자 환공은 시키는 대로 하여 9월 9일에 일가를 거느리고 산에 올라 갔다. 해가 지고서 가족이 돌아와 보니 기르고 있던 닭과 개, 그리고 소와 양이 모두 죽어 있었다. 지금의 풍습은 이 고사에 바탕하여 있다(『歷世眞仙體道通鑑』卷二十, 壺公).

이 이야기에 의하여 중국에서는 음력 9월 9일에 산이나 구릉 등 높은 곳에 올라가 하루를 보내는 것을 습관으로 하고 있었다. 그것을 등고(登高)라고 하였다. 헤이안시대의 일본인도 음력 9월 9일에는 등고를 하고 국화주를 마시며 바람을 쐬었다.

지금의 도오후쿠지방의 이타꼬의 사이에서 이야기되고 있는 「오시라님」에게 제사지내는 전통은 중국에서 유행되었던 다음과 같은 뽕의 여신에 대한 이야기와 닮아 있다.

옛날 사천성의 한 농가에 부부와 딸의 세가족이 사이좋게 생활하고 있었다. 어느날 갑자기 아버지가 도적들에 의하여 납치되어 행방불명이 되었다. 딸은 아버지의 안부를 알지 못해서 밥이 목을 넘어가지 못하였다. 고심하던 어머니는 사람들에게 「만약 아버지를 찾아서 데리고 오는 분에게 딸을 시집보내겠습니다」하고 말하였다. 그러자 그 집의 말이 갑자기 마구간을 뛰어 넘어 달려 나갔다.

수일 후에 아버지는 그 말을 타고 집으로 돌아왔다. 아버지가 이상하게 생각되어 그 연유를 물었다. 어머니는 사실대로 말하였으나 아버지는 말에게 딸을 시집보낼 수는 없다고 완강하게 고집하고 말에게는 좋은 먹이를 주는 것으로 그 치려 하였다. 말은 사료는 거들떠도 보지 않고 딸이 옆에 올적마다 울부짖으며 미친듯이 날뛰므로 아버지는 마침내 화가 나서 말을 죽이고서 그 껍질을 벗겨 정원의 나무 위에 걸어 놓았다.

어느날 딸이 그 곁을 지나가게 되었는데 말의 껍질이 갑자기 내려와서 딸을 말아 싸고 어느 곳인지 모를 곳으로 날아가 버리고 말았다. 10일이 지나니 뽕나무 위에 걸려 있던 말의 가죽이 그 자리에 돌아온 것이 다시 눈에 띄였다. 그러나 딸은 끝내 인간으로 살아서 돌아오지 못하고 벌레가 되어 뽕나무 잎을 먹고 실을 토해 내었다. 그 후의 어느날 구름에 올라 말에 걸터 앉아 수십인의 동료들을 데리고 딸이 하늘로부터 땅으로 내려와서 「신께서 내가 은혜를 잊지 않았던 것을 칭찬하여 구궁선녀의 위를 내리셨습니다.」하고 양친에게 말하였다(『歷世眞仙體道通鑑』卷二, 蠶女).

또한 「광가구장집」(「狂歌鳩杖集」)에는 「삼교일치에 젖어 사람들 노래 부르게 했네.」라고 제목하여

「세가지의 가르침 한 마음에 떨어지매 숨이 턱 막힌 석가 노자 공자인가」

라고 하는 한 수의 노래가 보인다. 이는 아마 중국의 유불도 삼교의 대립이나 논쟁에 대한 놀림일 것이다.

이 책의 앞에서 소개한 종규(鍾馗)에 대한 습속도 일본에 전승되어 오고 있다. 사이타마(埼玉)현의 요와카와(桶川)부근에서는 그 옛날 유행병이 돌았던 때에 종규의 상을 방에 걸어 두었다고 하고, 후쿠오카(福岡)현의 일부에서는 종규의 상 위에 「악마제」(惡魔除)라고 쓴 고야산(高野山)에서 발행한 부적을 지금도 집의 입구에 붙여 두고 있다. 나루토(鳴門)시내에서도 악마를 물리치기 위하여 입구 위에 붙여 두고 있는 집이 있다.

이상의 여러가지에서 판단하여 보면 도교의 신앙은 일찌기 일본에 전해져 온 것임을 알 수 있다.

카이바라 에키켄(貝原益軒)의 『양생훈』(『養生訓』)에는 조식(調息)·

도인(導引)·방중(房中)에 대하여 자세한 설명이 있고 『장생요양방』(『長生療養方』)이나 『왜한삼재도회』(『倭漢三才圖會』)에는 벽곡법이 제시되어 있는데 아무래도 카이바라에키켄은 도교에서 설한 양생법을 실행하고 있었음에 틀림없다.

또한 타케나카 츠우만(竹中通庵)의 『고금양생록』(『古今養生錄』)이니 키타무라리단(喜多村利旦)의 『도인체요』(『導引體要』)등에는 도교의 도인법이 분명히 인용되어 있는데 그 중에서도 후자에는 전문가에 의하여 「일본에서의 최초의 도인전문서」라 칭찬받는 책이다. 내각문고(內閣文庫)나 존경각문고(尊經閣文庫)등에는 『만수선서』(『萬壽仙書』) 『오복전서』(『五福全書』) 『만수단서』(『萬壽丹書』) 『활인심법』(『活人心法』) 『보생심감』(『保生心鑑』) 『수진비요』(『修眞秘要』)등 중국에서 저술되어진 중요한 도교 관계자료가 소장되어 있어 전문가들의 관심을 끌고 있다.

이러한 것에서 추측해 보면 전래된 중국의 의학서에 기재된 도인법을 포함한 도교의 여러가지 양생법은 에도(江戶)시대의 의사들 사이에도 잘 알려져 있어 그 사람들을 통하여 많은 사람들 사이에 꽤 널리 보급되었음에 틀림없을 것으로 생각된다. 또한 통상 안마(按摩)를 도인과 하나로 묶어 생각하는 경우가 많으나 안마와 도인과는 같은 것이 아니기 때문에 주의해야 한다.

온묘오도오(陰陽道)나 슈우겐도오(修驗道)에 도교가 영향을 주었던 것은 진작부터 지적되고 있는 것인데 필자가 보기에는 온묘오도오의 태산부군제(泰山府君祭)·본명제(本命祭)·노인성제(老人星祭)·서악진인제(西岳眞人祭)·형혹성제(熒惑星祭)·북진제(北辰祭) 등은 모두 도교와 관계가 있는 제사이다. 본 책의 제 37화에서 소개한 우보법(禹步法)은 헨바이(反閉)라고 불리우는데 온묘오도오에 수용되어 다이조오에에(大嘗祭)의 때에는 천황이 나오기 전에 온묘오노카미(陰陽頭)가 행해진다.

텐보오(天保)6년(1835)에는 후지산(富士山)현 출신의 국학자였던 아오키 호츠카이(靑木北海)라고 하는 사람이 『우보선결』(『禹步仙訣』)이라고 하는 저서 안에서 『포박자』의 걷는 법을 그림을 곁들여 소개하고 있고 지금까지도 옛날부터의 전통을 이어 계속되고 있는 미쓰가와(三河) 지방의 하나마쓰리 안에서도 수용되어 있기 때문에 예능방면까지 포함하여 상당히 넓게 영향을 주고 있다고 생각된다.

슈우겐도오에 도교의 영향이 미친 것은 지금까지 밝혀진 것만 해도 부적·거울·쿠지(九字) 등이 지적되고 있다. 부적이나 거울을 사용하는 것이 완전히 도교와 연결되어 있다고 말하기는 어려우며 좀 더 구체적으로 살펴볼 필요는 있다고 하지만 쿠지만은 확실히 도교와 관련이 있다.

다만 슈우겐도오편에서는 자신들이 사용하고 있는 쿠지의 시원을 『포박자』의 「임병투자개진열전행」(「臨兵鬪者皆陣列前行」)을 외우는 주문법이라고 설명하고 있고 그 문귀가 「임병투자개진열(열)재전」(「臨兵鬪者皆陣列(烈)在前」)이라고 하고 있어 조금 다르다. 어쨌든 쿠지는 오른쪽 손의 검지와 중지를 펴서 수도(手刀)로 삼고 다른 손가락은 굽혀잡고 한일자를 그리는 것으로 횡으로 그린 다음 종으로 그리고 다시 횡으로 하는 방법으로, 몸을 지키는 액막이 주문이라 해도 좋다.

이 방법은 그 날의 길흉이나 주문, 그리고 꿈의 판단 등을 써 놓은 『옥갑기』(『玉匣記』)에도 실려 있는데 『옥갑기』는 일본에 전해진 후로 지금까지도 오키나와(沖繩)나 아마미(奄美)등에 남아 있기 때문에 쿠지도 의외로 널리 민간에 알려진 것으로 생각된다.

수우겐도오를 편 오즈누(小角)는 하늘을 날았다고 한다. 쿠메(久米)의 선인도 여성의 하얀 다리를 보다가 하늘에서 떨어졌다고 하는 이야기가 있으므로 슈우겐도오의 수행자인 야마부지(山伏)가 중국의 선인과 마찬가지로 하늘을 나는 것을 목적으로 하고 있는 것은 분명하다. 하늘을 나는 것은 선인의 커다란 특징이므로 슈우겐도오와 도교와는 이 점 만으로도 크게 닮아 있음에 틀림없다.

또한 예전의 슈우겐도오를 선도라고 말하는 사람들도 있는가 하면 야마부지는 장생이 목적이라고 하는 사람도 있다. 큐우슈우의 히코산(英彦山)에 관계가 있는 슈우겐도오의 개창연기(開創緣起)중에는 그 개조가 중국인이라든지 하는 것이 있으므로 신선설과는 특히 밀접한 관계가 있는 것 같다.

슈우겐도오는 산이 지닌 영력을 몸에 지니는 것이 목적이라고 하고 그 중에는 지금까지도 코끝에 얇은 종이를 붙여 놓고 조식법을 실행하고 있는 야마부지도 있다고 한다. 야마부지는 또한 사람들의 병을 낫게 한다든지 산에 들어가 약초를 캔다든지 하기도 한다. 요시노(吉野)의 킨부센(金峰山)이 슈우겐도오의 중심지 가운데 하나로 된 것은 거기에서 약초를 캐는 것이 목적이었기 때문이라고 하기도 한다.

또한 장생을 목적으로 하는 「연년(延年)의 춤」이 있었다. 이러하기 때문에 슈우겐도오와 도교와의 관계는 극히 밀접하였음에 틀림없었다고 해도 좋을 것이다. 필자는 속으로는 「슈우겐도오는 일본의 도교」라고 부르고 있다. 그리하여 일본에 도교교단이 형성이 기능하지 못하였던 이유의 하나도 슈우겐도오가 그 역할을 했기 때문이 아닌가 하고 생각한다.

『삼동봉도과』(『三洞奉道科』)에는 손톱이나 머리털 등을 불 속에 태우면 나쁜 새에 혼이 상하게 된다고 쓰여 있다. 『천황지도태청옥책』(『天皇至道太淸玉册』) 권 6에도 손톱이나 머리털을 태우면 그 사람의 삼혼을 귀신에 빼앗기게 된다고 보고 있다. 일본에서 말하고 있는 손톱 등을 불에 태우면 미치게 된다는 전설은 이러한 기록에 관계가 있음이 틀림없다.

관동대진재 때에 남성 익사자는 엎드려 있었고 여성 익사자는 누워있는 형태였다고 전한다. 『주역참동계발휘』(『周易參同契發揮』) 권 7에 남성은 양이며 여성은 음이기 때문에 양의 기는 얼굴에, 음의 기는 등에 모여 있기 때문에 남성은 얼굴이 무겁고 여성은 등이 무겁다는 것이다. 그러므로 남성은 태어날 때나 죽을 때에 얼굴을 위로 하고 여성은 등이 위를 향하게 되는 것은 그 때문이라 한다. 언제 어떻게 하여 전해져 왔는지는 알 수 없으나 그 양자가 무관하지 않은 것 만은 확실할 것이다.

중국에서는 중원(中元)의 날, 즉 7월 15일에는 인간을 사랑하여 그 죄를 허락하여 주는 중원지관(中元地官)이라는 신에게 물건을 바치며 지은 죄의 용서를 구하는 관습이 있다. 일본에서 「중원」이라고 하며 사람들이 선물을 주고 받는 것은 그 습관의 변형임에 틀림없다. 그러므로 「중원」으로 인하여 수입을 올린 백화점에서는 중원지관에게 충분히 예를 차리지 않으면 안될 것이다. 또한 소위 「삼리의 불꽃」(三里의 炎)도 도교에서 말하고 있는 것이다.

다른 예는 생략하겠으나 아뭏튼 도교에서 말해지고 있는 것이 일본인의 신앙이나 풍속습관 속에 들어와 있어 마치 일본에 오래 전부터 있어 온 습속처럼 되어 있는 것이 많다.

중국의 주문을 적은 『회남만필술』(『淮南萬畢術』)이라고 하는 책에는 불로장생약인 단사(丹砂, 硫化水銀)를 먹여 기른 도마뱀을 잡아 말려서 가루로 만들어 그것을 여성의 팔에 발라 놓은 후에 그 여성이 밀통하게 되면 그 자국이 없어져 그 사실이 발각된다고 하는 것이다. 남성의 바람기를 막으려는 생각으로 이 방법을 그대로 실행한 에도시대의 모오리(毛利)가의 부인이 있었다.

또한 앞서에서 말한 공과격(『功過格』)의 취지를 빨갛고 하얀 실로 떠서 언제나 옷의 좌우 소매에 넣어두는 일을 한 여성이 있었다. 타키란다이(瀧蘭臺)의 처가 그런 사람이었다.

코오보오다이시(弘法大師)는 입당 전에 쓴 『삼교지귀』(『三教指歸』)에서 유불도 삼교의 우열을 비교하고 있는데 그 중에서 도교의 부분에서는 8세기 무렵의 중국의 도교에 대한 개략과 금단도(金丹道)를 거의 정확하게 소개하고 있다. 그것 만으로도 당시 많은 도교관계의 자료가 일본에 전해져 왔다는 것을 보여주고 있는 것인데 그 증거로 그보다 백년가량 앞서서 만들어진 『일본국견재서목록』(『日本國見在書目錄』)에는 63종이나 되는 도교관계 서적의 이름이 보이고 있다.

그러므로 당시, 나라(奈良)나 헤이안(平安)초기무렵의 일본 인테리들 사이에는 도교에 관하여 잘 알고 있던 사람이 상당히 있었음에 틀림없다.

시대를 아래로 내려와서 보면 15세기 중엽에 편집된 소위 명판도장(明版道藏)이 에도시대의 중엽이후인 18세기 말경 큐우슈우의 사에기모오리한(佐伯毛利藩)의 수중에 들어왔다. 이것이 후에 도쿠가와(德川)막부의 손을 거쳐 지금은 궁내청 서고에 소장되어 있다. 곳곳에 번주(藩主)인 모오리타카스에(毛利高標)의 장서인이 찍혀 있다. 붉게 구독점이 찍혀 있는 부분도 있는 것으로 미루어 누군가가 분명히 읽었을 것이다. 또한 10세기경의 도교 내용을 잘 이야기해 주는 『운급칠첨』(『雲笈七籤』)도 전해지고 있다.

전문가들에 의하여 선서(善書)로 분류되고 있는 『태상감응편』(『太上感

應篇』)이나 『공과격』(『功過格』) 등도 전래되어 있다. 『태상감응편』을 읽은 무로마치(室町)말기의 어떤 사람은 흥미를 느끼고 하룻밤을 읽고서 재미있는 책이라고 하는 감상을 일기에 적고 있다. 『공과격』은 에도시대에 전해져 온 것인데 그 광고가 에도시대의 서적목록에 자주 등장하고 있는 것으로 미루어 꽤 보급되었을 것으로 생각된다.

자신의 집을 도관처럼 수진관(修眞觀)이라 이름짓고 자기집 판본 『태상감응편』과 기타 선서를 동호인에게 배포한 오오사카의 하세가와엔넨(長谷川延年)이라고 하는 사람이 있었다. 라쿠도오(洛東)의 백하(白河)에 숨어 살며 하쿠인(白隱)선사에게 구결을 전한 하쿠유우시(白幽子)는 하쿠유유신진(白幽眞人)이라고 하는 도사풍의 호를 지니고 금단도를 구체적으로 연구하고 그것에 바탕하여 양생술을 실행하였다 한다.

18세기 전반무렵 에도의 오후쿠바시(吳服橋)근처에 지금의 일본은행 본점 부근에 살고 있던 타니구치이치운(谷口一雲)은 스스로 도사라 칭하고 제자를 모아서 주로 금단도 관계의 책을 강의하였다. 오늘날 그의 제자 가운데 한 사람이 썼던 노트가 천리도서관에 소장되어 있다.

『태상혜민갑경비록』(『太上惠民甲庚秘錄』)의 저자인 오오에마사스케(大江匡弼)는 상당히 구체적으로 도교를 연구하였는데 아무래도 도교를 신앙하였을 것으로 보인다. 히라타아츠타네(平田篤胤)도 도교에 밝았다. 이런 정도였으므로 에도시대에는 도교에 밝았던 사람이 제법 있었던 것으로 생각된다.

『태상혜민갑경비록』이라고 하면 일본의 코오신마치(庚申待)의 연원을 도교의 삼시(三尸)설로 정리한 책이다. 코오신마치란 경신날 밤에 뜻을 같이 하는 사람들이 모여 아주 간단한 제사를 지낸 후 일동이 먹고 마시며 이야기를 하는 행사로서 원래는 밤을 새우는 것이 원칙이었다. 이 행사를 일본민속학에서는 일본고유의 것으로서 일본에서 기원한 것이라고 보는 설이 많다고도 하나 필자가 보는 바로는 도교의 삼시설과 불교·신도·슈우겐도오에 일본의 여러가지의 신앙이나 습속등이 합체하여 나온 복합신앙으로 삼시설이 그 시원의 하나인 것만은 틀림없는 사실이다.

오키나와(沖繩)현은 메이지(明治)이전에는 류구왕국(琉球王國)으로,

15세기말 이래로 중국의 책봉체제 아래에 들어있어 중국의 문화와 아주 밀접한 관계를 가져 왔다. 그 관계로 하여 지금까지도 도교적인 신앙이 상당히 남아 있다. 헤이안시대의 사람들은 신선사상을 동경하여 서왕모나 팽조의 이름을 알고 있는 사람도 있었으며 18세기에 오키나와에 살고 있던 노인들로부터 들은 이야기를 모은 『유노설전』(『遺老說傳』)에는 불에 타죽은 것처럼 보인다든지 동물에 먹힌 것처럼 생각되게 하는 시해법이나 수선(水仙)의 이야기, 그리고 옥황상제의 이름이 알려져 있다든지 하는 것을 보면 당시의 오키나와에 도교의 문화가 알려져 있었음이 틀림 없다. 또한 한 때에 불과하기는 하였으나 옥황상제나 삼청(三淸)의 상도 전해지고 있다.

천사도의 제 45대 천사에게 부적을 내릴 것을 원한 왕도 있는가 하면 여나국도(與那國島)에는 도교의 이를 부딪치는, 고치법(叩齒法)이라고 부르는 마를 물리치는 방법이 전해오고 있다.

관우(關羽)를 신격화한 관제(關帝), 문장과 학문의 신인 문창제군(文昌帝君), 구천응원뇌성보화천존(九天應元雷聲普化天尊)이라고 하는 최고의 뇌신(雷神), 해상안전을 지키는 신인 마조(媽祖), 비를 내리게 하는 용왕, 마을 등을 지키는 신인 토지신, 묘를 지키는 신인 후토(后土) 등의 신앙도 전해 내려오고 있다.

그런데 일본의 도교신앙을 중국의 신앙내용과 비교해 보면 꽤 다른 점이 눈에 뜨인다. 그 점은 이질적인 문화를 받아들일 때의 자신의 문화 풍토에 맞게 변화시킨 변용인 것으로 주목해야 할 것으로 보인다.

이상한 일은 에도시대에 전국적으로 성행하였던 코오신마치는 오키나와에는 전해지지 않았다는 점이다. 오늘날 필자가 알고 있는 경신신앙의 남쪽 한계는 아마미(奄美)의 도쿠노지마(德之島)이다.

이처럼 도교의 신앙은 상당히 너른 범위에 걸쳐서 일본에 전해져 왔는데 경신날 사정이 여의치 않으면 갑자일에 다시 하는 등 열심히 코오신마치를 했던 모토오리노리나가(本居宣長)는 『타마카츠마』(玉かつもゃ)라는 책에서 도교는 노자를 교조로 하고 있지만 실제로는 노자의 가르침과 많이 다르기 때문에 도교가 일본에 전래하지 않았던 것이 다행이었다고 적고 있다.

정말 그러했을까?

〈참고문헌〉

도교의 연구는 이전과 비교하면 크게 성하게 되었다고는 하나 다른 중국관계의 연구수준에는 미치지 못한다고 할 수 있다. 얼토당토않는 엉터리 해석이나 논의가 아무렇지도 않게 행해지고 있는 것은 그 한 예라 할 수 있다.

그 이유중의 하나는 확실한 도교개론이 출현하지 않은 데에 있다고 볼 수 있는데 그 중에서도 지금은 고전적인 위치에 있는 자료로써 다음의 두 가지를 들 수 있다.

『道教に就いて』幸田露伴(『露伴全集』第 十八卷, 岩波書店)

『道教思想』幸田露伴 (같은 책)

도교의 개략을 알기 위해서는 전자가 낫다고 본다.

『道教－不死の探究－』앙리 마스뻬로 著, 川勝義雄 譯(東海大學出版會 1966, 후에 平凡社「東洋文庫」로 刊行)

이 책은 육조(六朝)시대의 중국인의 신앙이나 도교에 관해 서술해 놓은 것인데 육조시대의 도교를 도교의 근본이라 하고 그 이후를 근세민간도교라 하며 필자가 말하는 도교를 도가적 종교라 하는 등 좀처럼 납득하기 어려운 점이 있다. 또한 다음의 필자의 책은 간단하면서도 도교와 신선설과의 관계를 다루고 있다.

「神仙・方術・占術」(『精神世界の本』平河出版社, 1981)

노자의 전설에 대해서는 다음의 책이 좋다.

『老子傳說の研究』楠山春樹 (創文社, 1979)

『도덕경』과 그 사상에 대해서는 다음의 책이 있다.

『老子の新研究』木村英一 (創文社, 1959)

그리고 『道教の基礎的研究』福井康順 (理想社, 1952)는 『도장』, 태평도, 오두미도 등의 연구이다.

태평도라든지 오두미도의 설립과정과 성격, 『포박자』의 사상 등에 대하여는 난해하나 다음의 책이 있다.

『道教史の研究』大淵忍爾 (岡山大學共濟會書籍部, 1964)

위의 두 사람의 저서 사이에는 의견의 대립이 있고 지금까지 해결이 나지 않은 상태이다.

육조시대에 대하여는 다음의 논문집이 좋다.

『六朝史硏究』－宗教篇－』宮川尙志 (平樂寺書店, 1964)

다음으로 12세기에 일어난 전진교 등에 관하여 개략적으로 다룬 것으로 필자의 다음과 같은 책이 있다.

『中國の宗教改革』－全眞教の成立－』(法藏館, 1967)

몽고시대에 일어난 정명충효도(淨明忠孝道)에 대해서는 다음의 책에 상세히 나와 있다.

『中國近世道教の形成』秋月觀暎 (創文社, 1978)

도교의 통사로서는 필자의 저서로서 다음의 것들이 있다.

『道教と中國社會』(平凡社, 1948)

『道教史』(山川出版社, 1977)

전자는 지금 보면 오류가 상당히 눈에 뜨인다.

『庚申信仰』(산천출판사, 1956)안에서는 도교에 관하여 극히 간단하게 설명한 부분이 있으나 그 무렵에 필자는 아직 「민중도교」라는 구조를 시인하고 있었기 때문에 그 입장에서 설명하였다. 그러므로 이 책에서 설명한 것과는 내용이나 성격이 좀 다르다. 그런데 일본고대사를 연구하는 사람들 가운데에는 당시의 필자의 견해를 전적으로 수용하여 도교를 설명하고 있는 사람들도 있기 때문에 그 점을 주의하여 주기 바란다.

『도장』의 편집사에 관해서는 다음의 책이 있으나 다른 견해를 가지고 있는 사람도 적지 않다.

『道教經典史論』吉岡義豊 (道教經典刊行會, 1955)

요시오카에게는 민중도교, 전진교, 백운관의 형상을 다룬 『道教の硏究』(法藏館, 1956)도 있다. 이는 도교의 의식이나 명상 등에 관한 설명서이다.

『道教秘訣集成』마이클 사소 編(龍溪書舍, 1978)

이 책은 귀중한 가치가 있는 것이나 원전의 복사판이라서 읽기가 어렵다.

『道教の總合的硏究』酒井忠夫 編 (國書刊行會, 1977)

이 책은 타데시나(蓼科)에서 열린 제 2회 국제 도교학연구회에서 발표한 것을 모은 것으로 외국인들의 도교연구를 살피는 데에 좋은 자료이다.

중국의 양생법에 관해서는 다음의 책이 있다. 이 책에서는 선인의 이야기를 많이 다루고 있다.

『導引體要』喜多村利且 (坂出祥伸等訓注, 1986, 谷口書店復刻)

『中國養生總書』坂出祥伸監修 (1988), 谷口書店復刻)

선인의 실재와 선인이 되는 방법을 말한 것이 『포박자』인데 이의 번역본으로 石島快隆譯注(「岩波文庫」, 1942), 『中國古典文學大系』第八卷(平凡社, 1969), 『道教聖典』(心交社, 1987년 復刻版) 등이 있고 平凡社本은 초역(抄譯)이다.

『포박자의 내용을 항목별로 나누어서 설명을 가한 것으로 다음의 책이 있다.

『中國の仙人』村上嘉實 (平樂寺書店, 1956)

선인의 전설을 모아 놓은 것으로 『신선전』(『神仙傳』) 『열선전』(『列仙傳』) 『속선전』(『續仙傳』) 『열선전전』(『列仙全傳』) 등이 있으나 필자는 『도장』에 들어 있는 『역세진선체도통감』(『歷世眞仙體道通鑑』)도 사용하였다. 이러한 책들의 번역본은 없으나 『신선전』과 『열선전』의 번역은 『中國古典文學大系』제8권에 들어가 있다.

『支那仙人列傳』東海林辰三郞(聖精堂, 1912)

『神仙』涉川柳次郞 (玄耳叢書刊行會, 1925)

이 책들은 앞서에서 든 선인들의 전기를 역출한 것이다. 선인이나 도깨비들의 이야기와 중국적으로 말하면 지괴소설(志怪小說)은 해방전 중국인들의 종교의식을 잘 말해 주고 있다. 그 예는 참으로 많으나 이 책에서는 다음의 책들을 참고하였다.

『搜神記』干寶 (竹田晃 譯, 平凡社「東洋文庫」, 1964)

『子不語』袁枚 (邑樂愼一 抄譯, 長崎書店, 1941, 前野直彬 抄譯, 『中國古典文學大系』第 四十二卷, 1971)

『聊齋志異』蒲松齡 (柴田天馬 譯, 創元社, 1951)

『閱微草堂筆記』紀均 (前野直彬 抄譯, 『中國古典文學大系』第 四十二卷, 1971)

이 밖에 참고한 책은 다음과 같다.

『唐代傳記集』(前野直彬 譯)
『幽明錄 遊仙窟』(尾上兼英 譯)
『酉陽雜俎』(今村與志雄 譯)
『夢溪筆談』(梅原郁 譯)

민간의 신앙을 아는 데에 참고가 되는 것들로는 다음의 책들이 있다.

『中國の民間傳承』(山本斌, 太平出版社, 1975)
『中國の昔話』(澤田瑞穗, 三彌井書店, 1975)
『滿洲娘娘考』(奧村義信, 第一書房 復刻, 1982)
『中國の民間信仰』(同, 工作舍, 1982)
『滿洲の街村信仰』(瀧澤俊亮, 第一書房 復刻, 1982)

권선서(勸善書)관계로는 그러한 책들이 만들어진 사회적 배경에 대하여 잘 다룬 책으로 다음의 것이 있다.

『中國善書の硏究』酒井忠夫(弘文堂, 1960)

도교와 일본과의 관계에 대해서는 다음의 책이 참고가 된다.

『道敎と日本文化』福永光司 (人文書院, 1982)

필자의 저서로 도교의 일본전파에 관한 것들로는 다음과 같은 것들이 있는데 두번째와 세번째는 오키나와와 아마미가 중심이 된 것들이다.

『庚申信仰の硏究 上 下』(原書房, 1980)
『增訂沖繩の習俗と信仰』(東京大學出版會,1974)
『中國文化と南島』(第一書房, 1981)

그 밖에 필자의 저서로

『道敎入門』(南斗書房, 1983)
『道敎の世界』(學生社, 1987)는 필자 나름대로의 도교개론이며
『道敎の神神』(平河出版社, 1986)에는 신들에 대한 해설을 한 이외에 도교의 내용이나 현상에 대해서도 설명하고 있다.

역자후기

도교는 전형적인 중국의 민간종교이다. 그리하여 인간의 소박한 꿈인 연명장수(延命長壽)와 도통신선(道通神仙)의 이념을 다양하게 수렴하면서 그 내부에 체계화하고 있다. 그것은 중국 고대의 신앙습속 위에 노장사상이 출현하여 점차 가시화되어 가다가 인도로부터 전래된 불교와 춘추 전국시대 이래 발전한 유교사상 등에 자극 받으면서 종교성을 띠고 교단형태를 이루게 된 것이다. 그러므로 도교 속에는 삶의 궁극적 원리를 무위로 파악하는 노장의 철학적인 면과 민간 전래의 다양한 신앙과 습속에 신선·역(易)·방술(方術)·도참(圖讖)·점복·무축(巫祝)·천문·둔갑·천인상감(天人相感)·음양오행·의학 등이 광범위한 영역에 걸쳐 습합되어 있음을 알 수 있다.

대체로 도교는 학자들 사이에 교단도교와 민중도교의 두가지 분류, 혹은 수련도교를 독립된 체계로 넣어서 세 부분으로 나누어 오던 것이 통상이었는데 이 책에서는 민중도교를 중국의 민간신앙이라 해야 옳다는 주장을 하고 있다. 역자도 그러한 의견에는 동감이다. 그러나 학문적 구분을 하기에 앞서서 민중도교를 중국의 민간신앙이라고 해야 옳다는 주장은 한편으로 중국인의 생활 전반에 도교적 요소가 온통 깔려 있다는 것을 의미한다고 볼 수 있다. 그러므로 유불도 삼교 가운데에서 도교는 광범위하고 잡다한 요소를 가지고 있는 점에서 단연 타의 추종을 불허한다.

우리나라의 경우도 도교의 신앙이 그대로 민간의 신앙이 되어 수용되어 왔다. 우리세대만 하여도 어려서 부엌에서 부뚜막신에 빌고 장독에 청수를 떠 놓고 칠성님께 빌며, 제액(除厄)을 위하여 동짓날 팥죽을 집주변 벽에 끼얹었던 어머니들의 모습을 추억속에 가지지 않은 사람은 드물 것이다. 섣달 그믐날 잠을 자면 눈썹이 희어진다고 걱정을 하면서도 자신도 모르게 잠이 들어 버리고, 할머니의 무릎에서 들었던 옛날 이야기 속에 나오는 옥황상제는 자연스럽게 상상속의 하늘님이 되었던 기억도 우리는 가지고 있다.

소설 『단』(丹)이 출현한 이후로 우리나라에는 소위 단전호흡이니 기공(氣功)이니 선도수련(仙道修練)이니 하는 바람이 불어 상당히 많은 종류의 선도소설이나 수련서적이 출현하였다. 도교로 따지자면 수련도교의 바람이 먼저 분 셈이다. 그러나 근래에는 우리 민족의 사상적 기반으로서의 도교에 대한 연구의 열기도 차츰 일고 있는 느낌이다. 그리하여 학계에도 도교를 연구하여 박사학위를 받는 일이 그리 신기하지 않을 정도가 되었다.

역자의 학문적 전공은 불교에서 출발하였다. 특히 중국의 화엄종의 교학사상을 중심으로 공부하고 있었다. 주지하는 바와 같이 화엄사상은 교학불교의 꽃으로서 선종과 더불어 지극히 중국적인 불교로 알려져 있다. 그런데 「중국적」이라고 하는 특색을 파헤쳐 들어가는 동안 도교라고 하는 중국인들의 사고에 흐르고 있는 거대한 뿌리를 발견하게 되었다. 그것은 하나의 학문적 영역은 주변학문과의 연계관계를 고려해야 한다는 기본적인 원칙 이상의 너무도 많은 영향관계가 있음을 깨닫게 된 것이다.

3년전 일본의 토쿄대학(東京大學)에서 객원연구원의 자격으로 연구할 기회를 가지게 되었었다. 그곳에서 불교에 관한 연구를 계속하면서 뇌리를 떠나지 않는 그러한 생각에 우선 쉽게 읽을 수 있는 도교에 관한 책을 찾다가 필자의 손에 잡힌 것이 바로 쿠보노리타다박사의 『도교백화』(『道教百話』)였다.

쿠보선생은 토쿄대학의 명예교수로서 그 분의 도교에 관한 수많은 저서와 논문은 거의가 그 방면의 연구자들에게는 고전적인 위치를 가지고 있는 것들이다. 이미 국내에도 선생의 몇몇 저서들이 번역되어 소개되고 있다. 『도교백화』는 그 저서들 중에서 비교적 입문서에 속하는 것으로서 그 제목과 같이 도교의 여러가지 이야기들을 다양하고 쉽게 알 수 있도록 써 놓은 책이다. 연구실에서 정독해야 하는 중압감을 주는 다른 도교의 사상적 서적들과는 달리 「시로카네다이」에 있는 토쿄대학의 외국인숙소에서 「홍고」에 있는 대학의 연구실까지 오가면서 지하철 속에서 이 이야기들을 소설처럼 재미있게 읽었다.

귀국 후, 평소에 동양철학과 동양의학 분야에 특별한 관심을 가지고 있는 법인문화사의 김근중 사장과 만나 도교의 연구에 관한 이야기를 나눈 일이 있었다. 그러는 중에 내가 섭렵한 도교에 관한 여러 책들 중에서 이 책을 지하철에서 읽었던 사실을 이야기를 하자, 재미있고 손쉽게 읽을 수 있는 도교책을 찾고 있었다며 번역을 부탁하는 것이었다. 이것이 이 책을 번역하게 된 동기이다.

원전은 세계경전간행협회에서 간행한 『도교백화』를 근간으로 삼았으며 「도교신앙의 현상」과 「일본으로의 전개와 영향」의 부분은 코오단사(講談社)에서 발간한 같은 이름의 학술문고본을 참고하여 보충하였다.

유달리 무더웠던 지난 여름을 나는 연단과 시해와 방술이 넘치는 신선의 세계에서 살았다. 이 책으로 인하여 독자들은 우리의 생활속에 알지 못하는 사이에 도교의 풍습과 교리들이 의외로 많은 부분들이 들어와 있음을 느끼게 될 것이다. 이 조그만 책이 독자들의 도교에 대한 깊은 이해의 첫걸음이 되고 더욱 친숙해지는 계기가 된다면 역자의 작은 영광이겠다.

이 책을 번역하면서 지명이나 인명의 경우 우리말로 부르는 것이 익숙한 것일 경우는 우리말 발음으로 하고 그렇지 않을 경우는 외국어 발음을 사용하였다. 그러므로 중국의 인명이나 지명은 모두 우리말 발음을 하였고 일본의 자료가 등장하는 경우 지명이나 인명은 일본발음으로, 책 등은 우리발음으로 적어 넣었다. 아직은 우리 귀에 「라오쯔」보다는 「노자」가 자연스럽다고 판단되었기 때문이었다. 윤문의 과정에서 약간의 첨삭이 있었지만 원문의 내용을 바꿀정도는 아니었다. 그리고 번역 후 원본의 제목과는 달리 『도교와 신선의 세계』라 정하였다.

이 책을 인연으로 하여 도교에 대한 이해가 더 넓어지고 관심이 깊어진다면 역자로서는 더 없는 기쁨이 되겠다.

1992. 9. 1. 역자

저자약력
窪 德忠(쿠보 노리타다)

1913년 동경에서 태어나 동경대학 문학부 동양사학과를 졸업하고 동경대학 교수를 거쳐 현재 동경대학 명예교수로 있다.

주된 저서로 『庚申信仰의 연구』 『도교입문』 『중국문화와 南島』 『道教史』 『중국의 종교개혁』 『도교의 신들』 『도교의 세계』 등이 있다.

역자약력
정 순 일

1953년 전북 김제에서 태어나 원광대학교 원불교학과를 졸업하고 동대학원 불교학과를 거쳐 철학박사 학위를 취득하였다. 1989년에서 1991년에 걸쳐 일본 동경대학 인도철학과 객원연구원으로 있었고, 현재 원광대학교 원불교학과 부교수로 재직 중이다.

「규봉종밀의 선교일치관」 「화엄성기사상사」를 비롯한 다수의 논문이 있고, 역서로 『중국불교사』 『화엄사상』 『중국의 불교사상』 등이 있다.

도교와 신선의 세계

초판 1쇄 발행 / 1992년 9월 11일
초판 2쇄 발행 / 2007년 11월 16일
지은이 / 窪 德忠(쿠보 노리타다)
옮긴이 / 정 순 일
펴낸이 / 김 근 중
펴낸곳 / 법인문화사
110-100 서울특별시 종로구 교남동 47번지
전화 : 영업부 720-8004~6
편집부 736-2324
팩시밀리 : 736-2325
등록번호 / 제2-459호 (1988. 1. 22.)

ISBN 978-89-7896-139-4-93510
값 10,000원